BIBLIOTHÈQUE ROSE ILLUSTRÉE

CHOIX
DE PETITS DRAMES
ET DE CONTES

TIRÉS

DE BERQUIN

ILLUSTRÉ DE 36 VIGNETTES

PAR FOULQUIER ET FOREST

PARIS
LIBRAIRIE DE L. HACHETTE ET Cie
RUE PIERRE-SARRAZIN, N° 14

PRIX : 2 FRANCS

CHOIX
DE PETITS DRAMES
ET DE CONTES

PARIS — TYPOGRAPHIE DE CH. LAHURE ET Cie
rues de Fleurus, 9, et de l'Ouest, 21

CHOIX
DE PETITS DRAMES
ET DE CONTES

TIRÉS

DE BERQUIN

ILLUSTRÉ DE 36 VIGNETTES

PAR FOULQUIER ET FOREST

PARIS

LIBRAIRIE DE L. HACHETTE ET Cie

RUE PIERRE-SARRAZIN, N° 14

—

1861

AVERTISSEMENT.

Arnaud Berquin, que l'on appelle quelquefois *l'Ami des enfants*, du nom de son meilleur livre, naquit à Bordeaux en 1749 et mourut à Paris en 1791. Il se fit d'abord connaître par de gracieuses idylles et par quelques romances, dont l'une, *Geneviève de Brabant*, eut un succès populaire; mais, après les ouvrages de sa jeunesse, il n'écrivit plus que pour les enfants. M. Renouard, en 1803, a donné une collection de ses œuvres, qui ne forme pas moins de vingt volumes in-18. Nous nous contenterons de mentionner ceux de ses livres qui ont le mieux réussi. Le premier, sans contredit, est *l'Ami des enfants*, recueil de nouvelles et de proverbes dont nous publions les plus jolis. Cet ouvrage a obtenu, en 1784, le prix décerné par l'Académie française à la plus utile et à la plus morale publication de l'année. Berquin a donné en outre *l'Ami des adolescents*, auquel nous avons fait aussi quelques emprunts, des *Lectures pour les enfants*, une *Introduction familière à la connaissance de la nature*, d'après un ouvrage anglais de miss Trimmer, *Sandford* et *Merion*, *le Petit Grandison*, *la Bibliothèque des villages* et *le Livre des familles*.

Un écrivain allemand, Chr. Fel. Weiss, a publié aussi, par livraisons hebdomadaires, un *Ami des enfants* qui a servi de modèle à celui de Berquin, mais sans avoir la même grâce et la même naïveté touchante.

Berquin travaillait à la rédaction du *Moniteur* et à celle de la *Feuille villageoise*. Il fut, en 1791, un des candidats proposés par la Convention pour être instituteur du prince royal. Les autres noms portés sur cette liste étaient ceux de Saint-Martin, Siéyès, Bernardin de Saint-Pierre et Condorcet.

Les oiseaux cherchaient le moindre petit grain (page 3).

LA NEIGE.

Après plusieurs annonces trompeuses de son retour, le printemps était enfin arrivé. Il soufflait un vent doux qui réchauffait les airs. On voyait la neige se fondre, les gazons reverdir et les fleurs percer la terre : on n'entendait que le chant des oiseaux. La petite Louise était déjà allée à la campagne avec son père. Elle avait entendu les premières chansons des pinsons et des merles, et elle avait cueilli les premières violettes. Mais le temps changea encore une fois. Il s'éleva tout à coup un vent de nord violent, qui sifflait dans la forêt et couvrait les chemins de neige. La petite Louise entra toute tremblotante dans son lit, en remerciant Dieu de lui avoir donné un gîte si doux, à l'abri des injures de l'air.

Le lendemain matin, lorsqu'elle se leva, ah! tout, tout était blanchi. Il était tombé pendant la nuit une si grande quantité de neige, que les passants en avaient jusques aux genoux. Louise en fut attristée. Les petits oiseaux le paraissaient bien davantage. Comme toute la terre était couverte à une grande épaisseur, ils ne pouvaient trouver aucun grain, aucun vermisseau pour apaiser leur faim.

Tous les habitants emplumés des forêts se réfugiaient dans les villes et dans les villages, pour chercher des secours auprès des hommes. Des troupes nombreuses de moineaux, de linottes, de pinsons et d'alouettes s'abattaient dans les chemins et dans les cours des maisons, et furetaient des pattes et du bec dans les amas de débris, afin d'y trouver quelque nourriture.

Il vint près d'une cinquantaine de ces hôtes dans la cour de la maison de Louise. Louise les vit, et elle entra tout affligée dans la chambre de son père.

« Qu'as-tu donc, ma fille? lui dit-il.

— Ah! mon papa, lui répondit-elle, ils sont tous là dans la cour, ces pauvres oiseaux qui chantaient si joyeusement il n'y a que deux jours. Ils semblent transis de froid, et ils demandent de quoi manger. Voulez-vous me permettre de leur donner un peu de grain ?

— Bien volontiers, » lui dit son père.

Louise n'en attendait pas davantage. La grange était de l'autre côté du chemin : elle y courut avec sa bonne chercher des poignées de millet et de chènevis, qu'elle vint ensuite répandre dans la cour. Les oiseaux voltigeaient par troupe autour d'elle et cherchaient le moindre petit grain. Louise s'occupait à les regarder, et elle en était toute réjouie. Elle alla chercher son père et sa mère pour venir aussi les regarder et se réjouir avec elle.

Mais ces poignées de grain furent bientôt dévorées. Les oiseaux s'envolèrent sur les bords des toits, et ils regardaient Louise d'un air triste, comme s'ils avaient voulu lui dire : « N'as-tu rien de plus à nous donner ? »

Louise comprit leur langage ; elle part aussitôt comme un trait, et court chercher de nouveau grain. En traversant le chemin, elle rencontra un petit garçon qui n'avait pas, à beaucoup près, un cœur aussi compatissant que le sien. Il portait à la main une cage pleine d'oiseaux, et il la secouait si rudement, que les pauvres petites bêtes allaient à tout moment donner de la tête contre les barreaux.

Cela fit de la peine à Louise. « Que veux-tu faire de ces oiseaux ? demanda-t-elle au petit garçon.

— Je n'en sais rien encore, répondit-il. Je vais

chercher à les vendre, et, si personne ne veut les acheter, j'en régalerai mon chat.

— Ton chat! répliqua Louise: ton chat! Ah! le méchant enfant!

— Oh! ce ne seraient pas les premiers qu'il aurait croqués tout vifs ; » et en balançant sa cage comme une escarpolette, il allait s'éloigner à grands pas.

Louise l'arrêta, et lui demanda combien il voulait de ses oiseaux. « Je les donnerai tous à un liard la pièce : il y en a dix-huit.

— Eh bien! je les prends, » dit Louise. Elle se fit suivre du petit garçon, et courut demander à son père la permission d'acheter ces oiseaux. Son père y consentit avec plaisir ; il céda même à sa fille une chambre vide, pour y loger ses hôtes.

Jacquot (ainsi s'appelait le méchant garçon) se retira fort content de son marché, et il alla dire à tous ses camarades qu'il connaissait une petite demoiselle qui achetait les oiseaux.

Au bout de quelques heures, il se présenta tant de petits paysans à la porte de Louise, qu'on eût dit que c'était l'entrée du marché. Ils se pressaient tous autour d'elle, sautant l'un au-dessus de l'autre et soulevant des deux mains leurs cages, pour lui demander la préférence chacun en faveur de ses oiseaux.

Louise acheta tous ceux qui lui étaient présentés,

et les porta dans la chambre où étaient les premiers.

La nuit vint. Il y avait bien longtemps que Louise ne s'était mise au lit avec un cœur aussi satisfait. « Ne suis-je pas bien heureuse, se disait-elle, d'avoir pu sauver la vie à tant d'innocentes créatures et de pouvoir les nourrir? Lorsque l'été viendra, j'irai dans les champs et dans les forêts; tous mes petits hôtes chanteront leurs plus jolies chansons, pour me remercier des soins que j'aurai eus pour eux. »

Elle s'endormit sur cette réflexion, et elle rêva qu'elle était dans une forêt de la plus belle verdure. Tous les arbres étaient couverts d'oiseaux qui voltigeaient sur les branches en gazouillant, ou qui nourrissaient leurs petits; et Louise souriait dans son sommeil.

Elle se leva de fort bonne heure pour aller donner à manger à ses petits hôtes dans la volière et dans la cour; mais elle ne fut pas aussi contente ce jour-là qu'elle l'avait été la veille. Elle savait le compte de l'argent qu'elle avait mis dans sa bourse, et il ne devait pas lui en rester beaucoup. « Si ce temps de neige dure encore quelques jours, dit-elle, que vont devenir les autres oiseaux? Les méchants petits garçons vont les donner tout vifs à leurs chats, et, faute d'un peu d'argent, je ne pourrai pas les sauver. »

Dans ces tristes pensées, elle tire lentement sa bourse pour compter encore son petit trésor. Mais quel est son étonnement de la trouver si lourde! Elle l'ouvre, et la voit pleine de pièces de monnaie de toute valeur, mêlées et confondues ensemble : il y en avait jusqu'aux cordons. Elle court vite à son père, et lui raconte, avec des transports de surprise et de joie, ce qui vient de lui arriver.

Son père la prit contre son sein, l'embrassa et laissa couler ses larmes sur les joues de Louise. « Ma chère fille, lui dit-il, tu ne m'as jamais donné tant de satisfaction que dans ce moment. Continue de soulager les créatures qui souffrent; à mesure que ta bourse s'épuisera, tu la verras se remplir. »

Quelle joie pour Louise! Elle courut dans la volière, ayant son tablier plein de chènevis et de millet. Tous les oiseaux voltigeaient autour d'elle, en regardant leur déjeuner d'un œil d'appétit. Elle descendit ensuite dans la cour, et offrit un ample repas aux oiseaux affamés.

Elle se voyait alors près de cent pensionnaires qu'elle nourrissait. C'était un plaisir, un plaisir! jamais ses poupées ni ses joujoux ne lui en avaient tant donné.

L'après-midi, en mettant la main dans le sac de chènevis, elle trouva ces paroles écrites dans un billet : « Les habitants de l'air volent vers toi, Seigneur, et tu leur donnes la nourriture; tu étends la main, et tu rassasies de tes bienfaits tout ce qui respire. »

Son père l'avait suivie. Elle se tourne vers lui, et lui dit : « Je suis donc à présent comme Dieu; les habitants de l'air volent vers moi, et, lorsque j'étends la main, je les rassasie de mes bienfaits?

— Oui, ma fille, lui dit son père; toutes les fois que tu fais du bien à quelque créature, tu es comme Dieu. Quand tu seras plus grande, tu pourras secourir tes semblables, comme tu secours aujourd'hui les oiseaux, et tu ressembleras alors à Dieu bien davantage. Ah! quel bonheur pour l'homme, lorsqu'il peut agir comme Dieu! »

Pendant huit jours, Louise étendit sa main et rassasia tout ce qui avait faim autour d'elle. Enfin la neige se fondit, les champs reprirent leur verdure, et les oiseaux qui n'avaient pas osé s'écarter de la maison tournèrent leurs ailes vers la forêt.

Mais ceux qui étaient dans la volière y restaient renfermés. Ils voyaient le soleil, volaient contre la fenêtre, becquetaient les vitrages. C'était en vain; leur prison était trop forte pour eux : Louise n'imaginait pas encore leur peine.

Un jour qu'elle leur apportait leur provision, son père entra quelques moments après elle. Elle fut bien aise de voir qu'il voulait être témoin de ses plaisirs. « Ma chère Louise, lui dit-il, pourquoi ces oiseaux ont-ils l'air si inquiet? il semble qu'ils désirent quelque chose. N'auraient-ils pas laissé dans les champs des compagnons qu'ils seraient bien aises de revoir?

— Vous avez raison, mon papa; ils me semblent

tristes depuis que les beaux jours sont revenus. Je vais ouvrir la fenêtre et les laisser envoler.

— Je pense que tu ne ferais pas mal, lui répondit son père ; tu répandrais la joie dans tout le pays. Ces petits prisonniers iraient retrouver leurs amis, et ils voleraient au-devant d'eux comme tu cours au-devant de moi lorsque j'ai été quelque temps absent de la maison. »

Il n'avait pas fini de parler, que déjà toutes les fenêtres étaient ouvertes. Les oiseaux s'en aperçurent, et en deux minutes il n'en resta pas un seul dans la chambre. On voyait les uns raser la terre du bout de l'aile, les autres s'élever dans les airs, quelques-uns s'aller percher sur les arbres voisins, et ceux-là passer et repasser devant la fenêtre avec des chants de joie.

Louise allait tous les jours se promener dans la campagne ; de tous côtés elle voyait ou elle entendait des oiseaux. Tantôt une alouette partait à ses pieds, et chantait sa joyeuse chanson en s'élevant dans les nuages ; tantôt c'était une fauvette qui fredonnait la sienne en se balançant sur la plus haute branche d'un buisson ; et, lorsqu'elle en entendait quelqu'un se distinguer par son ramage, Louise disait : « Voilà un de mes pensionnaires ; on connaît à sa voix qu'il a été bien nourri cet hiver. »

Il me trouva puisant de l'eau dans mon chapeau (page 36).

UN BON CŒUR FAIT PARDONNER BIEN DES ÉTOURDERIES.

PERSONNAGES.

M. DE VALCOURT.
RODOLPHE, son fils.
MARIANNE, sa fille.
FRÉDÉRIC, son neveu.
DOROTHÉE, sa nièce.
UN DOMESTIQUE.
PÉTREL, ancien cocher.

La scène est dans un appartement du château de M. de Valcourt.

SCÈNE PREMIÈRE.

M. DE VALCOURT.

Voilà ce que l'on gagne à se charger des enfants d'autrui! Ce Frédéric, comme je l'aimais! Il m'était, je crois, plus cher que mon propre fils, et le vaurien me joue de ces tours! Comment a-t-il pu changer à ce point de ce qu'il annonçait dans l'enfance? C'était une bonté de cœur, un feu, une gaieté! le courage d'un lion et la candeur d'un agneau! On ne pouvait se défendre de l'aimer. Ah! qu'il ne reparaisse plus devant mes yeux; je ne veux plus entendre parler de lui.

SCÈNE II.

M. DE VALCOURT, DOROTHÉE.

DOROTHÉE. Vous m'avez fait appeler, mon cher oncle? me voici pour recevoir vos ordres.

M. DE VALCOURT. J'ai de jolies nouvelles à te donner de ton coquin de frère.

DOROTHÉE, *en pâlissant*. De Frédéric?

M. DE VALCOURT. Tiens, lis cette lettre de Rodolphe, ou plutôt, je vais te la lire moi-même. (*Il lit.*)

« Mon cher papa,

« J'ai bien du chagrin de n'avoir que des choses si désagréables à vous annoncer; mais il vaut encore mieux que vous les appreniez de moi que d'un autre. Notre cher Frédéric.... »

Oh! oui, il mérite bien à présent ce nom d'amitié.

« Notre cher Frédéric mène une mauvaise conduite. Il y a quelques jours qu'il a vendu sa montre, et, ce qui est encore pis, la plupart de ses livres de classe et de prières. Je vais vous dire comment je l'ai su. Un vieux bouquiniste qui nous apporte au collége des livres de rencontre vint l'autre jour pour m'offrir un *Exercice du chrétien.* Comme j'ai usé le mien à force de le lire, je ne demandais pas mieux que d'en acheter un autre. Il me le présente. Je le reconnais aussitôt pour celui de Frédéric; et d'autant mieux, que son nom était griffonné sur le titre. Je l'achetai six sous; mais je n'en dis rien, pour que cela ne lui fît pas de tort parmi nos camarades. Je me contentai de le porter au préfet, qui fit venir le bouquiniste et lui demanda de qui il tenait ce livre. Le bouquiniste avoua qu'il l'avait acheté de mon cousin. Frédéric ne put le nier, et il dit qu'il l'avait vendu parce qu'il avait besoin d'argent, et qu'en attendant qu'il pût en acheter un autre, il avait emprunté celui d'un de ses amis qui en avait deux. Le préfet voulut savoir ce qu'il avait fait de cet argent. Frédéric le lui déclara ; mais je le soupçonne de n'avoir fait qu'un mensonge. « Ah! ah! » dis-je en moi-même, « il faut savoir s'il ne s'est pas aussi « défait de quelques-unes de ses nippes. » Je pensai d'abord à la montre que vous lui avez donnée pour ses étrennes, afin qu'il sût un peu le compte de son temps, dont il ne s'occupait guère, comme vous devez vous en souvenir. Je le priai de me dire l'heure qu'il était. Il fut embarrassé, et il me répondit que sa montre était chez l'horloger. J'y allai sur-le-champ pour m'en éclaircir. Il n'y avait pas un mot de vrai. Je lui fis des représentations en bon cousin. Il me répliqua que cela ne me regardait point, et que sa montre était beaucoup mieux là où il l'avait mise que dans son gousset ; qu'il n'avait plus besoin de savoir l'heure pour ce qu'il avait à faire. Qui sait encore ce qu'il aura fait de pis ? car on ne peut pas tout deviner. »

Eh bien ! que dis-tu de cela, Dorothée ?

DOROTHÉE. Mon cher oncle, je vous avoue que je suis aussi mécontente que vous de mon frère. Cependant....

M. DE VALCOURT. Un peu de patience. Ce n'est pas tout. Voici le plus beau de l'histoire. (*Il lit*).

« Écoutez un peu ce qu'il a fait depuis. Avant-hier après midi, il sortit sans permission, et le soir il n'était pas encore de retour. On sonne le souper, il ne se trouve point au réfectoire. Enfin, il passe toute la nuit dehors et ne rentre que le lendemain au matin. Vous pouvez imaginer comment il fut reçu. On lui demanda où il était allé. Il avait forgé d'avance toutes ses menteries. Mais quand même tout ce qu'il a dit serait vrai...., Au reste, il doit paraître ce soir à l'assemblée générale des maîtres du collége ; et, si on lui fait justice, il sera chassé honteusement, ou tout au moins renvoyé. Ce qui m'afflige le plus, c'est son ingratitude pour vos bontés, la honte dont il nous couvre, et le train de vie libertine qu'il prend. Je ne puis me persuader qu'il n'ait pas menti en disant l'endroit où il a passé la nuit. »

Et pourquoi ne l'ajoutes-tu pas ?

« Mais je veux bien qu'il ait dit la vérité. Ce serait peut-être pis, et il n'en serait que plus digne de votre colère. Il menace maintenant de s'échapper pour se rendre chez vous.... »

Oui, oui, qu'il y vienne ! qu'il mette seulement le pied sur le seuil de ma porte, il verra ce qui lui en arrivera. Qu'il retourne là où il passe les nuits. Dorothée, c'est à toi que je parle, ne t'avise pas de me dire un mot en sa faveur. On peut le mettre en prison, le renvoyer, le chasser ignominieusement, tout cela m'est égal ; je ne m'informe plus de lui. Il n'a qu'à se rendre dans un port de mer, se faire mousse et s'embarquer pour les grandes Indes. Je l'ai regardé trop longtemps comme mon fils.

DOROTHÉE. Oui, mon cher oncle, vous nous avez tenu lieu de père, et nos parents même n'auraient pas eu plus de soins et de bontés pour nous.

M. DE VALCOURT. Je l'ai fait avec plaisir, et je n'en ai aucun mérite ; feu votre mère, pendant mes voyages, en a fait autant pour mes enfants. Ainsi, c'était pour moi un devoir sacré. Je ne m'en étais jamais repenti jusqu'à ce jour ; mais....

DOROTHÉE. Ah ! si mon frère a pu s'oublier un moment, ce n'est que par la fougue de son caractère. Vous l'avez eu longtemps sous vos yeux. Lorsqu'il avait commis une faute, son repentir et le regret de vous avoir fâché étaient plus grands que son offense.

M. DE VALCOURT. Et aussi combien lui ai-je pardonné d'étourderies ! Lorsqu'il s'est brûlé les sourcils et les cheveux avec ses pétards ; lorsqu'il a cassé, par la fenêtre, un grand miroir chez notre voisin ; lorsqu'il s'est laissé tomber dans un bourbier avec un habit tout neuf ; lorsqu'il a conduit ma plus belle voiture dans les fossés du château, ne lui ai-je pas fait grâce de tout cela ? J'attribuais ces belles équipées à une pétulance qui n'annonçait pas encore de mauvais naturel ; mais vendre sa montre et ses livres, passer la nuit hors de sa pension, se révolter contre ses maîtres et avoir encore le front de penser à rentrer chez moi !

DOROTHÉE. Mon cher oncle, ayez d'abord la bonté d'entendre ce qu'il peut dire pour sa justification.

M. DE VALCOURT. L'entendre ! Dieu me préserve seulement de le voir ! Je vais donner des ordres dans le village pour qu'on le reçoive à grands coups de fourche, s'il ose s'y présenter.

DOROTHÉE. Non, vous ne pourrez jamais prendre cette dureté sur votre cœur ; vous ne rejetteriez point les prières d'une nièce qui vous chérit et vous honore comme son père.

M. DE VALCOURT. Tu vas voir si cela me sera difficile.

DOROTHÉE. Vous voudrez donc me laisser croire que vous n'aimez plus la mémoire de votre sœur, que vous ne m'aimez plus moi-même?

M. DE VALÇOURT. Toi, je n'ai rien à te reprocher. Aussi les fautes de ton frère ne changeront rien de mes sentiments à ton égard. Mais si tu m'aimes, ne me tourmente plus de tes supplications. Ne songe qu'à vivre heureuse de mon amitié.

DOROTHÉE. Comment pourrais-je vivre heureuse, en voyant mon frère dans votre disgrâce?

M. DE VALCOURT. Il l'a trop bien mérité! Pourquoi ne pas dire ce qu'il a fait de l'argent, et où il est allé courir?

DOROTHÉE. Il paraît, par la lettre même, qu'il en a fait l'aveu. C'est Rodolphe qui ne veut pas y croire. (*Elle baise, en pleurant, la main de M. de Valcourt*). Ah! mon cher oncle!...

M. DE VALCOURT, *un peu attendri*. Eh bien! je veux encore faire un effort pour toi. J'attendrai la lettre du préfet.

SCENE III.

M. DE VALCOURT, DOROTHÉE, UN DOMESTIQUE.

M. DE VALCOURT. Que me veux-tu?

LE DOMESTIQUE. C'est un messager qui demande à vous parler.

M. DE VALCOURT. Qu'est-ce qu'il m'apporte?

LE DOMESTIQUE. Une lettre du collége. (*Le domestique lui remet la lettre*).

M. DE VALCOURT, *regardant la lettre*. Bon! voici ce que j'attendais. C'est du préfet; je reconnais sa main. Où est le messager? qu'il attende ma réponse.

LE DOMESTIQUE. Voulez-vous que je le fasse monter?

M. DE VALCOURT. Non, je descends. Je veux m'instruire de sa bouche. (*Il sort. Dorothée veut le suivre. Le domestique lui fait signe de rester*).

SCÈNE IV.

DOROTHÉE, LE DOMESTIQUE.

LE DOMESTIQUE. Écoutez, écoutez; mamselle Dorothée.

DOROTHÉE. Qu'avez-vous à me dire?

LE DOMESTIQUE. Monsieur votre frère est ici.

DOROTHÉE. Mon frère?

LE DOMESTIQUE. S'il n'est pas encore arrivé, il n'est pas bien loin.

DOROTHÉE. De qui le savez-vous?

LE DOMESTIQUE. Du messager, qui l'a rencontré sur la route. Ah! mamselle, qu'a donc fait M. Frédéric?

DOROTHÉE. Rien qui soit indigne de lui. Ne l'en croyez pas capable.

LE DOMESTIQUE. Oh! c'est aussi ce que je pensais! Dieu sait que nous l'aimions tous, et que nous aurions tous donné pour lui jusqu'à notre vie. Il nous récompensait du moindre service que nous pouvions lui rendre. Il faisait notre paix avec votre oncle, lorsqu'il était en colère contre nous. Il était le protecteur de tous les malheureux du village. Comment donc son préfet a-t-il pu se fâcher contre lui? Ah! je le vois, on aura voulu le punir pour quelque gentille espièglerie, et lui, qui est un brave jeune seigneur, ne se laisse pas traiter cavalièrement.

DOROTHÉE. Où le messager l'a-t-il trouvé?

LE DOMESTIQUE. Près du second village. Il dormait entre des saules sur le bord d'un ruisseau.

DOROTHÉE. Mon pauvre frère!

LE DOMESTIQUE. Le messager a attendu qu'il se réveillât. Vous devez penser combien M. Frédéric a été surpris en le voyant. Il s'est imaginé que cet homme avait été mis à ses trousses pour le ramener, et il lui a dit qu'il se ferait mettre en pièces plutôt que de le suivre.

Dorothée. Je le reconnais bien à ce ton ferme et résolu.

Le domestique. Le messager lui a protesté qu'il avait tant d'amitié pour lui, que, dût-il en recevoir des reproches, dût-il même en perdre son emploi, il ne voudrait pas le chagriner. Il lui a dit le sujet de son message, et lui a rapporté les propos qu'on tenait sur son compte.

Dorothée. Et quel parti mon frère a-t-il pris?

Le domestique. Quoiqu'il fût harassé de fatigue, il s'est mis en marche avec le messager, et ils ont fait route ensemble jusqu'à la lisière du bois. M. Frédéric s'y est jeté pour aller se cacher dans l'ermitage : il y attendra le retour du messager, pour savoir comment votre oncle aura pris les choses.

Dorothée. Oh! si je pouvais lui parler!

Le domestique. Il y a apparence qu'il le désire autant que vous.

Dorothée. Mon oncle tourne souvent de ce côté sa promenade. S'il allait le rencontrer dans son premier feu! O mon ami, courez lui dire qu'il aille se tapir dans la grange derrière les bottes de foin. J'irai le trouver aussitôt que mon oncle sera sorti.

LE DOMESTIQUE. Soyez tranquille, mamselle. Je vais l'y conduire moi-même, et l'aider à se cacher. (*Il sort.*)

SCENE V.

DOROTHÉE, *seule*.

Que de chagrins il me cause sans cesse! et je ne puis m'empêcher de l'aimer.

SCÈNE VI.

MARIANNE, DOROTHÉE.

DOROTHÉE. Ah! ma chère cousine, que j'avais d'impatience de t'entretenir! Hélas! je n'ai cependant que de bien mauvaises nouvelles à t'apprendre.

MARIANNE. Je les sais toutes. Mon papa vient de me donner à lire la lettre de mon frère. Celle du préfet a redoublé sa colère contre Frédéric.

DOROTHÉE. Je ne sais par où m'y prendre pour le justifier.

MARIANNE. Je parierais qu'il est innocent. Tu connais cet hypocrite de Rodolphe! Il fait toutes les fautes et sait les mettre adroitement sur le compte d'autrui. Ce n'est pas d'aujourd'hui qu'il cherche à perdre ton frère dans l'esprit de mon papa. Vingt fois, par des accusations secrètes, il l'a fait chasser de la maison; et puis, lorsque les choses se sont éclaircies, il s'est trouvé qu'il n'y avait que lui seul de coupable. Je vois, par sa lettre même qu'il est un traître, et que Frédéric est tout au plus un étourdi.

DOROTHÉE. Quelle douce consolation me donne ton amitié! Oui, mon frère est né bon, franc, cordial, généreux, sans défiance; mais il est pétulant, audacieux et inconsidéré. Il est opiniâtre dans ses idées, et ne ménage pas assez ceux qui ne le traitent pas à sa fantaisie.

MARIANNE. Et Rodolphe est envieux, dissimulé, hypocrite et flatteur. C'est un chat qui fait d'abord patte de velours, et qui donne ensuite son coup de griffe au moment où vous comptez le plus sur son amitié. Que je donnerais mon frère, avec toutes ses fausses vertus, pour le tien, chargé de tous ses défauts! Le pis est que Frédéric ne soit pas ici.

DOROTHÉE. Et s'il y était?

MARIANNE. Oh! où est-il donc? J'y cours: je meurs d'envie de le voir.

DOROTHÉE. Chut! Je crois entendre mon oncle qui gronde.

MARIANNE. Tu es la sœur de Frédéric, il est juste que tu le voies la première. Je vais rester ici avec mon papa, pour chercher à l'adoucir. Toi, cours auprès du pauvre fugitif, et porte-lui quelques paroles d'espérance et de consolation.

DOROTHÉE. Oui, et une bonne mercuriale aussi, je t'assure; car il la mérite de toutes façons. (*Elle sort.*)

SCÈNE VII.

M. DE VALCOURT, MARIANNE.

M. DE VALCOURT. Je suis si en colère contre ce drôle, que je n'ai pas été en état d'écrire pour renvoyer le messager. Il peut aussi bien ne partir que demain au matin. Tâchons de me remettre un peu.

MARIANNE. Quoi! mon papa, vous êtes toujours fâché contre mon pauvre cousin? Est-ce donc un si grand crime qu'il a commis?

M. DE VALCOURT. Il te sied bien vraiment de l'excuser : je vois que tu n'as pas une meilleure tête que lui, et que tu aurais peut-être fait pis à sa place. Vous avez cependant l'un et l'autre un bon exemple sous les yeux.

MARIANNE. Et qui donc?

M. DE VALCOURT. Mon brave Rodolphe.

MARIANNE. Ah! oui, mon frère est un garçon bien vrai, bien généreux! C'est un digne modèle!

M. DE VALCOURT. Je sais que Dorothée et toi vous lui en avez toujours voulu. Moi-même, d'après votre façon de penser, j'avais pris des préventions contre lui. Mais le préfet m'en rend aujourd'hui de si bons témoignages ...

MARIANNE. Eh! mon Dieu! ses précepteurs ne vous accablaient-ils pas ici de ses louanges? On sait qu'il est né d'un homme riche, et on espère toujours attraper des présents d'un père en le flattant sur son fils.

M. DE VALCOURT. Je veux bien qu'on m'ait un peu flatté sur son compte; mais au moins ne m'a-t-il pas joué un seul tour, comme Frédéric m'en a joué mille, depuis son enfance.

MARIANNE. Ses tours ne portaient de préjudice à personne; ils ne faisaient tort qu'à lui-même.

M. DE VALCOURT. Tu me mettrais en fureur. Il ne s'est fait tort qu'à lui-même, n'est-ce pas, en précipitant dans les fossés ma plus belle voiture? Une voiture dorée toute neuve, qui venait de me coûter six mille francs!

MARIANNE. Ce n'est qu'un trait d'étourderie, bien excusable à son âge. Pétrel essayait cette voiture : Frédéric le tourmenta si fort pour monter sur le siége, qu'il le prit avec lui. Lorsqu'ils eurent fait quelques pas, le fouet tombe; Pétrel descend pour le ramasser. Les chevaux sentent leurs rênes dans une main plus faible, ils s'emportent. Heureusement l'avant-train se détache, et il n'y a que la voiture qui en ait souffert.

M. DE VALCOURT. Ce n'est pas assez, peut-être? Et qui, dans cette aventure, est plus à plaindre que moi?

MARIANNE. Frédéric, qui en a eu la tête toute fracassée, et surtout le pauvre Pétrel, qui a perdu son service.

M. DE VALCOURT. Ah! je ne puis y penser sans frémir encore de colère! Cette belle équipée m'a coûté plus de cent louis.

MARIANNE. Et combien de regrets elle a coûté au bon Frédéric! Il ne se consolera jamais d'avoir été cause de la disgrâce du malheureux Pétrel.

M. DE VALCOURT. Deux bons vauriens à mettre ensemble! J'admire toujours que tu choisisses les plus mauvais garnements pour plaider leur cause. C'est dommage, en vérité, que tu ne sois pas née garçon, pour être camarade de ton cousin. Vous auriez fait, je crois, tous deux, de belles manœuvres.

MARIANNE. Mais au moins....

M. DE VALCOURT. Tais-toi. Tu m'importunes de tes sornettes. Je veux sortir pour aller prendre le frais. Va chercher Dorothée, et vous viendrez me trouver. (*Il sort et laisse son chapeau*).

SCÈNE VIII.

MARIANNE.

J'aurai bien de la peine encore à le faire revenir. Ne désespérons de rien cependant. Il n'est méchant que dans ses paroles.

SCÈNE IX.

MARIANNE, DOROTHÉE.

DOROTHÉE. *présentant son nez à la porte entr'ouverte.* Bst!

MARIANNE. Eh bien?

DOROTHÉE. Mon oncle est-il dehors?

MARIANNE. Il vient de sortir. Et Frédéric?

DOROTHÉE. Il nous attend sur l'escalier dérobé.

MARIANNE. Il n'y a qu'à le faire monter dans notre appartement.

DOROTHÉE. Il faut bien s'en garder. Justine y est.

MARIANNE. Que ne le faisons-nous entrer ici? Personne n'y vient lorsque mon papa est dehors.

DOROTHÉE. Tu as raison. Il nous sera aussi plus facile de le faire esquiver au besoin. Attends, je vais le faire monter.

SCÈNE X.

MARIANNE.

Que je suis curieuse de l'entendre raconter son histoire! J'aurai aussi bien du plaisir de le voir. Il y a plus d'un an qu'il nous a quittés. Ah! je l'entends. (*Elle va jusqu'à sa rencontre.*)

SCÈNE XI.

MARIANNE, DOROTHÉE, FRÉDÉRIC.

MARIANNE, *l'embrassant*. Ah! mon cher cousin!

DOROTHÉE. Il mérite bien ces caresses pour les chagrins qu'il nous cause!

MARIANNE, *lui tendant la main*. Je le vois; tout est oublié.

FRÉDÉRIC. Ma chère cousine, je te trouve donc toujours la même? Tu n'as jamais été si sévère pour moi que ma sœur.

DOROTHÉE. Si je l'étais autant que notre oncle, va....

FRÉDÉRIC. Avant toutes choses, que dit-il? Est-il donc vrai qu'il soit si fort en colère contre moi?

DOROTHÉE. S'il savait que nous te cachons ici nous n'aurions rien de mieux à faire que de vider la maison et de courir les champs.

MARIANNE. Oh! oui: garde-toi bien de te présenter sitôt à ses yeux: il serait homme à te fouler peut-être sous ses pieds dans sa première fureur.

FRÉDÉRIC. Que peut donc lui avoir écrit le préfet?

DOROTHÉE. Un beau panégyrique sur tes fredaines.

MARIANNE. Mon frère en avait déjà touché quelque chose par la poste d'hier.

FRÉDÉRIC. Quoi! Rodolphe a écrit? Je n'ai donc plus besoin de justification. Il sait aussi bien que moi comment les choses se sont passées. Je lui ai tout confié.

MARIANNE. Il n'y aurait qu'à te juger sur sa lettre!

FRÉDÉRIC. Je veux être un coquin si je ne suis pas innocent.

DOROTHÉE. Ce n'est rien dire. Il faut bien être l'un ou l'autre.

FRÉDÉRIC. Et vous avez pu me croire coupable ! Quel est donc mon crime ? d'avoir vendu ma montre ?

DOROTHÉE. N'est-ce rien que cela ? et qui sait encore si tes chemises, tes habits....

FRÉDÉRIC. Il est vrai. J'aurais tout vendu si j'avais eu besoin de plus d'argent.

DOROTHÉE. Voilà une belle manière de te défendre ! Et passer les nuits hors de ta pension ?

FRÉDÉRIC. Une nuit, ma sœur.

DOROTHÉE. Et te révolter contre un juste châtiment ?

FRÉDÉRIC. Dis contre un outrage que je n'avais pas mérité. Quand je m'y serais soumis, j'aurais toujours conservé dans l'esprit de mon oncle la tache d'une faute, et, si l'on m'avait chassé, je n'aurais jamais reparu devant vous.

MARIANNE. Mais, mon ami, que peux-tu dire pour ta défense ? Il faut bien que nous en soyons instruites, pour te blanchir aux yeux de mon papa.

FRÉDÉRIC. Le voici. Il y a quelques jours qu'on nous parla d'une foire dans le prochain village. Le préfet nous donna la permission d'y aller pour nous divertir, et pour voir les curiosités qu'on y montre.

DOROTHÉE. Ah ! c'est donc en oranges et en pralines que tu as mangé ta montre et ton *Exercice du chrétien ?* ou bien à voir les singes et les marmottes ?

FRÉDÉRIC. Il faut que ma sœur ait bien du goût pour toutes ces choses, pour croire qu'on puisse y dépenser son argent. Non, ce n'est pas cela. J'avais soif, et j'entrai dans une auberge, où l'on vendait de la bière.

DOROTHÉE. Mais c'est encore pis.

FRÉDÉRIC. En vérité, ma sœur, tu es bien cruelle. Laisse-moi donc achever. Tandis que j'étais assis....

MARIANNE, *prêtant l'oreille à la porte.* Nous sommes perdus! Mon papa! Je l'entends.

DOROTHÉE. Sauve-toi! sauve-toi!

FRÉDÉRIC. Non, je veux attendre mon oncle pour me jeter à ses pieds.

MARIANNE. Eh non, mon ami! il n'est pas en état de t'entendre. Par pitié pour moi....

FRÉDÉRIC. Tu le veux?

MARIANNE. Oui, oui, laisse-moi gouverner tes affaires. *Elle le pousse par les épaules vers la porte de l'escalier dérobé, la ferme sur lui et revient).*

SCÈNE XII.

M. DE VALCOURT, MARIANNE, DOROTHÉE.

MARIANNE. Eh bien! mon papa, vous voilà déjà de retour de votre promenade?

M. DE VALCOURT. Je cherche mon maudit chapeau. Je ne sais où je l'ai laissé.

DOROTHÉE, *cherchant des yeux.* Tenez, tenez, le voici. (*Elle le lui présente*).

M. DE VALCOURT. Tu ne pouvais pas avoir l'avisement de me le porter?

DOROTHÉE. Il faut que je sois aveugle pour ne l'avoir pas vu.

MARIANNE. Qui peut penser à tout?

M. DE VALCOURT. Effectivement, il y a tant de choses qui t'occupent!

MARIANNE. C'est que le pauvre Frédéric m'est revenu dans la tête.

M. DE VALCOURT. N'entendrai-je jamais que ce nom siffler à mes oreilles?

MARIANNE. Eh bien! mon papa, n'en parlons plus. Ne voudriez-vous pas aller continuer votre promenade avant le serein?

M. DE VALCOURT. Non, je ne veux plus sortir. (*Marianne et Dorothée se regardent en branlant la tête d'un air mécontent*). Il est trop tard. Aussi bien on vient de me dire que mon ancien cocher est en bas, et qu'il veut me parler.

MARIANNE et DOROTHÉE. Pétrel?

M. DE VALCOURT. Quelque dommage qu'il m'ait causé, le mal est fait, et il en a été assez puni. Je veux savoir ce qu'il a à me dire.

MARIANNE. Il pourrait bien attendre que vous fussiez revenu de votre promenade.

M. DE VALCOURT. Non, non; j'en serai plus tôt débarrassé. Dans le fond.... (*Marianne et Dorothée se parlent en secret. A Marianne*). Lorsque votre père, (*à Dorothée*) lorsque votre oncle vous parle, il me semble que vous devriez l'écouter. Dans le fond.... (*Dorothée veut s'esquiver.*) Où allez-vous, Dorothée ?

DOROTHÉE, *embarrassée*. C'est que j'ai besoin de descendre.

M. DE VALCOURT. Eh bien ! dites à Pétrel de monter. (*Dorothée sort.*)

SCÈNE XIII.

M. DE VALCOURT, MARIANNE.

M. DE VALCOURT. Dans le fond, ce pauvre homme me fait pitié. Je n'ai jamais eu de si bon cocher. On aurait pu se mirer sur le poil de mes chevaux, et il n'allait pas boire leur avoine au cabaret.

MARIANNE. Ah ! si vous l'aviez gardé, vous auriez épargné bien des chagrins au pauvre Frédéric.

M. DE VALCOURT. Ne m'en parle plus. C'est lui qui est cause que j'ai renvoyé Pétrel et que je me trouve à présent sans cocher ; car celui-là m'a dégoûté de tous les autres. Je ne trouverai jamais à le remplacer.

SCENE XIV.

M. DE VALCOURT, MARIANNE, DOROTHÉE, PÉTREL.

DOROTHÉE. Mon cher oncle, voici Pétrel.

PÉTREL. Je vous demande pardon, monsieur; mais je ne puis croire que vous soyez toujours en colère contre moi. Ne trouvez pas mauvais que j'aie pris la liberté de paraître devant vous en traversant le village, pour vous prier de me donner un bon certificat.

M. DE VALCOURT. Est-ce que je ne t'en ai pas donné?

PÉTREL. Je n'en ai pas eu d'autre que...., « Tiens, voilà ton argent; sors à l'instant du château, et ne te présente jamais à mes yeux. » Vous ne me laissâtes pas le temps de vous demander une attestation en forme plus gracieuse.

M. DE VALCOURT. C'est que tu ne méritais pas qu'on fît plus de cérémonie, car il m'en a coûté ma plus belle voiture. Plût à Dieu que Frédéric s'y fût aussi tordu le cou!

PÉTREL. Que voulez-vous, monsieur? Un cocher n'a de tête qu'avec son fouet, et le mien m'était échappé. Je serai plus prudent à l'avenir.

M. DE VALCOURT. Allons, tout est oublié. Comment fais-tu pour vivre?

PÉTREL. Ah! mon cher maître, depuis que je suis hors de chez vous, je n'ai pas eu un bon moment. Vous savez qu'en sortant d'ici j'entrai chez M. le major de Braffort. Oh! quel homme! il ne savait parler que la canne levée. Que Dieu lui fasse paix!

M. DE VALCOURT. Il est donc mort?

PÉTREL. Oui, au grand contentement de ses soldats. Il ne me donnait jamais ses ordres qu'en jurant comme un Turc. Pleine mesure d'avoine à ses chevaux, et force coups de bâton, mais peu de pain à ses gens.

MARIANNE. Ah! mon pauvre Pétrel, pourquoi demeurais-tu à son service?

PÉTREL. Où serais-je allé? Ce qui me retenait encore, c'est que ma femme trouvait de l'emploi dans la maison, à blanchir et à raccommoder le linge. Elle gagnait au moins à demi de quoi nourrir nos enfants. Tout le monde tremblait devant M. le major : il n'y eut que la mort qui le fit trembler, et qui le terrassa. Maintenant je n'ai plus de condition, et je ne sais où donner de la tête.

M. DE VALCOURT. Mais tu sais que je ne laisse mourir personne de faim, et encore moins un ancien domestique.

PÉTREL. Ah! je le pensais toujours! mais vos terribles paroles : « Ne te présente jamais à mes yeux, » elles résonnaient sans cesse comme un tonnerre à mon oreille. Dix des plus gros juremenls de M. le major ne m'auraient pas fait tant de peur.

MARIANNE. Et tu n'as pas trouvé de maître depuis ce temps?

PÉTREL. Oh! ma chère demoiselle! ce n'est pas ici comme à Paris. Dans ce village et tous les environs, les gens sont si pauvres, qu'ils ont plus besoin de leur avoine pour eux-mêmes que pour leurs chevaux. Je me louais à la journée pour les travaux des champs, ma femme tourmentait sa quenouille, et mes enfants allaient demandant l'aumône. Mais nous gagnions tous ensemble si peu à cela, que nous étions hors d'état de payer, à la fin de la semaine, le loyer d'un grabat dans un recoin de grenier. Bientôt nous n'eûmes plus que la terre sous nous, et le ciel par-dessus. Ma pauvre femme en est morte de mal et de chagrin. (*Il s'essuie les yeux.*)

M. DE VALCOURT. Tu l'as mérité. Que ne venais-tu chercher du secours auprès de moi.

MARIANNE, *à Dorothée.* Voilà mon papa qui se remontre. Bon augure pour Frédéric!

PÉTREL. Ah! monsieur, quelle femme c'était! jamais on n'a su tenir un ménage comme elle. Lorsque je rentrais le soir sans avoir un sou, et que je croyais être obligé de me coucher avec la faim, je trouvais qu'elle n'avait mangé que la moitié de son pain pour me garder l'autre. Quand j'écumais de rage comme un possédé, et que je voulais tout briser autour de moi, elle savait me rendre au bon Dieu et me refaire honnête homme. A présent elle est morte, et je ne peux la ressusciter. C'est de là que mon véritable malheur commence, et Dieu sait quand il finira.

DOROTHÉE. Ah! mon pauvre Pétrel!

PÉTREL. Il n'y avait plus à espérer de trouver condition dans le pays. Je partis un beau soir. Je chargeai ma fille sur mes épaules, et je pris mon garçon par la main. Nous marchâmes une grande partie de la nuit, et nous passâmes le reste à dormir dans la forêt. Le lendemain au matin, à la pointe du jour, nous étions à la porte d'un village. Par bonheur la foire s'y tenait ce jour-là. Je gagnai quelque argent à porter des paquets. Mais écoutez bien, monsieur, un ange, un ange du ciel, M. Frédéric....

M. DE VALCOURT. Un ange! Frédéric? ce garnement? (*Marianne et Dorothée se prennent par la main, et s'approchent de Pétrel d'un air de curiosité et de joie, en s'écriant ensemble:*) Frédéric? Frédéric?

PÉTREL. Lui, mon cher maître; maltraitez-moi si vous voulez, mais non ce brave et généreux enfant. J'aimerais mieux me voir foulé sous vos pieds.

DOROTHÉE. Ah! conte-nous, conte-nous, Pétrel!

pétrel. Ma petite Louison alla demander l'aumône à la porte d'une auberge. M. Rodolphe et M. Frédéric y étaient assis à une table, avec une bouteille de bière à leur côté.

m. de valcourt. Ah! voilà de jolies inclinations! dans un cabaret!

dorothée. Mon oncle, c'est qu'il avait besoin de se rafraîchir.

m. de valcourt. Qu'avait-il à faire dans ce village?

marianne. Il était allé voir la foire. Votre Rodolphe y était bien aussi.

pétrel. Il reconnut aussitôt ma fille et se leva de table, malgré tout ce que son compagnon put lui dire. Il fit avaler un verre de bière à la pauvre Louison, la prit par la main, la conduisit dehors, et se fit raconter en peu de mots notre misère. Alors il lui ordonna de le mener où j'étais. Il me trouva dans la rue voisine, puisant de l'eau dans mon chapeau à une fontaine, pour me rafraîchir de la grande chaleur. Je crus que je deviendrais fou de joie quand je le vis. Tout sale et tout déguenillé que j'étais, je le pris dans mes bras devant tout le monde, et on craignait que je ne l'étouffasse, tant je le pressais contre mon cœur. Ah! je sentis qu'il me serrait bien aussi de son côté. Enfin, comme nous étions environnés d'une grande foule, il me dit de le conduire dans un endroit où nous fussions seuls, et je le menai dans une grange où j'avais déjà retenu mon coucher.

MARIANNE. Ah! mon papa, je parierais....

M. DE VALCOURT. Silence! Eh bien, Pétrel?

PÉTREL. Je lui racontai tout ce que je vous ai dit. Le brave enfant se mit à pleurer et à se désoler. « Ce serait à moi, s'écria-t-il, de mendier pour vous : je suis la cause de votre malheur. Mais je ne dormirai pas sans vous avoir secouru. Prends, prends, mon Pétrel, tout ce que j'ai sur moi, » dit-il en fouillant dans ses poches. Je ne voulais pas le recevoir, il se fâcha. Je lui dis que c'était apparemment de l'argent qu'on lui avait donné pour s'amuser, que j'étais accoutumé à souffrir. Il serra les dents, trépigna des pieds, et je pense qu'il m'aurait battu si je n'avais pris sa bourse.

M. DE VALCOURT. Et combien y avait-il?

PÉTREL. Près de six francs. Il ne voulut garder qu'une pièce de six sous. « Il ne sera pas dit, continua-t-il, qu'un brave domestique de mon oncle, qui n'a ni volé ni assassiné, soit obligé dans ses vieux jours d'aller mendier avec ses enfants, et qu'il n'ait pas un gîte assuré. Mettez-vous dans une petite chambre. Avant qu'il soit trois jours, je reviens à vous, et je vous porterai des secours, jusqu'à ce que j'aie écrit à mon oncle. Nous l'avons tous deux mis en colère contre nous, mais il est trop bon et trop généreux pour vous abandonner à votre misère. »

M. DE VALCOURT. Est-il bien vrai qu'il ait dit cela?

PÉTREL. Voulez-vous que j'en jure, mon maître?

MARIANNE. Va, va, nous t'en croyons assez. Achève ton récit.

PÉTREL. « Que fais-tu de tes enfants ? me dit-il en caressant Guillot. — Ce que j'en fais? lui répondis-je. Ils courent les chemins, portant des fleurs et des balais de plume à vendre, et, quand personne n'en veut acheter, demandant l'aumône. — Cela n'est pas bien, reprit-il. Ils ne deviendraient à ce métier que des libertins et des paresseux. Il faut que tu fasses apprendre un métier au petit garçon, et que tu places ta fille chez d'honnêtes gens. »

MARIANNE. Frédéric avait bien raison, mon papa.

PÉTREL. « Oui, lui dis-je ; mais comment aller présenter des enfants avec ces haillons? Si j'avais seulement une vingtaine d'écus, je trouverais bien à m'en débarrasser. Il y a ici un tisserand qui occupe de petites mains, et qui prendrait mon Guillot en apprentissage, si je pouvais lui donner dix écus d'avance. Une jardinière se chargerait aussi de Louison pour aller vendre des fleurs, si j'avais de quoi lui donner un cotillon. Je pourrais alors me présenter chez des gens riches pour avoir du service, et je ne serais pas réduit à rôder comme un fainéant. »

M. DE VALCOURT. Et que te répondit Frédéric?

PÉTREL. Rien, monsieur. Il s'en alla ; mais deux

jours après il était déjà de retour. « Où est le tisserand qui veut prendre ton fils en apprentissage? mène-moi chez-lui. » Je l'y conduisis, et il lui parla en secret. « Et la jardinière qui se charge de Louison? mène-moi chez-elle. » Je l'y conduisis aussi. Il me laissa à la porte, alla parler à cette femme dans son jardin, me reprit ensuite sans dire mot, et nous sortîmes. A cent pas de là, il s'arrête, et me dit, en me sautant au cou : « Bon vieillard, sois tranquille pour tes enfants. » Il m'ordonna ensuite d'aller chez un fripier, dont il me montra de loin la boutique. Il lui avait déjà payé ce surtout et cette redingote que vous me voyez.... N'ai-je pas l'air d'un prince là-dessous?

MARIANNE. O mon brave cousin! le bon Frédéric!

M. DE VALCOURT, *s'essuyant tantôt un œil, tantôt l'autre.* Je vois maintenant où la montre s'en est allée.

PÉTREL. Ce n'est pas tout, monsieur. Ne le surpris-je pas à me glisser de l'argent dans la poche? Je voulus absolument le lui rendre, en lui disant qu'il n'avait déjà fait que trop de choses pour moi. Mais si jamais je l'ai vu se mettre en colère, c'est dans ce moment. Il m'assura que c'était vous, monsieur, qui le lui aviez envoyé pour me le donner. Comme je voulais courir ici pour me jeter à vos pieds, il me dit que vous vouliez faire semblant de n'en rien savoir. « Ah! dis-je en moi-même, ce

40   UN BON CŒUR FAIT PARDONNER

M. de Valcourt est si bon maître! peut-être qu'il me reprendrait? » Cependant je n'osais pas venir, puisque M. Frédéric me l'avait défendu.

M. DE VALCOURT. O mon Frédéric! mon cher Frédéric! tu as donc toujours ce cœur noble et généreux que je t'ai vu dès l'enfance!

DOROTHÉE. Et qui t'a enfin décidé à reparaître devant mon oncle?

PÉTREL. Le voici. On n'a pas voulu recevoir mon Guillot sans son extrait de baptême. Il fallait venir le demander au curé. En entrant dans le village, comme si M. Frédéric m'avait porté bonheur, j'appris que M. le comte de Vienne avait besoin d'un cocher. J'allai me présenter à lui, et il me promit de me prendre à son service, si je lui apportais un bon certificat de mon dernier maître. Je ne pouvais pas aller dans l'autre monde en demander un à M. le major ; je me suis hasardé, en tremblant, à m'adresser à vous. Peut-être refuserez-vous de me le donner ; mais j'aurais toujours gagné de vous faire mes remercîments pour les secours que vous avez bien voulu me faire passer par les mains de M. Frédéric.

M. DE VALCOURT. Non, mon honnête Pétrel, tu ne les dois qu'à lui seul. C'est lui qui s'est dépouillé pour te couvrir. Mais il te doit aussi le retour de mon amitié. De quel malheur tu le sauves ! Oui, sans toi, sans toi, j'étais si en colère contre lui, que je l'aurais banni pour jamais de ma présence.

PÉTREL. Que dites-vous, monsieur ? Ah! je serais l'homme de la terre le plus heureux ! il m'aurait tiré de peine et je l'en aurais tiré à mon tour ! nous nous aurions cette obligation l'un à l'autre !

M. DE VALCOURT. Ce maudit coquin de Rodolphe l'avait presque chassé de mon cœur. Comment pouvais-je m'en rapporter à ce fripon, qui m'en a si souvent imposé? Mais le préfet! le préfet!

MARIANNE. Eh! mon papa! c'est qu'il l'aura trompé comme vous.

M. DE VALCOURT. Mais, mon Dieu! on m'écrit que Frédéric s'est échappé. Si le désespoir allait le prendre! s'il lui arrivait quelque malheur!

PÉTREL. Un cheval! un cheval! Je vous le ramènerai, quand il serait au bout du monde. (*Il veut courir.*)

DOROTHÉE, *le retenant*. Est-il bien vrai, mon cher oncle, que vous lui pardonneriez? que vous le presseriez encore contre votre cœur?

M. DE VALCOURT. Ah! quand il aurait vendu tous ses habits! quand il reviendrait nu comme la main! (*Dorothée fait un signe à Marianne et part comme un éclair.*)

MARIANNE. Et s'il était ici mon papa?

M. DE VALCOURT. Ici! Quelqu'un l'a-t-il vu? Où est-il? Où est-il?

PÉTREL. Ah! s'il était ici! S'il était ici, j'irais donner de la tête là-haut contre le plancher.

MARIANNE. Eh! mon papa, le voyez-vous?

SCÈNE XV.

M. DE VALCOURT, FRÉDÉRIC, MARIANNE, DOROTHÉE, PÉTREL.

Frédéric se précipite aux pieds de son oncle. Pétrel se jette contre terre à son côté, passe un bras sous les genoux de M. de Valcourt et l'autre autour de Frédéric, leur baise les mains et les habits, et fait des éclats extravagants de joie. Marianne et Dorothée s'embrassent en pleurant.

FRÉDÉRIC. Ah! mon oncle! mon oncle! me pardonnez-vous?

M. DE VALCOURT, *d'une voix étouffée à force de le presser.* Te pardonner! Ah! tu mérites que je t'aime mille fois plus qu'auparavant, que je ne me sépare jamais de toi.

FRÉDÉRIC. Oui, mon oncle, jamais, jamais. (*Il se retourne, se jette sur Pétrel et se suspend d'un bras à son cou.*) Ah! si vous aviez vu la misère de ce pauvre homme et de ses enfants! Si vous aviez été la cause de leur malheur!

PÉTREL. C'est moi! Pourquoi vous laisser grimper sur mon siége et vous livrer des chevaux fringants? Mais qui pouvait vous refuser quelque chose? Non, quand la voiture aurait dû me passer sur le corps. Tenez, monsieur Frédéric, ne me demandez plus rien d'injuste. Il faudrait vous l'accorder; mais j'irais de là me jeter dans la rivière.

M. DE VALCOURT. Que ne m'instruisais-tu de tout cela, au lieu de vendre ta montre, tes livres et peut-être tes habits ? C'est toujours une imprudence à un enfant comme toi, qui ne connaît pas le prix des choses.

FRÉDÉRIC. Oui, cela est vrai. Mais chaque moment de plus que je laissais souffrir cette famille, il me semblait commettre un assassinat. Et puis, comme vous aviez chassé Pétrel dans votre colère, je craignais que vous ne me fissiez défense de le secourir, et que, par ma désobéissance à vos ordres exprès, je ne me rendisse plus coupable.

M. DE VALCOURT. Tu m'aurais donc alors désobéi ?

FRÉDÉRIC. Oui, mon oncle, mais en cela seulement.

M. DE VALCOURT. Embrasse-moi, brave Frédéric.... Cependant j'ai encore sur le cœur un article de la lettre qui dit que tu as découché une nuit. Où l'as-tu donc passée ?

FRÉDÉRIC. C'était le jour que je portais l'argent à Pétrel. Le préfet n'était pas à la pension, et je savais que la porte serait fermée le soir à dix heures. Je croyais être de retour auparavant ; j'y aurais été si je ne me fusse égaré dans les ténèbres.

DOROTHÉE. Mon pauvre frère, où as-tu donc couché ?

FRÉDÉRIC. Je trouvai une masure abandonnée; je m'y étendis sur une grande pierre, et jamais je n'ai si bien dormi. J'étais si content d'avoir soulagé Pétrel !

MARIANNE. Ah ! méchant Rodolphe ! Il s'est bien gardé de nous apprendre toutes ces choses ; il les savait pourtant.

M. DE VALCOURT. Dès ce moment, je lui retire ma tendresse, et toi seul....

FRÉDÉRIC. Non, mon oncle, je ne veux être heureux aux dépens de personne, et encore moins aux dépens de votre fils.

DOROTHÉE *lui tend la main*. O mon frère, combien je dois t'aimer !

M. DE VALCOURT. Eh bien ! qu'il reste dans sa pension. Pour toi, tu ne me quitteras plus. Je veux toujours t'avoir auprès de mon cœur. Je te ferais plutôt venir des maîtres de toute espèce de deux cents lieues. (*Frédéric lui baise la main.*)

PÉTREL, *lui baisant le pan de son habit*. Mon digne maître, vous êtes toujours le même.

M. DE VALCOURT, *lui frappant sur l'épaule*. Pétrel, as-tu pris des engagements avec M. de Vienne

PÉTREL. Bon ! je n'avais pas mon certificat.

M. DE VALCOURT. Tu n'en auras plus besoin. Je sens que je vous rendrai heureux, Frédéric et toi, en vous remettant ensemble. Mais ne lui laisse plus prendre ta place sur ton siége. On pourvoira aussi à tes enfants.

PÉTREL *se met à sangloter et à crier*. Mon cher

maître!... Monsieur!... C'est-il bien vrai ? N'est-ce qu'un songe ? Frédéric ! Monsieur Frédéric ! mes pauvres enfants !... Ah ! que j'aille revoir mes chevaux !

Comme je fus frappée en voyant Madeleine étendue (page 56) !

JACQUOT.

M. de Cursol revenait un jour à cheval d'une promenade dans ses terres. Comme il passait le long des murs du cimetière d'un petit village, il entendit des gémissements qui partaient de son enceinte. Ce digne gentilhomme avait un cœur trop compatissant pour hésiter de voler au secours du malheureux qu'il entendait ainsi gémir. Il mit pied à terre, donna son cheval à garder au domestique qui le suivait, et franchit d'un saut les marches du cimetière. Il s'éleva sur le bout de ses pieds, tourna les yeux de toutes parts ; enfin il aperçut à l'extrémité, dans un coin, une fosse recouverte de terre encore toute fraîche. Sur cette fosse était étendu un enfant d'environ cinq ans, qui pleurait. M. de Cursol s'approcha de lui d'un air d'amitié et lui dit :

« Que fais-tu là, mon petit ami?

L'ENFANT. J'appelle ma mère. Hier on l'a couchée ici, et elle ne se lève pas.

M. DE CURSOL. C'est apparemment qu'elle est morte, mon pauvre enfant.

L'ENFANT. Oui, on dit qu'elle est morte ; mais je ne peux pas le croire. Elle se portait si bien l'autre jour, quand elle me laissa chez notre voisine Suzon ! elle me dit qu'elle allait revenir, et ne revint pas. Mon père s'en est allé, mon petit frère aussi, et les autres enfants du village ne veulent plus de moi.

M. DE CURSOL. Ils ne veulent plus de toi? Et pourquoi donc?

L'ENFANT. Je n'en sais rien ; mais, lorsque je veux aller avec eux, ils me chassent et me laissent tout seul. Ils disent aussi de vilaines choses sur mon père et sur ma mère. C'est ce qui me fait le plus de peine. O ma mère, lève-toi, lève-toi ! »

Les larmes roulaient dans les yeux de M. de Cursol.

« Tu dis que ton père s'en est allé, et ton frère aussi ? Où sont-ils donc ?

L'ENFANT. Je ne sais pas où est mon père, et mon

petit frère est parti hier pour un autre village. Il vint un monsieur tout noir, comme notre curé, qui l'emmena avec lui.

M. DE CURSOL. Et où demeures-tu à présent?

L'ENFANT. Chez la voisine Suzon. J'y serai jusqu'à ce que ma mère revienne, comme elle me l'a promis. Je l'aime bien, mon autre mère Suzon ; mais (*en montrant la fosse*) j'aime encore plus ma mère qui est là. Ma mère, ma mère! pourquoi es-tu si longtemps couchée? Quand est-ce que tu te lèveras?

M. DE CURSOL. Mon pauvre enfant, tu as beau l'appeler, tu ne la réveilleras jamais.

L'ENFANT. Eh bien! je veux coucher ici et dormir auprès d'elle. Ah! je l'ai vue, lorsqu'on l'a portée dans un grand coffre. Comme elle était pâle! comme elle était froide! Je veux coucher ici et dormir auprès d'elle. »

M. de Cursol ne put retenir plus longtemps ses larmes. Il se pencha vers l'enfant, le prit dans ses bras, l'embrassa avec tendresse, et lui dit :

« Comment t'appelles-tu, mon cher ami ?

L'ENFANT. On m'appelle Jacquot quand je suis bien sage, et Jacques quand je suis méchant. »

M. de Cursol sourit au milieu de ses larmes.

« Veux-tu me conduire chez Suzon ?

JACQUOT. Oui, oui, oui, mon bon monsieur. »

Jacquot se mit à courir devant M. de Cursol aussi vite que ses petits pieds pouvaient le lui permettre, et il le conduisit à la porte de Suzon.

Suzon n'eut pas une médiocre surprise, lorsqu'elle vit notre gentilhomme entrer dans sa chaumière, et le petit Jacquot, qui, la montrant du doigt et courant cacher sa tête entre ses genoux, dit : « La voilà ; c'est mon autre mère. » Elle ne savait que penser d'une visite si extraordinaire. M. de Cursol ne la laissa pas longtemps dans son incertitude. Il lui peignit la situation dans laquelle

il avait trouvé le petit garçon, lui exprima la pitié qu'il lui avait inspirée, et la pria de vouloir bien l'instruire de tout ce qui regardait les parents de Jacquot.

Suzon lui présenta un siége auprès d'elle, et commença ainsi son récit :

« Le père de cet enfant est un cordonnier qui demeure dans la maison voisine. C'est un homme honnête, sobre, laborieux, tout jeune encore, et fort bien bâti. Sa femme était d'une jolie figure, mais d'une mauvaise santé ; du reste, très-diligente et très-économe. Ils étaient mariés depuis sept ans, vivaient fort bien ensemble, et ils auraient fait le couple le plus heureux, s'ils avaient été un peu mieux dans leurs affaires. Julien ne possédait que son métier ; et Madeleine, qui était orpheline, n'avait apporté à son mari qu'un peu d'argent qu'elle avait gagné au service du bon curé d'une paroisse à trois lieues d'ici. Ce peu d'argent fut employé à acheter un lit, quelques ustensiles de ménage, et une petite provision de cuir pour travailler. Malgré leur pauvreté, ils trouvèrent le moyen de se soutenir pendant les premières années de leur mariage, à force de travail et d'économie. Mais il était venu des enfants : c'est là ce qui commença à les déranger. Encore auraient-ils pu se tirer de peine en redoublant de courage, s'il ne leur était arrivé des malheurs. La pauvre Madeleine, qui avait travaillé tous les jours de l'été dans les champs, pour apporter le soir quelque argent à son mari, tomba malade de fatigue, et sa maladie dura tout l'automne et tout l'hiver. Les remèdes étaient fort coûteux : d'un autre côté, l'ouvrage n'allait pas si bien, parce que les pratiques de Julien le quittaient peu à peu, craignant d'être mal servies dans une maison où il y avait une femme malade. Enfin Madeleine se rétablit, mais non les affaires de son mari. Il fallut emprunter pour payer l'apothicaire et le médecin. Le travail de Julien n'allait plus du tout ; il avait perdu toutes ses pratiques; et Madeleine ne trouvait pas de journées à gagner, parce que ses forces s'étaient affaiblies, et que personne ne voulait l'employer. De plus, le loyer de leur maison et la rente de l'argent qu'ils avaient emprunté les écrasaient. Il leur fallut plus d'une fois endurer la faim, et ils se trouvaient bien heureux lorsqu'ils avaient un morceau de pain à donner à leurs enfants. »

A ces mots, le petit Jacquot se retira dans un coin et se mit à soupirer.

« Il arriva encore que l'homme impitoyable à qui appartenait leur maison, voyant qu'ils n'avaient pas été en état de payer les deux quartiers de l'hiver, menaça Julien de le faire arrêter. Ils le prièrent instamment de prendre patience jusqu'à la moisson, parce qu'alors ils pourraient gagner des journées à travailler dans les champs; mais ni leurs supplications ni leurs larmes ne purent l'attendrir, quoiqu'il soit le plus riche de tout le village. Ce fut avec bien de la peine qu'il leur accorda encore un mois de délai; mais il jura que, si au bout de ce temps il n'était pas payé en entier, il ferait vendre leurs meubles et mettre Julien en prison. On ne vit plus alors chez ces pauvres gens qu'une tristesse et une souffrance capables d'attendrir un rocher. Vous pouvez croire, monsieur, que mon cœur s'est serré bien souvent d'entendre ces bons voisins se lamenter et de ne pouvoir les secourir. J'allai moi-même une fois chez leur créancier, et je le priai d'avoir compassion de leur misère. Je lui dis que j'engagerais, s'il le fallait, ma chaumière, qui était tout ce que je possédais. Mais cela ne servit de rien. « Tu es une misérable aussi bien « qu'eux, me répondit-il; voilà ce que c'est que de « loger de la canaille comme vous autres. » Ah! monsieur (*ici des larmes coulèrent sur les joues de Suzon*), j'endurai patiemment ce reproche, pour ne pas le fâcher encore davantage; mais que je souffrais de n'être qu'une pauvre veuve et de ne pouvoir soulager en rien ces braves gens! Combien les riches pourraient faire de bien, s'ils en avaient la volonté comme les pauvres! Mais, pour revenir à nos malheureux voisins, je conseillai à Madeleine d'aller se jeter aux pieds du curé chez qui elle avait servi quelques années en digne et honnête fille, et de le prier de lui avancer quelque argent. Elle me répondit qu'elle en parlerait à son mari, mais qu'elle aurait bien de la peine à faire ce que je lui disais, parce que le curé pourrait croire qu'ils étaient tombés dans la misère par une mauvaise conduite. Il y a trois jours qu'elle m'amena, comme elle avait coutume de le faire, ses deux enfants, et me pria de les garder jusqu'au soir. Elle voulait aller dans le village voisin, et voir si elle ne pourrait pas trouver chez le tisserand du chanvre à filer pour payer leur dette. Elle n'avait jamais pu prendre sur elle-même de se présenter chez le curé, son ancien maître; mais son mari devait y aller à sa place, et il s'était mis en route ce même jour. Je me chargeai avec plaisir des enfants, que j'aimais beaucoup, les ayant vus naître. Madeleine, en partant, les serra contre son cœur, et les embrassa comme si elle les voyait pour la dernière fois. Je crois la voir encore! Elle avait les yeux tout pleins de larmes, et elle dit à l'aîné : « Ne « pleure pas, Jacquot; je vais être bientôt de re- « tour, et je viendrai te chercher. » Elle me tendit la main, me remercia de ce que je voulais bien garder ses enfants, les embrassa encore et sortit.

« Au bout de quelque temps, j'entendis un bruit sourd dans sa maison; mais, comme je la croyais partie, je pensai que c'était un fagot mal appuyé contre la muraille, qui avait roulé à terre; et je ne m'en inquiétai pas. Cependant le soir vint, puis la nuit; et je ne voyais point reparaître ma voisine. Je voulus aller voir chez elle si elle n'y était pas entrée pour poser sa filasse, avant de venir reprendre ses enfants. Je trouvai la porte ouverte, et j'entrai. O mon Dieu! comme je fus frappée en voyant Madeleine étendue roide morte au pied d'une échelle! Je demeurai moi-même immobile et froide comme une pierre. Je ne savais ce que je devais faire. Enfin, après avoir cherché inutilement à la soulever, je courus chez le chirurgien, qui vint, lui tâta le pouls en hochant la tête, et envoya tout de suite chercher le bailli. Les gens de justice et le chirurgien examinèrent comment elle pouvait s'être tuée; et on trouva qu'elle devait être morte sur le coup, ou que, n'ayant pu appeler pour avoir du secours, elle était expirée dans son évanouissement.

« Je comprends bien comment cela aura pu arriver. Elle était rentrée chez elle pour aller prendre dans son grenier le sac dans lequel elle devait rapporter la filasse; et, comme elle avait encore les yeux troublés de larmes, elle n'avait pas bien vu à poser son pied en descendant sur le plus haut bâton de l'échelle, et elle était tombée la tête la première sur le carreau. Son sac, qui était à côté d'elle, le disait assez. Cependant il vint d'autres idées au bailli. Il ordonna qu'on enterrât le cadavre le lendemain au matin, avant le jour, et sans cérémonie, à l'extrémité du cimetière; et il dit qu'il allait faire des informations pour savoir ce que Julien était devenu. Je lui offris de garder

les deux enfants chez moi ; car, bien que j'aie beaucoup de peine à vivre moi-même, je me disais :
« Le bon Dieu sait que je suis une pauvre veuve,
« et, s'il met ces enfants à ma charge, il saura bien
« m'aider à les nourrir. » Le petit frère de celui-ci
n'y a pas resté longtemps. Hier même, quelques
heures après que Madeleine eut été enterrée, le
bon curé chez qui elle avait servi vint par hasard
pour la voir. Il frappa quelque temps à sa porte
et, comme personne n'ouvrait, il vint à ma fenêtre
et me demanda où était Julien le cordonnier, qui
demeurait dans la maison d'à côté. Je lui répondis
que, s'il voulait se donner la peine d'entrer un
moment, j'aurais bien des choses à lui dire. Il entra
et s'assit, tenez, là où vous êtes. Je lui racontai
tout ce qui était arrivé ; il versa un torrent de larmes : je lui dis ensuite que Julien avait eu la pensée
d'avoir recours à lui dans l'embarras où il se trouvait. Il parut surpris, et il m'assura qu'il n'avait
absolument pas vu Julien. Les deux enfants vinrent
à lui, il les caressa beaucoup, et Jacquot lui demanda s'il ne pourrait pas réveiller sa mère, qui
dormait depuis si longtemps. Les larmes revinrent
aux yeux du bon curé, en entendant ainsi parler
cet enfant, et il me dit : « Bonne femme, j'enverrai
« chercher demain ces deux petits garçons, et je
« les garderai avec moi. Si leur père revient, et
« qu'il soit en état de les élever, je les lui rendrai

« lorsqu'il me les demandera. En attendant, j'aurai
« soin de leur éducation. » Cela ne me fit pas trop
de plaisir. J'aime ces petits innocents comme une
mère, et il m'en aurait coûté de me les voir ôter si
vite. « Monsieur le curé, lui répondis-je, je ne sau-
« rais consentir à me séparer de ces enfants : je
« suis accoutumée à eux, et ils sont accoutumés à
« moi. — Eh bien! ma bonne femme, il faut que
« vous m'en donniez un, et moi, je vous laisserai
« l'autre, puisqu'il doit se trouver si bien auprès
« de vous : je vous enverrai de temps en temps
« quelque chose pour son entretien. » Je ne pouvais refuser cela au bon curé. Il demanda à Jacquot
s'il ne serait pas bien aise d'aller avec lui. « Là où
« est ma mère? » répondit Jacquot ; « oh ! oui, de
« bon cœur. — Non, mon petit ami, ce n'est pas
« là. C'est dans ma jolie maison, dans mon joli
« jardin. — Non, non, laissez-moi ici avec Suzon ;
« j'irai tous les jours voir ma mère; j'aime mieux
« aller là que dans votre joli jardin. » Le bon curé
ne voulut pas tourmenter davantage l'enfant, qui
était allé se cacher derrière les rideaux de mon
lit. Il me dit qu'il allait faire emporter par son
valet le plus jeune, qui m'aurait donné plus d'embarras que l'aîné ; et il me laissa quelque argent
pour celui-ci. Voilà, monsieur, tout ce que j'ai à
vous apprendre des parents de Jacquot. Ce qui re-
double aujourd'hui ma peine, c'est que Julien ne

revient point, et que les gens de justice font courir
le bruit qu'il est allé se jeter dans une troupe de
contrebandiers et que sa femme s'est tuée de chagrin. Ces mensonges ont tellement couru tout le
village, qu'il n'y a pas jusqu'aux enfants qui ne les
aient dans la bouche; et, lorsque mon Jacquot
veut aller avec eux, ils le chassent et veulent le
battre. Le pauvre enfant se désole, et il ne sort
plus que pour aller sur la fosse de sa mère. »

M. de Cursol avait écouté en silence, mais non
sans un profond attendrissement, le récit de Suzon.
Jacquot était revenu auprès d'elle. Il la regardait
avec amitié, et l'appelait de temps en temps sa
mère. Enfin M. de Cursol dit à Suzon : « Digne
femme, vous vous êtes conduite bien généreusement
envers cette malheureuse famille ; Dieu n'oubliera
pas de vous récompenser.

suzon. Je n'ai fait que ce que je devais. Nous ne
sommes ici-bas que pour nous aider et nous secourir. Je pensais toujours que je ne pouvais rien
faire de plus agréable aux regards de Dieu, pour
tous les biens que j'en ai reçus, que de soulager
de tout mon pouvoir mes pauvres voisins. Ah ! si
j'avais pu en faire davantage! Mais je ne possède
rien au monde que ma cabane, un petit jardin où
je cueille mes herbes, et ce que je puis gagner par
le travail de mes mains. Cependant, depuis huit
ans que je suis veuve, Dieu m'a toujours soutenue

honnêtement, et j'espère qu'il me soutiendra de même le reste de mes jours.

M. DE CURSOL. Mais, si vous gardez cet enfant avec vous, la dépense de sa nourriture pourra vous gêner beaucoup, jusqu'à ce qu'il soit en état de gagner sa vie.

SUZON. Je ferai en sorte qu'il y en ait toujours assez pour lui. Nous partagerons jusqu'à mon dernier morceau de pain.

M. DE CURSOL. Et où prendrez-vous de quoi lui fournir des vêtements?

SUZON. J'en laisse le soin à celui qui revêt les prairies de gazon et les arbres de feuillage. Il m'a donné des doigts pour coudre et pour filer! je les ferai servir à habiller notre petit orphelin. Quand on sait prier et travailler, on ne manque jamais.

M. DE CURSOL. Vous êtes donc bien décidée à garder Jacquot avec vous?

SUZON. Toujours, monsieur. Je ne saurais vivre avec la pensée de renvoyer ce petit orphelin ou de le renfermer dans une maison de charité.

M. DE CURSOL. Vous êtes apparemment alliée à sa famille?

SUZON. Nous ne sommes alliés que par le voisinage et par la religion.

M. DE CURSOL. Et moi, je vous suis allié à l'un et à l'autre par la religion et par l'humanité. Ainsi je ne souffrirai point que vous ayez seule tout l'honneur de faire du bien à cet orphelin, quand Dieu m'en a fourni plus de moyens qu'à vous. Confiez à mes soins l'éducation de Jacquot, et, puisque vous êtes si bien accoutumée l'un à l'autre, et que vous méritez vous-même, par votre bienfaisance, tout ce que son attachement pour sa mère a su m'inspirer en sa faveur, je vous prendrai tous les deux dans mon château, et j'aurai soin de votre sort. Vendez votre jardin et votre chaumière, et venez auprès de moi. Vous y serez nourrie et logée pendant votre vie entière.

SUZON, *le regardant avec des yeux attendris.* Ne soyez point fâché contre moi. Que Dieu vous récompense de toutes vos bontés! mais je ne puis accepter vos offres.

M. DE CURSOL. Et pourquoi donc?

SUZON. D'abord, c'est que je suis attachée aux lieux où je suis née et où j'ai vécu si longtemps; et puis il me serait impossible de me faire au tracas d'une grande maison et à la vue de tous les gens qui la remplissent. Je ne suis pas accoutumée au repos ni à une nourriture délicate; je tomberais malade si je n'avais rien à faire, ou si je mangeais de meilleures choses que de coutume. Laissez-moi donc dans ma chaumière avec mon petit Jacquot. Il ne lui en coûtera pas d'avoir une vie un peu dure. Cependant, si vous voulez lui envoyer de temps en temps quelques secours pour payer ses mois d'école et pour acheter les outils du métier qu'il prendra, le bon Dieu ne manquera pas de vous en payer au centuple : au moins Jacquot et moi nous l'en prierons tous les jours. Je n'ai point d'enfant ; Jacquot sera le mien, et le peu que j'ai lui appartiendra, lorsqu'il plaira au Seigneur de m'appeler à lui.

M. DE CURSOL. A la bonne heure. Je ne voudrais pas que mes bienfaits pussent vous chagriner. Je vous laisserai Jacquot, puisque vous êtes si bien ensemble. Parlez-lui souvent de moi, pour lui dire que j'ai pris la place de son père, pendant que vous prendrez aussi de votre côté les soins et le nom de la mère qui lui cause tant de regrets. Je vous enverrai chaque mois tout ce qui sera nécessaire pour votre entretien ; je viendrai souvent vous voir et ma visite sera pour vous autant que pour lui. »

Suzon leva les yeux vers le ciel et attacha ses lèvres sur le pan de l'habit de M. de Cursol, puis elle dit à l'enfant : « Viens, Jacquot, baise la main de ce monsieur ; il veut être ton père. » Jacquot baisa la main de M. de Cursol ; mais il dit à Suzon : « Comment peut-il être mon père ? il n'a pas de tablier devant lui. »

M. de Cursol sourit de la question naïve de Jacquot ; et jetant sa bourse sur la table : « Adieu, brave Suzon, dit-il ; adieu, mon petit ami, vous ne tarderez pas à me revoir. » Il alla reprendre son cheval, et prit sa route vers la paroisse du curé qui avait emmené le plus jeune orphelin.

Il trouva le curé occupé à lire une lettre sur laquelle il laissait tomber quelques larmes. Après les premières civilités, M. de Cursol exposa au digne pasteur le sujet de sa visite, et lui demanda s'il savait ce qu'était devenu le père des deux petits malheureux.

« Monsieur, lui dit le curé, il n'y a pas un quart d'heure que j'ai reçu de lui cette lettre, écrite à sa femme. Il me l'a adressée avec ce paquet d'argent, pour lui remettre l'une et l'autre et la consoler de son absence. Sa femme étant morte, j'ai ouvert la lettre : la voici : ayez la bonté de la lire. »

M. de Cursol prit la lettre avec empressement, et lut ce qui suit :

« Ma chère femme,

« Je ne puis penser sans chagrin que tu aies été dans la peine à cause de mon absence ; mais laisse-moi te conter ce qui m'est arrivé. Comme j'étais en chemin pour me rendre chez M. le curé, voici ce qui me vint dans la pensée : « Que me ser-
« vira d'aller faire ainsi le mendiant? Je ne ferai
« que sortir d'une dette pour entrer dans une
« autre, et il ne me restera que l'inquiétude de ne
« savoir comment la payer. Moi qui suis encore
« jeune et qui peux travailler, aller demander tant

« d'argent! j'aurai l'air d'un débauché ou d'un pa-
« resseux. M. le curé a fait notre mariage; il nous
« aime comme ses enfants; mais s'il allait me re-
« fuser par mépris, ou qu'il fût hors d'état de
« nous secourir! Et puis quand il m'avancerait la
« somme pour un an, serais-je bien sûr de pou-
« voir la lui rendre? Et si je ne la lui rends pas,
« ne serai-je pas alors comme un voleur? Je l'au-
« rais trompé. » Voilà ce que je me disais, ma
chère Madeleine, et je pensais ensuite comment je
pourrais nous tirer de peine, toi et moi, d'une
manière plus honnête. Je ne savais quel parti
prendre. Je poussais bien des soupirs vers Dieu.
Enfin, il me vint tout à coup dans l'esprit : « Tu es
« encore jeune, tu es grand et robuste; quel mal y
« aurait-il de te faire soldat pour quelques années?
« Tu sais lire, écrire et compter joliment; tu peux
« encore faire la fortune de ta femme et de tes
« enfants; tu peux au moins te débarrasser de tes
« dettes. Pense que, si tu es rangé et que tu
« amasses quelque chose, tu pourras l'envoyer à
« Madeleine. » J'étais depuis une demi-heure dans
ces pensées, lorsque je vis de loin venir derrière
moi deux soldats. Ils m'eurent bientôt joint. Ils me
demandèrent d'où je venais, où j'allais, et si je ne
serais pas bien aise de servir le roi. Je fis d'abord
comme si je n'avais pas eu de goût pour le métier.
Ils me tourmentèrent encore, et me promirent un

bon engagement de cinquante écus. Je leur dis qu'à ce prix je pourrais bien m'enrôler pour six ans. « Tôpe, me dirent-ils. Allons, viens avec nous, « l'affaire sera bientôt bâclée. » Ils m'emmenèrent devant un officier. Il me fit toiser, et me demanda si je savais lire, écrire et compter; et quand je lui eus répondu que oui, il me fit aussitôt délivrer mon

argent; et de cette façon, ma chère Madeleine, me voilà soldat pour sortir d'embarras. Je t'envoie les cinquante écus. Je n'en ai rien voulu garder. Paye tout de suite les trente écus que je dois, et six francs d'intérêt. Avec le reste, tiens ton ménage du mieux que tu pourras. Nourris-toi bien pour faire revenir tes forces. Habille nos enfants, et envoie-les bientôt à l'école. Je sais que tu es adroite, diligente ; mais avec tout cela tu ne saurais aller bien loin. Patience ! j'aurai une paye de cinq sous par jour. Je vais voir si je ne pourrais pas épargner sur chaque journée un ou deux sous pour te les envoyer au bout du mois. Je demanderai dans quelque temps un congé pour t'aller voir. Ma chère Madeleine, ne t'afflige pas. Confie-toi à Dieu ; six ans sont bientôt passés. Je reviendrai alors à toi, et nous pourrons recommencer à tenir ensemble notre ménage. Mon officier m'a promis d'écrire au bailli pour me faire conserver mon droit de communauté. Élève bien nos enfants ; retiens-les à la maison, et fais-leur aimer l'ouvrage. Prie tous les jours avec eux, et dis-leur bien des choses du bon Dieu, et d'être d'honnêtes gens. Tu es en état de les instruire comme il faut. Vis dans la crainte du Seigneur ; prie-le pour moi, et je le prierai pour toi. Réponds-moi promptement ; tu n'auras qu'à donner ta lettre au curé pour me la faire tenir. Embrasse pour moi nos deux enfants. Dis à Jacquot que s'il est bien sage, je lui porterai quelque chose à mon retour. Dieu soit loué de toutes choses ! Aime-moi toujours, et je resterai toujours ton fidèle mari. « JULIEN. »

Les yeux de M. de Cursol s'étaient remplis de larmes pendant la lecture de cette lettre. Lorsqu'il l'eut achevée : « Voilà, s'écria-t-il, ce qu'on peut appeler un bon mari, un bon père et un honnête homme ! Monsieur le curé, on doit avoir bien du plaisir à faire le bonheur de si braves gens. Je vais acheter le congé de Julien, je payerai ses dettes, et je lui donnerai de quoi reprendre honnêtement son état. Ces cinquante écus resteront pour les enfants. Ils ont coûté cher à leur père ! ils seront partagés entre eux le jour qu'ils pourront s'établir. Gardez cet argent dans vos mains, et leur en parlez quelquefois, comme du plus vif témoignage de la tendresse paternelle. Je vous en payerai les intérêts, pour les réunir au capital. Je veux entrer pour quelque chose dans ce dépôt sacré. »

Le digne curé était trop oppressé pour être en état de répondre à M. de Cursol. Celui-ci entendit la force de son silence, lui serra la main et partit. Tous ses projets en faveur de Julien ont été exécutés. Julien, rendu au repos et jouissant d'une aisance qu'il n'a jamais goûtée, serait le plus heureux des hommes, sans les regrets de la perte de Madeleine. Il ne trouve de soulagement qu'à s'en entretenir sans cesse avec Suzon. Cette digne femme se regarde comme sa sœur et se croit la mère de ses enfants. Jacquot ne laisse jamais passer un seul jour sans aller sur la fosse de sa mère. Il a si bien profité des secours de M. de Cursol, que ce généreux gentilhomme a des vues pour lui former l'établissement le plus avantageux. Il a pris le même soin du plus jeune enfant de Julien, et il ne monte jamais à cheval sans se rappeler cette touchante aventure. Lorsqu'il lui survient quelque peine, il va voir les personnes qu'il a rendues heureuses, et il s'en retourne toujours chez lui soulagé de son chagrin.

LA PETITE GLANEUSE.

PERSONNAGES.

M. DE BEAUVAL.
MARCELLIN, son fils.
HENRIETTE, sa fille.
Mme DE JOINVILLE.
ÉMILIE, sa fille.
HUBERT, garde-chasse de M. de Beauval.

La scène est dans un champ qu'on vient de moissonner, et sur lequel il y a encore plusieurs monceaux de gerbes. On voit d'un côté le château de M. de Beauval, de l'autre des cabanes de paysans, et en général tout ce qui peut décorer un séjour champêtre.

SCÈNE PREMIÈRE.

ÉMILIE, tenant des deux mains, par les anses, une corbeille pleine d'épis. Elle va s'asseoir auprès d'une gerbe.

Allons, voilà qui n'est pas trop mal commencé. Quelle joie pour ma pauvre mère ! (*Elle pose sa corbeille à terre, et regarde dedans d'un air satisfait.*) Ce vieux moissonneur ! avec quelle bonté il m'a rempli ma corbeille ! J'aurais eu beau courir çà et là tout le jour, je n'en aurais jamais ramassé seulement la moitié. Que le bon Dieu l'en récompense! Voici encore quelques épis à terre : quand je n'en glanerais qu'une poignée ou deux.... (*Elle enfonce des deux mains les épis dans la corbeille.*) Je les ferai bien entrer en pressant un peu; et puis, n'ai-je pas mon tablier? (*Elle se lève, prend d'une main les deux bouts de son tablier, et s'apprête de l'autre à y jeter les épis qu'elle ramasse, lorsqu'elle entend du bruit.*) Mon Dieu! voici un homme qui vient à moi d'un air fâché; je ne crois pas avoir fait de mal pourtant. (*Elle retourne à sa corbeille, la reprend et veut s'en aller.*)

SCÈNE II.

ÉMILIE, HUBERT.

HUBERT, *l'arrêtant par le bras.* Ah! petite voleuse, je vous y prends!

ÉMILIE. Que voulez-vous dire, monsieur? je ne suis pas une petite voleuse; je suis une honnête petite fille, entendez-vous?

HUBERT. Une honnête petite fille! toi, une honnête petite fille? (*Il lui arrache la corbeille des mains.*) Que portez-vous donc là dedans, l'honnête petite fille?

ÉMILIE. Des épis, comme vous voyez.

HUBERT. Et ces épis sont apparemment poussés dans ta corbeille?

ÉMILIE. Ah! s'ils poussaient dans ma corbeille, je n'aurais pas besoin de prendre tant de peine à les ramasser dans les champs.

HUBERT. C'est donc volé !

ÉMILIE. Monsieur, ne me traitez pas si vilainement, je vous prie. J'aimerais mieux mourir de faim avec ma mère que de faire ce que vous dites là.

HUBERT. Mais ils ne sont pas venus se jeter d'eux-mêmes dans ta corbeille, de par tous les diables !

ÉMILIE. Mon Dieu ! vous me faites peur avec vos jurements ; écoutez-moi. J'étais allée glaner dans ce champ là-bas. Il y avait un bon vieillard qui me voyait faire. « La pauvre enfant ! a-t-il dit, qu'elle a de peine ! je veux la secourir. » Il y avait des gerbes couchées sur son champ ; il en a tiré de pleines poignées d'épis, qu'il a jetées dans ma corbeille. « Ce que l'on donne au pauvre, disait-il Dieu le rend, et.... »

HUBERT. Ah ! j'entends. Le vieillard de ce champ là-bas t'a donné plein ta corbeille d'épis que tu prends ici dans nos gerbes, n'est-il pas vrai ?

ÉMILIE. Allez plutôt lui demander à lui-même, il pourra vous le dire.

HUBERT. Que j'aille courir là-bas ! Oh bien ! tu n'as qu'à attendre : je t'ai prise ici, tout est dit.

ÉMILIE. Mais quand je vous dis que je n'ai touché à aucune gerbe ! le peu d'épis que j'ai dans mon tablier, je les ai ramassés à terre, parce que j'ai cru que cela était permis. Cependant, si vous y avez du regret, je suis prête à vous les rendre ; tenez, voilà les vôtres.

HUBERT. Non, non, ceux-ci resteront avec ceux-là ; et où la corbeille restera, il faudra bien que tu restes aussi. Allons, suis-moi dans le chenil.

ÉMILIE, *avec effroi.* Comment ! que dites-vous, mon brave homme ?

HUBERT. Oh ! oui, ton brave homme ! je serais bien plus brave homme si je te laissais échapper, n'est-ce pas ? Dans le chenil, te dis-je ; allons ! allons !

ÉMILIE. Ah ! je vous supplie, pour l'amour de Dieu ! je n'ai ramassé ici, je vous assure, que la poignée d'épis que je vous ai rendue. Que dirait ma pauvre mère si je ne rentrais pas de la journée, si elle apprenait que l'on m'a mise en prison ? elle est capable d'en mourir.

HUBERT. Le grand malheur ! la paroisse en serait débarrassée.

ÉMILIE *se met à pleurer*. Ah ! si vous saviez quelle bonne mère c'est ! combien nous sommes pauvres ! vous auriez pitié de nous.

HUBERT. Je ne suis pas ici pour avoir pitié des gens ; j'y suis pour les arrêter lorsqu'ils entrent sur les terres de monseigneur, et pour les fourrer en prison.

ÉMILIE. Mais lorsqu'on n'a rien fait, lorsqu'on est innocent comme moi ?

HUBERT. Oui, parle-moi de ton innocence ! Venir nous voler une pleine corbeille d'épis et me faire ensuite mille menteries ! Allons, allons, qu'on me suive !

ÉMILIE. (*Elle tombe auprès d'une gerbe.*) Ah! mon cher monsieur! ayez pitié de moi. Prenez, si vous voulez, ma corbeille : hélas! ma petite provision ne vous rendra guère plus riche; mais laissez-moi aller, je vous en prie; si ce n'est pas pour moi, que ce soit pour ma pauvre mère! je suis toute sa consolation, tout son secours.

HUBERT. Si je te laisse aller, ce n'est pas pour ta mère, au moins, je t'en avertis; je voudrais la voir à cent lieues : c'est pour toi seule, parce que tes pleurnicheries m'ont un peu remué le cœur. Mais n'attends pas que ta corbeille te suive : je la confisque pour la justice; et puis, c'est vendredi jour d'audience, M. le bailli prononcera une bonne amende; si on ne la paye pas, en prison, et chassée du village. (*Il charge la corbeille sur son épaule. Émilie pleure à chaudes larmes et se jette à ses genoux.*) Allons, ne m'étourdis plus, ou tu verras ce qu'on y gagne. (*Il s'éloigne en grommelant.*) Mais voyez donc, si l'on n'était pas toujours à les épier, si petits qu'ils soient, ils nous enlèveraient, je crois, jusqu'à la terre de nos champs.

SCENE III.

ÉMILIE seule. Elle s'assied à terre et appuie sa tête sur une gerbe. Elle pleure quelques moments en silence ; enfin elle se lève et regarde autour d'elle.

Ah ! il s'en est allé, ce méchant homme ! il m'emporte toute ma joie ; je perds tout, mes épis, ma jolie corbeille ; et qui sait encore ce qui nous en arrivera à ma mère et à moi ? (*Après une petite pause.*) Que ces petits oiseaux sont heureux ! il leur est au moins permis de venir prendre quelques grains pour leur repas, et moi.... Mais qui sait si un méchant homme comme celui-ci n'est pas à les guetter pour les tuer avec son fusil ? Je vais les faire envoler, et je m'en irai ; car peut-être me punirait-on encore d'avoir reposé ma tête sur cette gerbe.... Mais qui sont ces deux enfants qui s'avancent ?

SCENE IV.

MARCELLIN, HENRIETTE, ÉMILIE, essuyant ses larmes.

MARCELLIN. Ha ! ha ! c'est donc toi, petite fille, que le garde-chasse vient de surprendre à voler les

76 LA PETITE GLANEUSE.

épis de nos gerbes? (*Les sanglots empêchent Emilie de répondre.*

HENRIETTE *la regarde avec attention, et tire à part*

son frère. Elle a l'air d'une bonne petite fille, Marcellin. Elle pleure, ne l'afflige pas davantage par tes reproches. Le peu d'épis qu'elle a ramassés ne vaut pas la peine.... (*Elle va à elle.*) Ma pauvre enfant, qu'as-tu donc à pleurer?

ÉMILIE. C'est de voir qu'on m'accuse sans sujet, et que vous me croyez peut-être coupable.

MARCELLIN. Tu ne l'es donc pas?

ÉMILIE. Non, vous pouvez m'en croire. J'étais allée glaner dans ce champ là-bas. Un vieux moissonneur a eu pitié de ma peine et m'a rempli ma corbeille d'épis. Je viens ici en ramasser quelques autres que je vois éparpillés çà et là. Votre méchant garde-chasse me trouve auprès de cette gerbe et m'accuse de voler. Il me prend ma corbeille, et il m'aurait mise en prison si, par mes prières et par mes larmes pour ma mère, je n'avais tant fait qu'il m'a laissée aller.

HENRIETTE. Ah! j'aurais bien voulu voir qu'il t'arrêtât! Nous avons un bon papa, qui ne souffre pas qu'on fasse du mal aux pauvres, et qui t'aurait fait bien vite relâcher.

MARCELLIN. Oui, et qui te fera bientôt rendre ta corbeille, je t'en réponds.

ÉMILIE, *avec joie*. Oh! le croyez-vous? mon cher petit monsieur?

HENRIETTE. Marcellin et moi nous allons tant le prier.... Sois tranquille. Il n'est jamais si content de nous que lorsque nous lui parlons en faveur des pauvres gens. Et nous pourrions même te faire rendre ta corbeille sans lui en parler.

ÉMILIE. Ah! que vous êtes heureuse, ma jolie petite demoiselle, de n'avoir besoin du secours de personne et de pouvoir même secourir les autres!

MARCELLIN. Tu es donc bien pauvre, ma chère enfant?

ÉMILIE. Il faut bien l'être, pour venir ramasser ici son pain avec tant de douleur.

HENRIETTE. Quoi! c'est pour du pain que tu viens chercher des épis? Je croyais, moi, que c'était pour faire cuire les grains sur une pelle bien rouge, et les manger ensuite, comme nous le faisons quelquefois mon frère et moi, quand personne ne nous regarde.

ÉMILIE. Eh! mon Dieu, non! Ma mère et moi nous voulions battre ces épis et en donner les grains au meunier, pour avoir de la farine et en faire du pain.

HENRIETTE. Mais ma pauvre enfant, tu n'en auras pas grand'chose, et cela ne vous durera pas longtemps.

ÉMILIE. Et quand nous n'en aurions que pour un jour ou deux! c'est encore un ou deux jours de plus que ma mère et moi nous aurions à vivre.

MARCELLIN. Eh bien! pour que tu aies encore un autre jour d'assuré, je vais te donner une pièce de douze sous, que j'ai gardée la dernière, parce qu'elle est toute neuve.

ÉMILIE. Ah! mon cher petit monsieur, tant d'argent! Non, non, je n'ose le prendre.

HENRIETTE, *en souriant.* Tant d'argent! Prends, prends toujours. Si j'avais ma bourse sur moi, je t'en donnerais bien davantage. Mais je te le garde, et tu n'y perdras rien.

MARCELLIN, *lui présentant encore la pièce.* Reçois-la comme une médaille. (*Émilie rougit, reçoit la pièce, et lui serre la main sans lui répondre.*)

MARCELLIN. Ce n'est pas assez. Je vais courir à toutes jambes après notre garde-chasse, et il faudra bien qu'il me rende la corbeille, ou autrement....

ÉMILIE. Ah! ne vous donnez pas cette peine. Vous me promettez de me secourir, c'est assez pour moi.

HENRIETTE. Dis-moi, où loges-tu?

ÉMILIE. Ici, dans le village.

MARCELLIN. Nous ne t'avions pas encore vue; et cependant nous venons ici tous les ans avec notre papa, au temps de la moisson.

ÉMILIE. Nous n'y sommes que depuis huit jours. C'est chez une bonne vieille qui s'appelle Marguerite, et qui a montré bien de l'amitié à ma mère, oh! une bien grande amitié.

HENRIETTE. Quoi! la vieille Marguerite?

MARCELLIN. Nous la connaissons. C'est la veuve d'un pauvre tisserand, qui n'avait pas d'ouvrage.

—Mon papa la fait venir quelquefois pour ratisser le jardin.

HENRIETTE. Veux-tu me conduire chez ta mère?

ÉMILIE. Ce serait pour elle trop d'honneur. Une noble demoiselle comme vous....

HENRIETTE. Va, va, notre papa ne veut point que nous nous croyions plus nobles que les autres; et si tu n'as pas d'autres raisons....

ÉMILIE. Non, au contraire; vous pourrez m'aider à la consoler de la perte de ma corbeille et de mes épis. Et puis ce méchant homme qui nous a encore menacées....

MARCELLIN. Ne crains rien de ses menaces. Tandis que ma sœur ira avec toi chez ta mère, je vais courir après lui; et sûrement.... Reviendras-tu ici?

ÉMILIE. Si vous l'ordonnez, mon cher petit monsieur.

MARCELLIN. Ta corbeille y sera avant que tu sois de retour.

ÉMILIE. Peut-être que je vous amènerai ma mère pour vous faire ses remercîments.

HENRIETTE. Allons, allons, courons la trouver.
(*Elle prend Émilie par la main et sort avec elle.*)

SCENE V.

MARCELLIN seul.

Que nous sommes heureux, ma sœur et moi, de n'être pas obligés, comme cette pauvre enfant, d'aller ramasser de tous côtés des épis pour vivre ! En vérité cette petite parle comme si elle avait été bien élevée : elle n'a point l'air malpropre et déguenillé des filles de nos paysans. Oh! j'obtiendrai sûrement de mon papa.... Mais le voici qui vient avec Hubert. Bon, la corbeille est aussi de la compagnie.

SCÈNE VI.

MARCELLIN, M. DE BEAUVAL, HUBERT.

MARCELLIN, *en courant à son père.* Ah! que je suis aise, mon cher papa, de vous rencontrer ! (*A Hubert.*) Rends-moi cette corbeille.

HUBERT. Doucement, doucement, monsieur, vous allez m'arracher le cou.

M. DE BEAUVAL. Que veux-tu faire de cette corbeille, Marcellin?

MARCELLIN. Elle appartient à une pauvre petite fille, à qui ce vilain Hubert l'a prise avec les épis qu'on lui avait donnés. Vous saurez tout, mon papa.

HUBERT. Ho! ho! on est donc vilain pour faire son devoir et pour ne pas aider les voleurs à faire leur coup? Pourquoi donc monseigneur me donne-t-il des gages?

M. DE BEAUVAL. Je vous l'ai déjà dit plusieurs fois, Hubert, c'est pour empêcher les vagabonds de courir sur mes terres et d'incommoder mes vassaux, mais non pas pour arrêter et traîner en prison les pauvres, et encore moins d'honnêtes nécessiteux, qui cherchent à se nourrir d'une miette de mon superflu et de quelques épis échappés à une riche moisson.

HUBERT. Premièrement, je ne les empêche point de glaner tant qu'ils veulent, lorsque la moisson est hors de champ; mais tant qu'il y reste une gerbe....

MARCELLIN, *ironiquement*. Que ne dis-tu aussi lorsque les champs sont en friche et couverts de neige? Il y a grand'chose à ramasser, n'est-ce pas, lorsque la moisson est rentrée?

HUBERT. Vous n'entendez rien du tout à cela, monsieur. Secondement, qui peut nous répondre que ce ne sont pas des voleurs?

MARCELLIN. Des voleurs, grand Dieu! des voleurs! La petite fille m'a dit qu'elle n'avait pris ici aucun épi, et que c'était un vieux moissonneur du champ voisin qui lui avait rempli sa corbeille.

HUBERT. Bon, elle vous l'a dit! comme s'il y avait un mot de vérité dans ce que ces gens-là vous disent! Je l'ai surprise ici sur une gerbe.

M. DE BEAUVAL. Qui détachait des épis?

HUBERT. Je ne dis pas tout à fait cela. Mais sais-je, moi, ce qu'elle avait fait avant mon arrivée? Et puis, n'est-ce pas un mensonge que cette histoire d'un vieux moissonneur qui lui remplit sa corbeille? Oh! je reconnais bien là nos paysans: ce sont des messieurs si charitables!

MARCELLIN. Et moi je soutiens que ces épis lui ont été donnés, car elle me l'a dit ; et une si bonne petite fille ne saurait mentir.

HUBERT. Et vous, n'avez-vous jamais menti, monsieur ? Cependant nous vous regardons comme un brave gentilhomme.

MARCELLIN. Entendez-vous, mon papa, comme ce vilain Hubert me traite ? (*A Hubert en colère.*) Non, si je mentais, je serais un méchant garçon ; mais je ne mens pas, ni la bonne petite fille non plus. Et c'est vous qui êtes un....

M. DE BEAUVAL. Doucement, Marcellin ; je suis content jusque-là de ta défense. On doit croire tous les hommes honnêtes gens jusqu'à ce que l'on soit bien convaincu du contraire ; mais l'on ne doit pas s'emporter contre ceux qui sont d'une opinion différente ; et il faut chercher à les ramener avec douceur à des pensées plus consolantes et plus vraies.

HUBERT. Non, non, monseigneur, il vaut mieux croire tous les hommes méchants, jusqu'à ce que l'on voie, à n'en pouvoir douter, qu'ils sont honnêtes : c'est beaucoup plus sage. Lorsque je rencontre un bœuf sur ma route, je suppose toujours qu'il a la corne mauvaise, et je me retire de son chemin. Il peut se faire qu'il ne soit pas méchant ; mais je ne cours aucun risque à prendre mes précautions. Le plus sûr est toujours le meilleur.

M. DE BEAUVAL. Si tous les hommes avaient ta façon de penser, Hubert, avec qui pourrions-nous vivre? Et qu'en serait-il résulté entre toi et moi, si, au lieu de te donner un service honnête dans ma terre, pour procurer du pain à un vieux soldat réformé, je t'avais livré à la justice comme un vagabond qui n'avait ni certificat ni passeport?

HUBERT. Oui, cela est vrai; mais il est vrai aussi que je suis un honnête homme.

M. DE BEAUVAL. Je ne te garde auprès de moi que parce que j'en suis persuadé; mais je ne pouvais le croire d'abord que sur ta parole et sur ta physionomie.

MARCELLIN. Oh! mon cher papa! si vous vous en rapportez à la parole et à la physionomie, vous en croiriez bien plus ma petite fille qu'Hubert.

HUBERT. Oui-da, monsieur! regardez-moi en face. Votre papa sera certainement bien content de la physionomie de votre petite fille, si elle lui revient autant que la mienne.

MARCELLIN. Vraiment oui, il te sied bien, avec ta figure d'ours....

M. DE BEAUVAL. Fi donc! Marcellin.... Hubert, connais-tu la petite fille?

HUBERT. Oui, je la connais et je ne la connais pas. Je sais qu'elle est ici depuis dix à douze jours, avec sa mère; mais comment et pourquoi elles y sont venues, il n'y a que M. le bailli qui puisse vous en instruire. Vous le dirai-je, monseigneur? C'est bien mal fait à lui de recevoir cette espèce de gens dans la paroisse, pour y être nourris aux dépens de la communauté.

MARCELLIN. Eh bien! c'est moi qui les nourrirai, oui, moi.

HUBERT. Vous avez donc quelque chose à vous, monsieur?

MARCELLIN. Si je n'ai rien, mon papa en a assez.

HUBERT. En attendant, toute la communauté murmure. Mais lorsqu'on graisse la patte aux gens en place (*il compte dans sa main*), car j'imagine que M. le bailli....

MARCELLIN. Ne voilà-t-il pas qu'il dit aussi des injures à M. le bailli? Je le lui dirai, va!

M. DE BEAUVAL. Doucement, mon fils. Je vois, Hubert, qu'il est impossible de guérir ton esprit soupçonneux; mais je conçois des soupçons à mon tour. Tu juges que cette petite fille a rempli ici sa corbeille, parce que tu l'as trouvée dans mon champ, auprès d'une gerbe; tu juges que M. le bailli s'est laissé corrompre pour de l'argent, parce qu'il a reçu une pauvre famille dans le village. Eh bien! je juge aussi que tu n'as retenu la corbeille de la petite fille que parce qu'elle n'a pas eu de l'argent ou quelques prises de tabac à te donner, et qu'à ce prix tu l'aurais volontiers relâchée.

HUBERT. Quoi! monseigneur, vous pourriez croire?...

M. DE BEAUVAL. Pourquoi ne veux-tu pas que je pense sur ton compte ce que tu te permets de penser sur le compte des autres?

HUBERT. Tenez, monseigneur, il vaut mieux que je me taise. Et quand je verrais ces mendiants charger sur les épaules vos champs, vos bois et vos prairies.... Faut-il porter la corbeille chez M. le bailli?

MARCELLIN. Oh! non, non, mon cher papa, je vous en supplie.

M. DE BEAUVAL. Hubert, vous la rapporterez chez la pauvre femme, et vous ferez des excuses à la petite fille.

HUBERT. Des excuses, monseigneur! des excuses, y pensez-vous? Moi lui aller faire des excuses! et pourquoi?

MARCELLIN. Pourquoi? Pour l'avoir affligée sans sujet, et pour lui avoir fait l'affront de l'accuser d'une bassesse.

HUBERT. Si elles n'ont pas d'autres excuses ni d'autre corbeille....

M. DE BEAUVAL. Hubert, si j'avais commis une injustice envers vous, je ne balancerais pas à la réparer. Et pour vous en convaincre, j'irai moi-même, je rapporterai la corbeille et je ferai des excuses en votre nom.

HUBERT. Chargez-vous-en plutôt, monsieur Marcellin.

MARCELLIN. Oh! de tout mon cœur. Mon cher papa, la petite fille doit revenir à l'instant avec Henriette, qui est allée consoler sa mère : il faut l'attendre.

HUBERT. En ce cas-là, je n'ai plus rien à faire ici. (*Il s'éloigne en grommelant.*) Je vois que nous allons avoir tant de mendiants dans ce village, qu'il nous faudra bientôt mendier nous-mêmes.

SCÈNE VII.

M. DE BEAUVAL, MARCELLIN.

MARCELLIN. Mon papa, entendez-vous ce qu'il dit?

M. DE BEAUVAL. Oui, mon fils, et je lui pardonne volontiers son humeur.

MARCELLIN. Mais comment pouvez-vous garder ce méchant homme?

M. DE BEAUVAL. Il n'est pas méchant, mon ami. C'est un zèle outré pour nos intérêts qui l'égare. Il m'est très-attaché, et il remplit exactement ses devoirs.

MARCELLIN. Mais s'il est injuste?

M. DE BEAUVAL. Tu viens d'entendre qu'il ne croit pas l'être. Son unique défaut est de suivre trop littéralement ce qui lui a été prescrit, et de n'avoir pas assez d'intelligence pour faire de justes distinctions entre les personnes et les circonstances.

MARCELLIN. Expliquez-moi cela, mon papa, je vous prie.

M. DE BEAUVAL. Très-volontiers, mon ami. En l'installant dans sa place, je lui ai ordonné d'écarter de ce village les vagabonds et d'amener devant le juge ceux qu'il y surprendrait. Cet ordre ne pouvait regarder que ces malheureux qui se nourrissent de vols et de brigandages, et qui viendraient piller ou assassiner.

MARCELLIN. Ah ! je comprends. Et lui, il regarde comme des scélérats ceux qui n'ont pour subsister que les secours des autres ; et il ne s'informe point si c'est la vieillesse, des maladies ou des malheurs inévitables qui les ont réduits à cet état.

M. DE BEAUVAL. Très-bien, mon fils, car les circonstances changent bien la nature des choses. Par exemple, tu as mis trop peu de réflexion dans la querelle que tu as eue avec lui. Sais-tu si la mère de cette petite fille n'est pas une personne vicieuse, si la petite fille elle-même ne t'a pas fait un mensonge et n'a pas effectivement dérobé ces épis à mes gerbes ?

MARCELLIN. Non, mon cher papa, c'est impossible.

m. de beauval. Pourquoi cela serait-il impossible? As-tu pris des éclaircissements? Sais-tu qui elle est, quelle est sa mère, et dans quel dessein elles sont venues ici?

marcellin. Ah! si vous l'aviez seulement vue! si vous l'aviez seulement entendue! Son langage, sa figure, ses larmes!... Elle est si pauvre, qu'elle a besoin d'une poignée d'épis pour se procurer du pain. A-t-on besoin d'en savoir davantage? Dois-je laisser mourir un pauvre de faim, parce que je ne sais pas encore s'il mérite mon assistance?

m. de beauval. Embrasse-moi mon fils; conserve toujours ces généreuses dispositions envers les pauvres, et Dieu te bénira, comme il m'a béni moi-même pour de pareils sentiments, en les faisant naître dans ton jeune cœur. La clémence est toujours préférable à la sévérité. L'insensibilité ne peut conduire qu'à l'injustice, et, si celui qui sollicite notre pitié ne la mérite pas, c'est sa faute, et non pas la nôtre.

marcellin. Mais, mon cher papa, il n'est guère prudent de confier à des personnes comme Hubert un emploi où l'on peut commettre des injustices.

m. de beauval. Tu aurais raison, mon fils, si je lui avais laissé le pouvoir de condamner ou d'absoudre lui-même. Il ne peut tout au plus commettre qu'une injustice passagère, à laquelle il est facile de remédier; et cet inconvénient est inévitable. Pour juger les choses suivant les principes de l'équité, j'ai dans mon bailli un homme plein de lumières, de droiture et de noblesse dans les sentiments. Il m'a rendu un témoignage favorable de la petite fille et de sa mère, lorsqu'il les a reçues dans le village, et il m'a appris qu'elles demeurent chez la vieille Marguerite, qui est une très-honnête femme.

MARCELLIN. Mais si Hubert avait battu la petite fille comme il l'en a menacée?

M. DE BEAUVAL. Il ne se serait jamais porté à cet excès. Je lui ai défendu, sous peine de perdre son emploi, de frapper qui que ce soit, même les personnes qu'il prendrait en faute; et il suit à la rigueur les ordres que je lui donne.

MARCELLIN. Ah! mon cher papa, voici ma sœur qui revient avec la petite fille.

MARCELLIN, *courant avec la corbeille vers Émilie.* Tiens, mon enfant, voilà ta corbeille; il n'y manque pas un seul épi.

ÉMILIE. O ma chère corbeille! Que je vous ai d'obligations, mon bon petit monsieur! (*Elle aperçoit M. de Beauval.*) Qui est ce monsieur-là?

SCÈNE VIII.

M. DE BEAUVAL, MARCELLIN, HENRIETTE, ÉMILIE.

HENRIETTE, *courant vers son père, et lui sautant au cou.* C'est notre bon papa.

MARCELLIN, *à Émilie.* Oh! c'est un bon père, je t'assure; tu n'as rien à craindre. Viens, je veux te présenter à lui. (*En s'avançant.*) Il a bien rabroué le vieux père Hubert, pour t'avoir maltraitée.

ÉMILIE *s'avance timidement vers M. de Beauval et lui baise la main.* Monsieur, me pardonnerez-vous cette liberté? Oh! que vous avez de braves enfants!

M. DE BEAUVAL. Marcellin a raison; en la voyant on ne peut douter de son innocence. Cet air décent, ce langage, n'annoncent pas une éducation commune.

ÉMILIE, *bas à Marcellin et à Henriette.* Est-ce que j'aurais fâché votre papa? il parle tout seul.

M. DE BEAUVAL, *qui l'a entendue.* Non, ma chère fille. Si mes enfants en ont bien agi envers toi, ils n'ont rien fait que tu ne paraisses mériter.

HENRIETTE. Et qu'elle ne mérite aussi, mon papa. Ah! si vous aviez vu sa mère!

M. DE BEAUVAL. Qui est ta mère, mon enfant? Qui

vous a engagées à venir dans ma terre? et quelles ressources avez-vous pour vivre?

ÉMILIE. Nous vivons.... Ah! grand Dieu, je ne sais pas de quoi. Nous vivons de peu ou de rien. Nous passons le jour, et quelquefois la nuit, à coudre et à filer, pour avoir du pain. La vieille Marguerite donne le couvert à ma mère; elles m'ont envoyée aujourd'hui aux champs pour glaner. Hélas! mon apprentissage ne m'a pas trop bien réussi.

MARCELLIN, *bas à Émilie.* Pas si mal que tu penses. Ma sœur et moi, nous voulons obtenir de mon papa qu'il te fasse donner des épis sans glaner.

M. DE BEAUVAL. Mais où demeuriez-vous auparavant?

ÉMILIE. Dans le village de Nanterre, qui est à quelques lieues d'ici. La vie y était trop chère : la vieille Marguerite engagea ma mère à venir chez elle, et lui offrit un logement pour rien.

M. DE BEAUVAL, *à part.* Si des gens aussi pauvres exercent la bienfaisance, quels devoirs nous avons à remplir! (*A Émilie.*) Ton père vit-il encore? quel est son état?

MARCELLIN. Je gagerais bien que ce n'est pas un paysan.

HENRIETTE. Je le parierais aussi, surtout depuis que j'ai vu sa mère.

ÉMILIE, *embarrassée.* Mon père?... je n'en ai plus.

Je ne l'ai même jamais vu. Il était mort quand je suis née. Ah! s'il vivait encore!

M. DE BEAUVAL. Et tu ne sais pas qui il était? comment il s'appelait?

ÉMILIE. Ma mère vous en instruira mieux que moi.

M. DE BEAUVAL. Ne pourrais-je pas lui parler?

HENRIETTE. Oh! oui, mon papa. Elle va venir elle-même; elle ne m'a demandé qu'un moment pour s'arranger un peu.

M. DE BEAUVAL. Et qui t'a élevée?

ÉMILIE. Elle seule, monsieur. Elle m'a appris à lire et à écrire. Elle m'a instruit dans ma religion et me donne quelques leçons de dessin.

M. DE BEAUVAL. De dessin? Je n'en doute plus : c'est un rejeton de quelque famille distinguée, que des malheurs ont réduite à l'indigence.

HENRIETTE. Ah! la voici qui vient.

MARCELLIN. Est-ce elle?

M. DE BEAUVAL, *à part*. Je brûle d'éclaircir ce mystère. Cette enfant me rappelle des traits connus, mais que je ne sais encore démêler.

SCÈNE IX.

M. DE BEAUVAL, Mme DE JOINVILLE, MARCELLIN, HENRIETTE, ÉMILIE.

ÉMILIE, *courant au-devant de sa mère, qui paraît embarrassée en voyant M. de Beauval.* Venez, maman, ne craignez rien. C'est le père de ces deux aimables enfants qui nous montrent tant d'amitié, et il est bon, aussi bon que ses enfants. (*Mme de Joinville s'avance timidement. Henriette lui prend la main avec vivacité et l'entraîne vers son père.*)

HENRIETTE. Oh! notre bon papa est instruit de tout.

MADAME DE JOINVILLE. J'ose me flatter, monsieur, que vous n'avez pas soupçonné mon Émilie.

M. DE BEAUVAL. On n'a besoin, madame, que de vous voir, vous et votre fille, pour prendre de vous l'opinion la plus avantageuse.

MARCELLIN. Elle s'appelle Émilie? Oh! mon papa, on voit bien qu'elle n'était pas née pour glaner.

MADAME DE JOINVILLE. La nécessité impose quelquefois des lois cruelles, et, pourvu qu'on ne fasse rien de déshonorant....

M. DE BEAUVAL. On ne doit point rougir de la pauvreté. Elle peut s'allier avec toutes les vertus. Mais oserais-je vous demander, madame, qui vous êtes?

HENRIETTE. Elle s'appelle Mme Laborie.

MADAME DE JOINVILLE. Je ne crois pas, monsieur, devoir vous déguiser mon vrai nom. Je me vois même dans la nécessité de vous le découvrir pour me justifier dans votre esprit de l'état dans lequel vous me voyez descendue. Cependant je voudrais (*elle regarde les enfants*) vous faire cet aveu sans témoin. Ce n'est pas que je rougisse de mon abaissement; mais, si mon nom était connu, je craindrais de trouver parmi les gens du peuple des âmes peu généreuses qui se feraient peut-être un plaisir de m'humilier, parce qu'il nous arrive souvent de ne pas agir plus noblement à leur égard, lorsque nous sommes dans la prospérité.

MARCELLIN. Eh bien! je n'écouterai point.

HENRIETTE. Et moi, je n'en dirai pas un mot, je vous assure; et, qui que vous soyez, Émilie sera toujours ma bonne amie.

M. DE BEAUVAL. Croyez, madame, que je ne vous aurais pas demandé ces particularités sans un intérêt pressant, et si je n'étais pas dans la résolution de réparer les injustices du sort.

MADAME DE JOINVILLE. Je suis née d'une famille noble, mais peu favorisée de la fortune. J'ai passé ma jeunesse à Paris, auprès d'une dame de condition, en qualité de demoiselle de compagnie. Il y a huit ans que je fis connaissance avec M. de Joinville, lieutenant-colonel de cavalerie, qui était venu passer quelques mois dans la capitale.

M. DE BEAUVAL, *avec transport*. Joinville! Joinville!

MADAME DE JOINVILLE. Il prit de l'inclination pour moi; ses vertus m'avaient prévenue en sa faveur; je lui donnai ma main et, quelques jours après notre mariage, nous nous retirâmes dans une terre qu'il possédait en Provence.

M. DE BEAUVAL. Oh! c'est lui! c'est lui. Je retrouve tous ses traits sur la figure de cette enfant.

MADAME DE JOINVILLE. Que dites-vous, monsieur?

M. DE BEAUVAL. Poursuivez, madame, je vous en conjure.

MADAME DE JOINVILLE. J'abrégerai autant qu'il sera possible. Nous commencions à goûter, dans une paisible retraite, les douceurs de la plus tendre union. Mais, hélas! les fatigues de la guerre avaient altéré la santé de mon époux, et une maladie cruelle termina sa vie en peu de jours. (*Elle laisse couler des larmes.*)

HENRIETTE, *à Émilie*. Pauvre enfant! tu as été orpheline bien jeune.

ÉMILIE. Hélas! même avant d'être née.

MADAME DE JOINVILLE. Il me laissa enceinte de cette enfant que vous voyez. Je lui donnai la naissance dans la douleur. Aussitôt que les frères de mon mari, gens durs et intéressés, virent qu'il n'y avait point d'héritier mâle, ils se mirent en possession de ses fiefs; et, comme nous avions de jour en jour différé de faire revêtir nos articles de mariage de toutes les formalités essentielles, je fus obligée de me contenter de ce qu'ils voulurent bien me laisser pour ma fille et pour moi.

M. DE BEAUVAL. Leur indigne avarice me fait juger que la somme fut modique, et ne put vous suffire longtemps.

MADAME DE JOINVILLE. Elle me servit à vivre encore quelques années en Provence, dans l'attente d'un léger douaire que je me flattais d'obtenir. Enfin, lorsque je vis mes espérances déçues, je pris la résolution de retourner à Paris, auprès de mon ancienne bienfaitrice. J'appris à mon arrivée que cette dame venait de mourir. Je n'eus pour lors d'autre ressource que de vendre ce qui me restait de mes bijoux et de mes habits, et de subsister du travail de mes mains. Je me retirai à Nanterre, pour y vivre inconnue. Il y a quelque temps que j'y rencontrai par hasard une femme que j'avais connue autrefois et qui demeure dans ce village.

HENRIETTE. Mon papa, c'est la vieille Marguerite.

MADAME DE JOINVILLE. Elle avait servi chez la dame dont je vous ai parlé. Je lui avais donné, dans une cruelle maladie, des soins qui me valurent son attachement. Je lui exposai ma situation : elle me proposa de venir demeurer ici, où je pourrais vivre dans une obscurité plus profonde. C'est à elle que je dois l'hospitalité, et, comme elle n'a personne pour lui fermer les yeux, elle m'a fait entendre que j'hériterais à sa mort de sa petite chaumière. Vous voyez....

M. DE BEAUVAL. C'en est assez, madame. Cette généreuse femme ne me surpassera point en reconnaissance. J'ai une joie inexprimable de pouvoir enfin acquitter une dette que j'ai contractée envers votre digne époux.

MADAME DE JOINVILLE. Comment, monsieur! est-ce que vous l'auriez connu?

MARCELLIN. Le père de cette bonne Émilie?

HENRIETTE. O ma chère Émilie, je vois que nous allons te garder avec nous. Mais quoi! tu pleures?

ÉMILIE. Ne me plaignez pas, je ne pleure que de plaisir.

M. DE BEAUVAL. C'est à lui que je dois la vie : quel bonheur pour moi de pouvoir reconnaître ce bienfait envers son épouse et son enfant! J'ai servi sous lui pendant la dernière guerre d'Allemagne. Dans une affaire malheureuse, où j'étais épuisé de fatigue, un cavalier ennemi avait le sabre levé sur ma tête. C'en était fait de moi, si mon digne lieutenant-colonel ne m'eût sauvé en se précipitan sur lui.

MADAME DE JOINVILLE. Je le reconnais bien à ces traits : il était aussi brave que généreux.

M. DE BEAUVAL. Quelques jours après, je fus commandé en détachement pour une expédition périlleuse. Nous fûmes enveloppés et forcés de nous rendre après une longue résistance. Mes équipages avaient été pillés. J'étais dénué d'habits et d'argent. M. de Joinville fut instruit de mon sort et me fit recommander au général ennemi. J'obtins, grâce à lui, tous les secours dont j'avais besoin dans le traitement d'une blessure profonde que j'avais reçue. Je fus plus de deux ans à me rétablir, et, lorsque je revins dans ma patrie, je n'eus que le temps de l'embrasser à mon passage, étant obligé de m'embarquer aussitôt pour les Indes. Un mariage avantageux que j'y ai fait m'a ramené, il y a six ans, en France. Je me disposais à voler dans ses bras lorsque j'appris qu'il ne vivait plus. Que j'étais loin de penser que son épouse et sa fille fussent dans la situation où j'ai la douleur de vous trouver!

MADAME DE JOINVILLE. Grand Dieu! grand Dieu! par quelles voies miraculeuses m'as-tu conduite ici?

MARCELLIN. Quoi! ton père a sauvé la vie au nôtre!

HENRIETTE. Combien nous devons t'aimer!

M. DE BEAUVAL. Viens, mon Émilie : tu retrouveras en moi le père que tu as perdu. Mes enfants ont aussi besoin d'une seconde mère qui remplace celle qui leur a été enlevée. L'éducation que vous avez donnée à votre aimable fille (*Émilie s'avance vers lui et lui baise la main*) me fait voir, madame, combien vous êtes digne de remplir un emploi si délicat. Je vais prendre toutes les précautions nécessaires pour que vous n'ayez plus à craindre une seconde fois les coups imprévus de la fortune. (*A Émilie, qui lui tient toujours la main.*) Oui, ma chère fille, je ne mettrai plus de différence entre toi et mes enfants. Tu es la vivante image de ton généreux père, et tu es aussi digne de ma tendresse qu'il l'était de ma reconnaissance.

MADAME DE JOINVILLE, *saisissant avec transport la main de M. de Beauval.* Comment pourrai-je répondre à tant de bienfaits, monsieur? Je n'ai que des larmes pour exprimer ce que je sens.

HENRIETTE, *l'embrassant.* O ma nouvelle maman! vous serez donc toujours auprès de nous avec Émilie? Vous verrez comme nous serons empressés à vous obéir.

MARCELLIN. Oui, Émilie sera ma seconde sœur. Elle n'ira certainement plus glaner. Ah! méchant Hubert, comme je vais me moquer de toi!

MADAME DE JOINVILLE. Mon cher petit troupeau! de quelle joie vous remplissez mon âme! au lieu d'un enfant, j'en ai donc trois? Non, aucune mère ne m'égalera pour les soins et pour la tendresse. (*A M. de Beauval.*) Permettez-vous, monsieur, que j'aille apprendre cette heureuse nouvelle à ma bonne Marguerite? Je crains qu'elle n'en meure de plaisir.

M. DE BEAUVAL. Rien de plus juste, madame; et moi, je vais faire préparer votre appartement au château.

HENRIETTE. Mon papa, me permettez-vous de suivre Émilie et ma nouvelle maman?

MARCELLIN. Et moi aussi, je voudrais bien aller avec elles.

M. DE BEAUVAL. Je le veux bien, mes enfants. Vous ramènerez ensuite au château Mme de Joinville et sa fille, sans oublier la bonne Marguerite, que j'invite aussi à venir dîner avec nous.

MARCELLIN, *à Émilie, qui veut emporter la corbeille.* Non Émilie, cela n'est plus fait pour toi. La corbeille restera ici.

ÉMILIE. Ah! monsieur, pour rien au monde je ne donnerais cette corbeille. Je lui dois mon bonheur, le bonheur de ma mère, celui de vous avoir connu, notre vie et notre bien-être. Non, ma chère petite corbeille, je ne rougirai jamais de toi. (*Elle la relève, et s'en charge avec beaucoup de peine.*)

HENRIETTE. Du moins ôtes-en les épis, elle sera plus légère.

ÉMILIE. Non, non. Ces épis sont à moi; car le bon vieillard me les a bien donnés, quoi qu'en ait pu dire Hubert. Je veux en faire présent à notre vieille Marguerite.

M. DE BEAUVAL. Elle ne sera pas oubliée à la prochaine moisson; et dès ce moment elle a du pain assuré pour toute sa vie.

MADAME DE JOINVILLE. Que le ciel vous récompense de votre générosité dans vos enfants!

Au même instant il se leva derrière la haie.... (page 105).

SI LES HOMMES NE TE VOIENT PAS,
DIEU TE VOIT.

M. de La Ferrière se promenait un jour dans les champs avec Fabien, son plus jeune fils. C'était un beau jour d'automne, et il faisait encore grand chaud. « Mon papa, lui dit Fabien en tournant la tête du côté d'un jardin le long duquel ils marchaient alors, j'ai bien faim.

— Et moi aussi, mon fils, lui répondit M. de La Ferrière. Mais il faut prendre patience jusqu'à ce que nous arrivions à la maison.

FABIEN. Voilà un poirier chargé de bien belles poires. Voyez, c'est du doyenné. Ah! que j'en mangerais une avec grand plaisir!

M. DE LA FERRIÈRE. Je le crois sans peine. Mais cet arbre est dans un jardin fermé de toutes parts.

FABIEN. La haie n'est pas trop fourrée, et voici un trou par où je pourrais bien passer.

M. DE LA FERRIÈRE. Et que dirait le maître du jardin, s'il était là?

FABIEN. Oh! il n'y est pas sûrement, et il n'y a personne qui puisse nous voir.

M. DE LA FERRIÈRE. Tu te trompes, mon enfant; il y a quelqu'un qui nous voit, et qui nous punirait avec justice, parce qu'il y aurait du mal à faire ce que tu me proposes.

FABIEN. Et qui serait-ce donc, mon papa?

M. DE LA FERRIÈRE. Celui qui est présent partout, qui ne nous perd jamais un instant de vue et qui voit jusque dans le fond de nos pensées : Dieu.

FABIEN. Ah! vous avez raison. Je n'y songeais plus. »

Au même instant il se leva de derrière la haie

un homme qu'ils n'avaient pu voir, parce qu'il était étendu sur un banc de gazon. C'était un vieillard à qui appartenait le jardin, et qui parla de cette manière à Fabien :

« Remercie Dieu, mon enfant, de ce que ton père t'a empêché de te glisser dans mon jardin et d'y venir prendre une chose qui ne t'appartient pas. Apprends qu'au pied de ces arbres on a tendu des piéges pour surprendre les voleurs; tu t'y serais cassé les jambes, et tu serais resté boiteux pour toujours. Mais puisqu'au premier mot de la sage leçon que t'a faite ton père tu as témoigné de la crainte de Dieu, et que tu n'as pas insisté plus longtemps sur le vol que tu méditais, je vais te donner avec plaisir des fruits que tu désires. »

A ces mots, il alla vers le plus beau poirier, secoua l'arbre, et porta à Fabien son chapeau rempli de poires. M. de La Ferrière voulut tirer de l'argent de sa bourse pour récompenser cet honnête vieillard; mais il ne put jamais l'engager à céder à ses instances. « J'ai eu du plaisir, monsieur, à obliger votre enfant, et je n'en aurais plus si je m'en laissais payer; il n'y a que Dieu qui paye ces choses-là. »

M. de La Ferrière lui tendit la main par-dessus la haie. Fabien le remercia aussi dans un assez joli compliment; mais il lui témoignait sa reconnaissance d'une manière encore bien plus vive par l'air d'appétit dont il mordait dans les poires, dont l'eau ruisselait de tous côtés.

« Voilà un bien brave homme, dit Fabien à son papa lorsqu'il eut fini la dernière et qu'ils se furent éloignés du vieillard.

M. DE LA FERRIÈRE. Oui, mon ami; il l'est devenu sans doute pour avoir pénétré son cœur de cette grande vérité, que Dieu ne laisse jamais le bien sans récompense, et le mal sans châtiment.

FABIEN. Dieu m'aurait donc puni si j'avais pris les poires?

M. DE LA FERRIÈRE. Le bon vieillard t'a dit ce qui te serait arrivé.

FABIEN. Mes pauvres jambes l'ont échappé belle. Mais ce n'est pas Dieu qui a tendu lui-même ces piéges.

M. DE LA FERRIÈRE. Non, sans doute, ce n'est pas lui-même; mais les piéges n'ont pas été tendus à son insu, et sans sa permission. Dieu, mon cher enfant, règle tout ce qui se passe sur la terre, et il dirige toujours les événements de manière à récompenser les gens de bien de leurs bonnes actions et à punir les méchants de leurs crimes. Je vais te raconter, à ce sujet, une aventure qui m'a trop vivement frappé dans mon enfance pour que je puisse l'oublier de toute ma vie.

FABIEN. Ah! mon papa, que je suis heureux aujourd'hui! de la promenade, des poires, et une histoire encore!

M. DE LA FERRIÈRE. Quand j'étais encore aussi petit que toi, et que je vivais auprès de mon père, nous avions deux voisins, l'un à la droite, l'autre à la gauche de notre maison. Le premier s'appelait Dubois et le second Verneuil.

« M. Dubois avait un fils nommé Silvestre; et M. Verneuil en avait aussi un, nommé Gaspard.

« Derrière notre maison et celle de nos voisins, étaient de petits jardins, séparés les uns des autres par des haies vives. Silvestre, lorsqu'il était seul dans le jardin de son père, s'amusait à jeter des pierres dans tous les jardins d'alentour, sans faire réflexion qu'il pouvait blesser quelqu'un. M. Dubois s'en était aperçu et lui en avait fait de vives réprimandes, en le menaçant de le châtier s'il y revenait jamais. Mais, par malheur, cet enfant ignorait ou n'avait pu se persuader qu'il ne faut pas faire le mal, même lorsqu'on est seul, parce que Dieu est toujours auprès de nous et qu'il voit tout ce que nous faisons. Un jour que son père était sorti, croyant n'avoir pas de témoin et qu'ainsi personne ne le punirait, il remplit sa poche de cailloux et se mit à les lancer de tous les côtés.

« Dans le même temps, M. Verneuil était dans son jardin avec Gaspard son fils.

« Gaspard avait le défaut de croire, comme Silvestre, que c'était assez de ne pas faire le mal devant les autres, et que, lorsqu'on était seul, on pouvait faire tout ce qu'on voulait. Son père avait un fusil chargé, pour tirer aux moineaux qui venaient manger ses cerises, et il se tenait sous un berceau pour les guetter. Dans ce moment, un domestique vint lui dire qu'un étranger l'attendait dans le salon. Il laissa le fusil sous le berceau, et il défendit expressément à Gaspard d'y toucher. Gaspard, se voyant seul, se dit à lui-même : « Je ne « vois pas le mal qu'il y aurait à jouer un moment « avec ce fusil. » En disant ces mots, il le prit et se mit à faire l'exercice comme un soldat. Il présentait les armes, il se reposait sur ses armes : il voulut essayer s'il saurait aussi coucher en joue et ajuster.

« Le bout de son fusil était tourné par hasard vers le jardin de M. Dubois. Au moment où il allait fermer l'œil gauche pour viser, un caillou lancé par Silvestre vint le frapper droit à cet œil. Gaspard, d'effroi et de douleur, laissa tomber son fusil. Le coup partit, et aye! aye! on entendit des cris dans les deux jardins.

« Gaspard avait reçu une pierre dans l'œil. Silvestre reçut toute la charge du fusil dans une jambe. L'un devint borgne, l'autre boiteux; et ils restèrent dans cet état toute leur vie.

FABIEN. Ah! le pauvre Silvestre! le pauvre Gaspard! que je les plains!

M. DE LA FERRIÈRE. Ils étaient effectivement fort à plaindre. Mais je suis encore plus sensible au malheur de leurs parents, d'avoir eu des enfants indociles et disgraciés. Dans le fond, ce fut un vrai bonheur pour ces deux petits vauriens d'avoir eu cette mésaventure.

FABIEN. Et comment donc, mon papa?

M. DE LA FERRIÈRE. Je vais te le dire. Si Dieu n'avait de bonne heure puni ces enfants, ils auraient toujours continué de faire le mal lorsqu'ils se seraient vus seuls, au lieu qu'ils apprirent par cette expérience que tout le mal que les hommes ne voient pas, Dieu le voit et le punit.

« C'est d'après cette leçon qu'ils se corrigèrent l'un et l'autre, qu'ils devinrent prudents et religieux, et qu'ils évitaient de mal faire dans la plus grande solitude, comme s'ils avaient vu s'ouvrir sur eux tous les yeux de l'univers.

« Et c'était bien aussi le dessein de Dieu en les punissant de cette manière ; car ce bon père ne nous châtie que dans la vue de nous rendre meilleurs.

FABIEN. Voilà un œil et une jambe qui me rendront sage. Je veux éviter le mal et pratiquer le bien, quand même je ne verrais personne auprès de moi.

« Et, en disant ces mots, ils arrivèrent à la porte de leur maison.

LA VANITÉ PUNIE.

PERSONNAGES.

M. DE VALENCE.
Mme de VALENCE.
VALENTIN, leur fils.

M. DE REVEL,) amis de M. de
M. DE NANCÉ,) Valence.
MATTHIEU, petit paysan.
MATHURIN, jardinier.

La scène est tour à tour dans un appartement du château, sur la terrasse du jardin, et dans une forêt contiguë.

SCÈNE PREMIERE.

M. et Mme DE VALENCE.

M. DE VALENCE. Voilà notre Valentin qui se promène dans l'allée avec un livre à la main. Je crains bien que ce ne soit plutôt par vanité que par un véritable désir de s'instruire qu'il ait toujours l'air occupé de quelque lecture.

MADAME DE VALENCE. D'où te vient cette pensée, mon ami?

M. DE VALENCE. Ne remarques-tu pas qu'il jette

la vue en dessous, tantôt d'un côté, tantôt de l'autre, pour voir si personne ne fait attention à lui?

MADAME DE VALENCE. Cependant ses maîtres rendent un témoignage très-flatteur de son application, et ils conviennent tous qu'il est fort avancé pour son âge.

M. DE VALENCE. Cela est vrai. Mais si je ne me suis pas trompé dans mes soupçons, si les petites connaissances qu'il peut avoir acquises lui ont donné de la vanité, j'aimerais cent fois mieux qu'il ne sût rien et qu'il fût modeste.

MADAME DE VALENCE. Quoi! rien, mon ami?

M. DE VALENCE. Oui, ma femme. Un homme sans connaissances bien relevées, mais honnête, modeste et laborieux, est un membre de la société beaucoup plus digne de considération qu'un savant à qui ses études ont tourné la tête et enflé le cœur.

MADAME DE VALENCE. Je ne peux croire que mon fils soit encore dans ce cas.

M. DE VALENCE. Que le ciel nous en préserve! Mais nous voici arrivés à la campagne; j'aurai plus d'occasions de l'observer moi-même, et je suis résolu de profiter de la première qui se présentera pour éclaircir mes conjectures. Je le vois qui s'avance vers nous. Laisse-moi un moment seul avec lui.

SCENE II.

M. DE VALENCE, VALENTIN.

VALENTIN, *à Matthieu qu'il repousse.* Non, laissez-moi. Mon papa, c'est ce petit sot de paysan qui vient toujours m'interrompre dans ma lecture.

M. DE VALENCE. Pourquoi traiter de petit sot cet honnête garçon?

VALENTIN. C'est qu'il ne sait rien.

M. DE VALENCE. De ce que tu as appris, à la bonne heure; mais il sait aussi bien des choses que tu ignores, et vous pourriez vous instruire tous les deux en vous communiquant vos connaissances.

VALENTIN. Il peut apprendre beaucoup de moi; mais que puis-je apprendre de lui?

M. DE VALENCE. Si tu dois posséder quelque jour une terre, crois-tu qu'il te soit inutile de prendre de bonne heure une idée des travaux de la campagne, d'apprendre à distinguer les arbres et les plantes, de connaître le temps des semences et des récoltes, d'étudier les merveilles de la végétation? Matthieu possède déjà toutes ces connaissances et ne demande qu'à les partager avec toi. Elles te seront un jour de la plus grande utilité. Celles, au contraire, que tu pourrais lui communiquer ne lui serviraient à rien. Ainsi, tu vois que dans ce commerce tout l'avantage est de ton côté.

VALENTIN. Mais, mon papa, me siérait-il bien d'apprendre quelque chose d'un petit paysan?

M. DE VALENCE. Pourquoi non, s'il est en état de t'instruire? Je ne connais de véritable distinction entre les hommes que celle des talents utiles et de l'honnêteté; et tu conviendras que, sur ces deux points, il l'emporte également sur toi.

VALENTIN. Comment donc? sur l'honnêteté aussi!

M. DE VALENCE. Elle consiste, dans tous les états, à remplir ses devoirs. Il remplit les siens envers toi en te montrant de l'attachement et de la complaisance. Remplis-tu de même les tiens envers lui, et lui témoignes-tu de la bienveillance et de la douceur? Il paraît cependant les mériter. Il est actif et intelligent. Je lui crois de la bonté dans le caractère, de l'élévation dans le cœur et de la finesse dans l'esprit. Tu devrais t'estimer fort heureux d'avoir un compagnon aussi aimable et avec qui tu peux profiter en t'amusant. Son père est mon frère de lait et m'a toujours aimé avec tendresse. Je suis sûr que Matthieu n'en a pas moins pour toi. Tiens, le voilà qui rôde sur la terrasse pour te chercher; songe à le traiter avec affabilité. Il y a plus d'honneur et de probité dans sa chaumière que dans beaucoup de palais. Sa famille cultive nos terres de père en fils, et je serais bien aise que cette liaison se perpétuât entre nos enfants. *(Il sort.)*

SCÈNE III.

VALENTIN, seul.

Oui, la belle liaison à former! Mon papa se moque, je crois. Ce petit paysan aurait quelque chose à m'apprendre! Oh! je vais si bien l'étonner de mon savoir qu'il ne s'avisera pas de me parler du sien.

SCÈNE IV.

VALENTIN, MATTHIEU.

MATTHIEU. Vous ne voulez donc pas mon petit bouquet, monsieur Valentin?

VALENTIN. Fi de ton bouquet! il n'y a ni renoncule ni tulipe.

MATTHIEU. Il est vrai, ce ne sont que des fleurs des champs; mais elles sont jolies, et je pensais que vous n'auriez pas été fâché de les connaître par leur nom.

VALENTIN. C'est une chose bien intéressante à savoir que le nom de tes herbes! Tu peux les reporter où tu les as prises.

MATTHIEU. Si je l'avais su, je n'aurais pas pris tant de peine à les cueillir. Je ne voulais pas rentrer hier au soir sans vous apporter quelque chose, et, comme je revenais un peu tard du travail, quoique j'eusse grande envie de souper, je m'arrêtai dans la prairie pour les ramasser au clair de la lune.

VALENTIN. Tu me parles de la lune; sais-tu combien elle est grande?

MATTHIEU. Eh, morguienne! comme un fromage.

VALENTIN. O l'ignorant petit rustre! (*Matthieu le regarde fixement avec de grands yeux et demeure immo-*

bile. Valentin se promène devant lui d'un air important, et, lui montrant son livre.) Tiens, voilà *Télémaque.* **As-tu lu cet ouvrage?**

MATTHIEU. Il n'est pas dans notre catéchisme, et M. le curé n'en a jamais parlé.

VALENTIN. Bon! comme si c'était un livre de paysan!

MATTHIEU. Pourquoi voulez-vous donc que je le connaisse? Oh! laissez-moi le voir.

VALENTIN. Ne t'avise pas d'y toucher avec tes vilaines mains. (*Il lui en saisit une.*) Où as-tu donc pris ces gants de peau de buffle?

MATTHIEU. Sous votre bon plaisir, ce sont mes mains, monsieur?

VALENTIN. La peau en est si épaisse qu'on pourrait la tailler en semelles.

MATTHIEU Ce n'est pas de paresse qu'elles se sont épaissies. Vous savez très-bien parler, à ce que je crois, et cependant je ne voudrais pas me changer avec vous. Travailler bravement et laisser les autres en paix, voilà ce que je sais faire et ce que vous devriez apprendre. Adieu, monsieur.

SCÈNE V.

VALENTIN, seul.

Je crois que ce petit drôle voulait se moquer de moi. Mais voici la compagnie qui vient sur la terrasse. Je veux me donner devant elle un air de savant. (*Il s'assied en affectant une grande attention à lire dans son livre.*)

SCÈNE VI.

M. et Mme DE VALENCE, M. DE REVEL, M. DE NANCÉ, VALENTIN, assis sur un banc à l'écart.

M. DE VALENCE. La belle soirée! Voudrez-vous, mes chers amis, monter sur cette colline pour voir le coucher du soleil?

M. DE REVEL. J'allais vous le proposer; ce moment doit être délicieux. Le ciel est de la sérénité la plus pure à l'occident.

M. DE NANCÉ. J'aurai du regret de m'éloigner du rossignol. Madame, entendez-vous ces cadences harmonieuses?

MADAME DE VALENCE. J'étais dans la rêverie. Mon cœur se fondait de plaisir.

M. DE REVEL. Comment peut-on habiter les villes dans cette charmante saison?

M. DE VALENCE. Valentin, veux-tu monter avec nous sur la colline pour voir le coucher du soleil?

VALENTIN. Non, mon papa, je vous remercie. Je lis ici quelque chose qui me fait plus de plaisir.

M. DE VALENCE. Si tu dis vrai, je te plains; et si tu ne le dis pas.... Messieurs, il n'y a pas un moment à perdre pour jouir de ce spectacle ravissant. (*Ils s'avancent vers la colline.*)

SCÈNE VII.

VALENTIN, les voyant s'éloigner.

Bon! les voilà bien loin; je n'ai plus besoin de me contraindre. (*Il met le livre dans sa poche.*) Que vont penser ces messieurs de mon application? Je voudrais bien être oiseau et voler après eux pour entendre les louanges qu'ils me donnent. (*Il se promène en bâillant sur la terrasse pendant un quart d'heure.*) Je m'ennuie cependant à rester seul ici. Je puis faire mieux. Voilà le soleil couché et j'entends la compagnie qui revient; je vais me glisser dans le bois et m'y enfoncer de manière qu'on ait de la peine à me trouver. Maman enverra tous les domestiques me chercher avec des flambeaux. On ne parlera que de moi toute la soirée, et on me comparera avec ces grands philosophes qu'on a vus se perdre dans les forêts, égarés par leurs savantes rêveries. Mon aventure fera un beau bruit! Allons, allons! (*Il se jette dans le bois.*)

SCÈNE VIII.

M. et Mme DE VALENCE, M. DE REVEL, M. DE NANCÉ.

M. DE REVEL. Je n'ai jamais goûté de plaisir plus pur et plus touchant.

M. DE VALENCE. Le mien a doublé de charme en le partageant avec vous, mes chers amis.

M. DE NANCÉ. Le rossignol n'a pas interrompu ses chansons. Sa voix semble même avoir pris, dans le crépuscule, un accent plus voluptueux et plus tendre. Je suis fâché que Mme de Valence ne paraisse plus avoir autant de plaisir à l'écouter.

MADAME DE VALENCE. C'est que je suis inquiète de mon fils; je ne l'aperçois pas sur la terrasse. (*Elle l'appelle.*) Valentin! il ne répond pas. (*Elle aperçoit le jardinier et l'appelle.*) Mathurin, as-tu vu mon fils?

MATHURIN. Oui, madame; il y a un petit quart d'heure que je l'ai vu tourner vers la forêt.

MADAME DE VALENCE. Vers la forêt! S'il allait s'y égarer! Mon ami, cours après lui et ramène-le-moi.

MATHURIN. Oui, madame, j'y vais. (*Il s'éloigne.*)

MADAME DE VALENCE. Monsieur de Valence, n'allez-vous pas avec lui?

m. de valence. Non, madame, je n'ai pas d'inquiétude, moi. Mathurin saura bien le retrouver.

madame de valence. Mais, s'il allait prendre un côté opposé! je suis dans des transes!...

m. de nancé. Tranquillisez-vous, madame, M. de Revel et moi nous allons nous partager les deux côtés de la forêt, tandis que le jardinier prendra le milieu; nous ne pouvons manquer de le joindre.

madame de valence. Ah, messieurs! je n'osais vous en prier; mais vous connaissez le cœur d'une mère.

m. de valence. Ne vous donnez pas cette peine, messieurs, vous me désobligeriez.

m. de revel. Vous ne trouverez pas mauvais, mon ami, que nous cédions aux instances de madame plutôt qu'aux vôtres.

m. de valence. Je ne puis vous dissimuler que c'est contre mon gré.

m. de nancé. Nous recevrons vos reproches à notre retour. (Ils marchent vers la forêt.)

SCENE IX.

M. et Mme DE VALENCE.

madame de valence. Comment donc, mon ami! d'où te vient cette indifférence sur le sort de ton fils?

M. DE VALENCE. Crois-tu, ma femme, que je l'aime moins que toi? C'est que je sais mieux l'aimer.

MADAME DE VALENCE. Et si on ne le trouvait pas!

M. DE VALENCE. Je le voudrais.

MADAME DE VALENCE. Qu'il passât la nuit dans une forêt ténébreuse! Que deviendrait ce pauvre enfant? Que deviendrais-je moi-même?

M. DE VALENCE. Vous guéririez l'un et l'autre : lui de sa vanité, et toi de ton fol aveuglement qui la nourrit.

MADAME DE VALENCE. Que veux-tu dire, mon ami?

M. DE VALENCE. Je viens de me convaincre de ce que je ne faisais que conjecturer ce matin. Ce petit garçon a la tête pleine d'une vanité désordonnée. Toutes ses lectures ne sont que d'ostentation. Il ne s'est perdu que pour se faire chercher et pour se donner un air de distractions savantes dans l'opinion de nos amis. Cette erreur de son âme me fait plus de peine que si ses pas s'étaient réellement égarés. Il sera malheureux toute sa vie, s'il n'en guérit de bonne heure, et il n'y a que de salutaires humiliations qui puissent le sauver.

MADAME DE VALENCE. Mais considères-tu bien....

M. DE VALENCE. Tout est considéré. Il a près de onze ans : s'il sait tirer parti de son intelligence, aidé par la clarté de la lune et par la direction du vent du soir, il s'orientera assez bien pour regagner le château.

MADAME DE VALENCE. Mais s'il n'a pas cet avisement?

M. DE VALENCE. Il en sentira mieux le besoin de profiter des leçons que je lui ai données à ce sujet. D'ailleurs, nous devons l'envoyer au service l'année prochaine; à ce métier, il y a bien des nuits à passer en pleine campagne. Il en aura fait l'expérience, et il n'arrivera pas tout neuf dans un camp pour servir de risée à ses camarades. L'air n'est pas bien froid dans cette saison, et pour une nuit il ne mourra pas de faim. Puisque, par sa folie, il s'est jeté dans l'embarras, qu'il s'en tire de lui-même, ou qu'il en essuie tous les désagréments.

MADAME DE VALENCE. Non, je n'y puis consentir, et j'y vais moi-même, si tu n'envoies du monde après lui.

M. DE VALENCE. Eh bien! ma chère femme, je veux te tranquilliser, quoiqu'il m'en coûte de ne pas suivre mon projet dans toute son étendue. Je vais ordonner au petit Matthieu de l'aller joindre, comme par hasard. Colas se tiendra aussi à une petite distance, pour courir à eux en cas d'accident. Du reste, ne m'en demande pas davantage; mon parti est pris, et je ne veux pas, pour une aveugle faiblesse, priver mon fils d'une épreuve importante. Voici mes amis qui reviennent avec Mathurin.

MADAME DE VALENCE. Dieu! je le vois, ils ne l'ont pas trouvé.

M. DE VALENCE. Je m'en réjouis.

SCENE X.

M. et Mme DE VALENCE, M. DE REVEL,
M. DE NANCÉ.

M. DE NANCÉ. Nos recherches ont été inutiles; mais, si M. de Valence veut nous donner des flambeaux et des domestiques....

M. DE VALENCE. Non, messieurs; vous avez cédé aux prières de ma femme, vous écouterez les miennes à leur tour. Je suis père, et je sais mon devoir. Entrons dans le salon, et je vous rendrai compte de mes projets.

SCÈNE XI.

(Au milieu de la forêt.)

VALENTIN, *seul*.

Qu'ai-je fait, malheureux? il est déjà nuit, et je ne sais de quel côté me tourner. (*Il crie :*) Papa! mon papa! Personne ne répond. Pauvre enfant que je suis! que vais-je devenir? (*Il pleure.*) O maman! où êtes-vous? répondez donc encore à votre fils! O ciel! qui court à travers le bois? Si c'était un loup! Au secours! au secours!

SCENE XII.

VALENTIN, MATTHIEU, accourant au cri.

MATTHIEU. Qui est là? qui est-ce qui crie de la sorte? Quoi! c'est vous, monsieur? par quel hasard vous trouvez-vous ici à l'heure qu'il est?

VALENTIN. O mon cher Matthieu! mon cher ami! je me suis égaré.

MATTHIEU, *le regardant d'abord d'un air étonné, et poussant ensuite un éclat de rire.* Y pensez-vous, monsieur? Moi, votre cher Matthieu? votre cher ami? Vous vous trompez; je ne suis qu'un vilain petit paysan. Est-ce que vous ne vous en souvenez plus? Laissez donc ma main, dont la peau n'est bonne qu'à tailler en semelles.

VALENTIN. Mon cher ami, pardonne-moi mes outrages et, par pitié, reconduis-moi au château. Tu auras une bonne récompense de maman.

MATTHIEU, *le regardant du haut en bas.* Avez-vous achevé de lire votre *Télémaque?*

VALENTIN, *baissant les yeux d'un air confus.* Ah!

MATTHIEU, *mettant son doigt contre le nez et regar-*

dant le ciel. Dites-moi, mon petit savant, combien la lune peut-elle être grande en ce moment-ci?

VALENTIN. Épargne-moi, de grâce; et tire-moi, je t'en supplie, de cette forêt.

MATTHIEU. Vous voyez donc, monsieur, qu'on peut être un vilain petit paysan, et cependant être bon à quelque chose? Que ne donneriez-vous pas à présent pour savoir votre chemin, au lieu de savoir la grandeur de la lune?

VALENTIN. Je reconnais mon injustice, et je te promets de ne plus faire le fier à l'avenir.

MATTHIEU. Voilà qui est à merveille. Mais ce repentir de nécessité pourrait bien ne tenir qu'à un fil. Il n'est pas mal qu'un petit monsieur sente un peu plus longtemps ce que c'est que de regarder le fils d'un honnête homme comme un chien dont on peut se jouer à sa fantaisie. Mais, afin que vous sachiez aussi qu'un brave paysan n'a pas de rancune, je veux passer cette nuit auprès de vous, comme j'en ai passé tant d'autres auprès de mes moutons, en les faisant parquer. Demain, de bonne heure, je vous ramènerai à votre papa. Approchez, je veux partager ma chambre à coucher avec vous.

VALENTIN. O mon cher Matthieu!

MATTHIEU, *s'étendant sous un arbre.* Allons, monsieur, arrangez-vous à votre aise.

VALENTIN. Où donc est ta chambre à coucher?

MATTHIEU. Nous y sommes. (*En frappant sur la*

terre.) Voici mon lit; prenez place; il est assez large pour nous deux.

VALENTIN. Quoi! nous coucherons ici à la belle étoile?

MATTHIEU. Je vous assure, monsieur, que le roi lui-même n'est pas mieux couché. Voyez sur votre tête quel beau pavillon; de combien de gros diamants il est enrichi! et puis notre belle lampe d'argent (*en montrant la lune*). Eh bien! que vous en semble?

VALENTIN. Ah! mon cher Matthieu, je meurs de faim.

MATTHIEU. Je peux encore vous tirer d'affaire. Tenez, voici des pommes de terre, que vous accommoderez comme vous savez.

VALENTIN. Elles sont crues.

MATTHIEU. Il n'y a qu'à les faire cuire. Faites du feu.

VALENTIN. Il en faut pour allumer. Et puis, où trouver du charbon et du bois?

MATTHIEU, *en souriant.* Est-ce que vous ne trouveriez pas de tout cela dans vos livres?

VALENTIN. Mon Dieu non, mon cher Matthieu.

MATTHIEU. Eh bien! je vais vous montrer que j'en sais plus que vous et que tous vos Télémaques. (*Il tire de sa poche un briquet, une pierre à fusil et de l'amadou.*) Pink! voici déjà du feu; et vous allez voir. (*Il ramasse une poignée de feuilles sèches qu'il met autour de l'amadou, et il fait le moulinet de son* bras, *jusqu'à ce que le feu prenne.*) Le foyer sera bientôt bâti. (*Il met des morceaux de bois mort sur les feuilles allumées.*) Voyez-vous? (*Il met les pommes de terre à côté du feu, et les saupoudre de terre qu'il pulvérise entre ses mains.*) Voici qui fera la cendre, pour les empêcher de brûler. (*Lorsqu'elles sont bien proprement arrangées et recouvertes de terre, il renverse sur elles les feuilles allumées et les charbons de branchages. Il ajoute encore du bois sec et souffle de toute son haleine.*) Avez-vous un plus beau feu dans votre cuisine? Allons, voilà qui sera bientôt cuit.

VALENTIN. O mon cher ami! comment pourrais-je te récompenser de ce que tu fais pour moi?

MATTHIEU. Fi de vos récompenses! n'est-on pas assez payé lorsqu'on fait du bien? Mais attendez un peu. Pendant que les pommes de terre cuisent, je vais vous chercher du foin qui est encore en meule dans la prairie. Vous dormirez là-dessus comme un prince. Prenez garde à bien gouverner le rôti. (*Il s'éloigne en chantant.*)

SCENE XIII.

VALENTIN, seul.

Insensé que j'étais! Comment ai-je pu être assez injuste pour mépriser cet enfant? Que suis-je auprès de lui? Combien je suis petit à mes propres yeux, lorsque je compare sa conduite avec la mienne! Mais cela ne m'arrivera plus. Désormais je ne mépriserai personne d'une condition inférieure, et je ne serai plus si orgueilleux ni si vain. (*Il va çà et là, en ramassant, à la lueur du brasier, quelques branches sèches qu'il porte à son feu.*)

SCÈNE XIV.

VALENTIN, MATTHIEU, traînant deux bottes de foin.

MATTHIEU. Voici votre lit de plume, vos matelas et votre couverture. Je vais vous en faire un lit tout neuf et bien douillet.

VALENTIN. Je te remercie, mon ami. Je voudrais bien t'aider; mais je ne sais comment m'y prendre.

MATTHIEU. Je n'ai pas besoin de vous, je saurai faire tout seul. Allez vous chauffer. (*Il dénoue la botte de foin, en étend une partie sur la terre et réserve l'autre pour servir de couverture.*) Voilà qui est fait : songeons maintenant au souper. (*Il retire une pomme de terre de dessous le feu, et la tâte.*) Les voilà cuites. Mangez-les tandis qu'elles sont chaudes, elles ont meilleur goût.

VALENTIN. Est-ce que tu n'en mangeras pas avec moi?

MATTHIEU. Pour cela, non. Il n'y a tout juste que ce qu'il vous faut.

VALENTIN. Comment, tu veux....

MATTHIEU. Vous avez trop de bonté. Je n'y toucherai pas. Je n'ai pas faim. Et puis j'ai tant de plaisir à vous les voir manger! Sont-elles bonnes?

VALENTIN. Excellentes, mon cher Matthieu.

MATTHIEU. Je parie que vous les trouvez meilleures ici qu'à votre table?

VALENTIN. Oh! je t'en réponds!

MATTHIEU. Vous avez fini? Allons, voilà votre lit qui vous attend. (*Valentin se couche. Matthieu étend sur lui le reste du foin, puis ôtant sa camisole.*) Les nuits sont fraîches. Tenez, couvrez-vous encore avec cela. Si vous avez froid, vous reviendrez près du feu, je vais prendre garde qu'il ne s'éteigne. Bonne nuit!

VALENTIN. Mon cher Matthieu, je pleurerais de regret de t'avoir maltraité.

MATTHIEU. N'y pensez pas plus que moi. Nous serons réveillés demain au jour naissant par l'alouette. (*Valentin s'endort, et Matthieu veille auprès de lui pour entretenir le feu.*)

SCÈNE XV.
(Vers le point du jour.)

VALENTIN, dormant encore, MATTHIEU.

MATTHIEU, *l'éveillant*. Allons, mon camarade, c'est assez dormir. L'alouette s'est déjà égosillée, et le soleil va bientôt paraître derrière la montagne. Nous allons nous mettre en marche pour retourner chez vous.

VALENTIN, *se frottant les yeux*. Quoi! déjà? déjà? Bonjour, mon cher Matthieu!

MATTHIEU. Bonjour, monsieur Valentin! Comment avez-vous dormi?

VALENTIN, *se levant*. Tout d'un somme. Voici ta camisole; je te remercie mille et mille fois. Je ne t'oublierai de ma vie.

MATTHIEU. Ne parlons plus de remercîments. Je

suis plus content que vous. Allons, suivez-moi; je vais vous conduire. (*Ils partent.*)

SCÈNE XVI.

(Au château.)

M. et Mme DE VALENCE.

MADAME DE VALENCE. Dans quelle agitation j'ai passé toute cette nuit! Je crains, mon ami, qu'il ne lui soit arrivé quelque accident; il faut envoyer du monde pour le chercher.

M. DE VALENCE. Tranquillise-toi, ma chère amie. J'y vais moi-même. Mais qui frappe? (*La porte s'ouvre.*) Tiens, le voici.

SCÈNE XVII.

M. et Mme DE VALENCE, VALENTIN, MATTHIEU.

MADAME DE VALENCE, *courant à son fils.* Ah! je te vois donc enfin, mon cher fils!

MATTHIEU. Oui, madame; le voilà, un peu meilleur peut-être que vous ne l'avez perdu.

M. DE VALENCE. Est-il vrai?

VALENTIN. Oui, mon papa; j'ai bien été puni de mon orgueil. Que donneriez-vous à celui qui m'aurait corrigé?

M. DE VALENCE. Une bonne récompense, et de grand cœur.

VALENTIN, *lui présentant Matthieu.* Eh bien! voilà celui à qui vous la devez. Je lui dois aussi mon amitié; et il l'aura pour la vie.

M. DE VALENCE. Si cela est ainsi, je lui fais tous les ans une petite pension de deux louis d'or, pour t'avoir délivré d'un défaut si insupportable.

MADAME DE VALENCE. Et moi, je lui en fais une de la même somme pour avoir conservé mon fils.

MATTHIEU. Si vous me payez pour le plaisir que vous avez, il faudrait donc que je vous payasse aussi, de mon côté, pour celui que j'ai eu. Ainsi, quitte à quitte.

M. DE VALENCE. Non, mon petit ami, nous ne reviendrons pas sur notre parole; mais nous allons déjeuner tous les quatre ensemble. Valentin nous racontera ses aventures nocturnes.

VALENTIN. Oui, mon papa, et je ne m'épargnerai point sur le ridicule que je mérite. J'en veux rougir encore aujourd'hui, pour n'avoir jamais plus à en rougir.

M. DE VALENCE. O mon fils! combien tu nous rendras heureux, ta mère et moi, en nous prouvant que ton changement est sincère et qu'il sera sans retour! (*Valentin prend Matthieu par la main. M. de Valence présente la sienne à sa femme, et ils passent tous ensemble dans le salon voisin.*)

LE VIEUX LAURENT.

Lettre de Georges de Vallière à Camille sa sœur.

Ma chère Camille,

J'ai de bien tristes nouvelles à t'apprendre. Notre vieux ami Laurent vient de mourir. Il était, comme tu le sais, indisposé depuis cet automne, et il y a quinze jours qu'il ne sortait plus de sa chambre. Avant-hier au soir, quand je revins de mes exercices, on me dit qu'il était mort dans l'après-midi. J'ai bien pleuré, je t'assure. Sa maladie me l'avait fait prendre dans une nouvelle amitié. J'employais mes heures de récréation à lui rendre tous les soins dont j'étais capable. Ah! je lui devais bien plus que je n'ai pu faire. C'était l'ami de notre plus tendre enfance. Pendant nos premières années, nous avons plus vécu dans ses bras que sur nos pieds. Jamais il ne grondait : au contraire, on le voyait toujours gai, doux et complaisant. Comme il était joyeux quand il nous avait procuré quelque nouveau plaisir! Je crois que sa plus grande peine en mourant était de ne pouvoir plus nous rendre de services. Il était plus ancien dans la famille que mon papa. Quoiqu'il ne fût qu'un simple domestique, tout le monde avait une espèce de vénération pour lui. Tant qu'a duré sa dernière maladie, il ne venait personne nous rendre visite, sans demander aussitôt : « Et le pauvre Laurent, comment « va-t-il? » Je voyais que cette question flattait mon papa, qui le regardait comme son ami le plus fidèle. Aussi ne l'a-t-il pas abandonné dans ses vieux jours, et il lui a procuré tous les secours dont il avait besoin. Un homme bien riche n'aurait pu en avoir davantage. Hier au soir on fit ses funérailles; je demandai à mon papa la permission de les suivre. Il eut quelque peine à me l'accorder, craignant que cela ne me fît trop d'impression. Mais il vit que j'aurais été bien plus triste s'il m'avait refusé. J'accompagnai donc le convoi, tenant un bout du drap noir qui couvrait le cercueil. Il me semblait que par là nous étions encore attachés l'un à l'autre, et que je le retenais sur la terre. Lorsqu'il fallut le lâcher, ma main s'était roidie ; elle ne pouvait plus s'ouvrir. Mais ce fut bien plus douloureux au moment où je le vis descendre dans la fosse, et surtout après qu'elle fut recouverte. Je ne pouvais en détacher mes regards. Jusque-là je n'avais pu me figurer que nous fussions tout à fait séparés par la mort. Tant que je voyais son cercueil, il me restait quelque chose de lui ; mais, lorsque ce dernier reste m'eut échappé, c'est alors que je sentis qu'il était réellement et à jamais perdu pour moi. Toute cette nuit j'ai cru le voir en songe. Son ombre ne m'a pas fait peur. Il semblait me sourire, et je trouvais du plaisir à le caresser. J'ai passé toute la matinée dans ma chambre tout seul, et occupé à t'écrire. Je croyais ne pouvoir te dire que deux mots, et ma lettre s'est allongée en te parlant de lui. Notre ami est venu me voir. M. Hutton, ce respectable vieillard qui cherche à faire du plaisir aux gens, lorsqu'il n'est pas occupé à leur faire du bien, lui avait donné pour moi une petite histoire en anglais, d'une servante qui avait nourri sa maîtresse. Je l'ai trouvée si touchante que je me suis mis tout de suite à la traduire de mon mieux, pour qu'elle serve à ta consolation, comme elle a fait un moment la mienne. Ah ! mon pauvre Laurent! mon ami Laurent! Adieu, ma chère sœur, je ne puis t'en écrire davantage. Il faut que je descende auprès de mon papa, pour tâcher d'adoucir son chagrin, tout triste que je suis. Présente mes respects à mon oncle et à ma tante, et donne-leur deux baisers bien tendres pour moi. Nous avons fait une perte que nous ne pouvons réparer qu'en nous aimant de plus en plus. Adieu donc. Je t'embrasse avec un nouveau cœur de frère et d'ami.

Georges de Vallière.

L'INCENDIE.

PERSONNAGES.

M. DE CRESSAC.
Mme DE CRESSAC.
ADRIEN, } leurs enfants.
JULIE,
THOMAS, riche fermier.
JEANNE, sa femme.
SUZETTE, } leurs enfants.
LUBIN,
GODEFROY, palefrenier de M. de Cressac.

La scène est à l'entrée d'un village. Le théâtre représente, dans l'enfoncement, une forêt à travers laquelle on voit s'élever par intervalles, dans le lointain, des tourbillons de flammes. Sur l'un des côtés du théâtre est une ferme, et tout auprès une fontaine; de l'autre côté est une colline au pied de laquelle tourne le chemin du village.

SCÈNE PREMIÈRE.

ADRIEN arrive en courant sur la scène par le détour de la colline. Ses vêtements et sa chevelure sont en désordre. Il jette les yeux sur le fond du théâtre, que la colline masquait à sa vue. L'incendie éclate en ce moment dans toute sa fureur.

Bon Dieu! bon Dieu! tout brûle encore! Quels gros tourbillons de fumée et de flammes! O mon papa! maman! ma petite sœur Julie, qu'êtes-vous devenus! Ne suis-je plus qu'un malheureux orphelin? Seigneur, mon Dieu, prends pitié de moi! Tu m'as déjà tout enlevé; laisse-moi mes parents. Ils sont pour moi plus que tout au monde.

Adrien.

Que deviendrais-je sans eux? (*Accablé de fatigue et de douleur, il pose sa main contre un arbre et appuie sa tête dessus. Au même instant la ferme s'ouvre, et il en sort un petit paysan, tenant à la main son déjeuner.*)

SCÈNE II.

ADRIEN, LUBIN, petit paysan.

LUBIN, *sans voir Adrien.* Il ne finit donc pas, ce feu d'enfer? A quoi pensait mon père, d'aller s'enfourner là dedans avec ses chevaux? Mais voici le jour. Il ne tardera pas à revenir. Je vais m'asseoir ici pour l'attendre. (*Il marche vers l'arbre, et voit Adrien.*) Eh! mon petit joli monsieur, que venez-vous faire de si bonne heure dans le village?

ADRIEN. Ah! mon ami, je ne sais ni où je suis ni où je vais.

LUBIN. Comment? est-ce que vous seriez de la ville qui brûle?

ADRIEN. Hélas! oui. Je me suis échappé du milieu des flammes.

LUBIN. Le feu a-t-il déjà pris à votre maison?

ADRIEN. C'est dans notre rue qu'il a commencé. J'étais au lit, et je dormais tranquillement. Mon papa est venu m'en arracher. On m'a habillé à la hâte, et on m'a emporté à travers les charbons de feu qui pleuvaient sur nous.

LUBIN, *avec un cri de frayeur.* O mon Dieu! (*On entend une voix qui crie de l'intérieur de la ferme:* « Lubin! Lubin! » *Lubin, tout troublé, n'entend pas.*)

SCENE III.

JEANNE, SUZETTE, ADRIEN, LUBIN.

JEANNE, *en entrant, à Suzette.* Je crains que le drôle ne m'ait échappé pour courir au feu. N'ai-je donc pas assez de trembler pour son père?

SUZETTE. Non, ma mère, le voici. Ha! ha! il parle à un petit monsieur.

JEANNE, *à Lubin.* Pourquoi ne pas me répondre?

LUBIN. Je ne vous ai pas entendue. Je n'entendais que ce malheureux enfant. Ah! ma mère, il vous aurait donné le frisson comme à moi.

JEANNE. Que lui est-il donc arrivé?

LUBIN. D'être, peu s'en faut, brûlé vif. Sa maison était tout en feu lorsqu'il s'en est échappé.

JEANNE. Dieu de bonté! comme le voilà pâle! Vous êtes si petit! Comment avez-vous donc fait pour vous sauver?

ADRIEN. Notre palefrenier m'a pris sur ses épaules, et mon papa lui a dit de m'emporter dans un village où j'ai été nourri; mais on l'a arrêté dans la rue pour le faire travailler. Je pleurais de me voir tout seul. Une bonne femme m'a pris par la main et m'a conduit jusqu'à la porte de la ville. Elle m'a dit d'aller tout droit devant moi sur le grand chemin, que c'était le premier village que je trouverais; et m'y voici.

JEANNE. Et savez-vous le nom de votre père nourricier?

ADRIEN. Ma petite sœur de lait s'appelait Suzette.

SUZETTE, *avec un cri de joie.* Ah! ma mère, si c'était Adrien?

ADRIEN. Eh! oui, c'est moi.

JEANNE. Vous, le fils de M. de Cressac?

ADRIEN. O ma bonne nourrice! je te reconnais bien à présent. Et voilà ma chère Suzette, et voilà Lubin. (*Suzette se jette à son cou, Lubin lui prend la main.*)

JEANNE, *l'élevant dans ses bras et l'embrassant.* O mon Dieu, que je suis heureuse! je ne pensais qu'à toi dans toutes ces flammes. Mon mari a couru pour te sauver. Mais comme le voilà grandi! L'aurais-tu reconnu, Suzette?

SUZETTE. Non, pas tout de suite, ma mère. Mais j'ai bien senti que mon cœur battait près de lui. Nous avons été si longtemps sans le voir!

ADRIEN. C'est que j'étais au collége! Il y a trois jours que j'en suis sorti, pour passer les fêtes à la maison. Pourquoi y suis-je venu? O mon papa, maman, ma petite sœur Julie!

JEANNE. Tranquillise-toi, mon ami. Thomas est à la ville. Je le connais. Il les sauverait tous, fussent-ils dans un brasier. Mais toi, tu as couru toute la nuit. Tu dois avoir faim. Veux-tu manger?

LUBIN. Tenez, monsieur Adrien, voici une tartine que j'avais faite pour moi.

ADRIEN. Tu me disais *tu* autrefois, Lubin.

LUBIN, *lui passant un bras autour du cou.* Eh bien ! Adrien, prends donc mon déjeuner.

SUZETTE. Quelque chose d'un peu chaud lui vaudra mieux. Je vais lui chercher ma soupe au lait, qui chauffe sur le fourneau.

ADRIEN. Non, mes amis, je vous remercie. Je ne mangerai rien que je n'aie vu mon père, ma mère et ma sœur. Je veux m'en retourner, je veux les voir.

JEANNE. Y penses-tu? aller courir dans les flammes !

ADRIEN. C'est là que je les ai laissés! Oh! c'est bien malgré moi. Je ne voulais pas me séparer d'eux ! mon papa l'a voulu. Lui qui est la douceur même, il m'a menacé, il m'a repoussé. Il a bien fallu lui obéir, de peur de le mettre en colère. Mais je ne peux plus y tenir; il faut que je retourne le chercher.

JEANNE. Je ne te lâche point. Viens avec nous à la maison.

ADRIEN. Vous avez une maison ! Ah! je n'en ai plus.

JEANNE. La nôtre n'est-elle pas à toi? Je t'ai nourri de mon lait: je te nourrirai bien de mon pain. (*Elle le prend entre ses bras et l'emporte, malgré sa résistance, dans la ferme. A Lubin :*)

Toi, reste ici pour voir venir de plus loin ton père et nous en avertir. Mais ne va pas au feu, je te le défends.

SCÈNE IV.

LUBIN, seul.

Je meurs pourtant d'envie d'y courir. Quelle belle fournaise cela doit faire! Je ne sais; mais il me semble que je ne vois plus là-bas ce haut clocher qui grimpait dans les nuages, avec un coq doré sur sa pointe. Les pauvres gens, que je les plains! Il ne faut pas cependant que cela m'empêche de déjeuner. (*Il mord dans son pain.*)

SCENE V.

LUBIN, SUZETTE, qui sort de la ferme tenant à la main un verre.

LUBIN. Ah! ma sœur, tu es une bien bonne enfant de me porter ainsi à boire!

SUZETTE. Oh! ce n'est pas pour toi. C'est pour Adrien que je viens chercher un verre d'eau fraîche. Il ne veut prendre ni une tasse de lait ni une goutte de vin. « Mes parents, dit-il, souffrent peut-être en ce moment la faim et la soif; et moi, je pourrais prendre quelque chose pour me régaler!

Non, non. Je ne veux qu'un peu d'eau pour me rafraîchir le gosier. »

LUBIN. Il faut être bien tendre, au moins, pour ne vouloir pas prendre un peu de lait, parce qu'on ne sait pas où est son père?

SUZETTE. N'est-ce pas? Oh! je te connais. Ta sœur pourrait brûler toute vive, que tu n'en perdrais pas un coup de dent. Pour moi, je serais bien comme Adrien. Je n'aurais guère envie de manger, si notre cabane brûlait et si je ne savais où trouver mon père et ma mère, ou toi-même, Lubin.

LUBIN. Et moi aussi, si je n'avais pas faim.

SUZETTE. Est-ce qu'on a faim, alors? Tiens, je n'ai pas le moindre appétit, rien que de voir seulement pleurer ce petit malheureux.

LUBIN. Ainsi donc tu ne toucheras pas à ta soupe?

SUZETTE. Tu voudrais bien qu'elle te restât, après avoir mangé la tienne, et encore un gros chiffon de pain au beurre?

LUBIN. Non. C'est pour empêcher qu'elle ne se perde, si Adrien ou toi n'en voulez pas manger. Donne-moi toujours le verre, que je boive en attendant. (*Suzette lui donne le verre; Lubin puise de l'eau à la fontaine et boit.*)

SUZETTE. Dépêche-toi donc; mon pauvre Adrien meurt de soif.

LUBIN. Attends, je vais le remplir.

SUZETTE. Que fais-tu? sans le rincer?

LUBIN. Crois-tu que j'aie du poison dans la bouche?

SUZETTE. Vraiment ce serait bien propre avec les miettes de pain qui sont encore sur le bord! Je veux le rincer moi-même. Les enfants comme lui sont accoutumés à la propreté; et je veux qu'il se trouve chez nous comme dans sa maison. (*Elle rince le verre, le remplit, et rentre dans la ferme.*)

SCÈNE VI.

LUBIN, seul.

Voilà mon déjeuner fini. Si je courais à présent voir le feu! Quelques tapes de plus ou de moins ne sont pas grand'chose. Je vais toujours avancer un peu sur le chemin. Allons, allons. (*Il se met à courir. Au détour de la colline, il rencontre son père.*)

SCÈNE VII.

THOMAS, LUBIN.

Thomas porte une cassette sous son bas. Il marche d'un pas harassé, et paraît ne respirer qu'avec peine.

LUBIN. Ah! vous voilà, mon père. Je courais devant vous.

THOMAS, *avec empressement*. Adrien est-il ici ?
LUBIN. Oui, oui ; il vient d'arriver.
THOMAS, *posant la cassette à terre et levant ses*

bras vers le ciel. Je te remercie, ô mon Dieu ! Toute cette honnête famille est donc sauvée ! (*Il s'assied sur la cassette.*) Que je respire !

LUBIN. Ne voulez-vous pas entrer?

THOMAS. Non, non; j'ai besoin d'être en plein air pour me remettre. Va dire à ta mère que je suis ici. (*Lubin court vers la ferme et s'y élance.*)

SCÈNE VIII.

THOMAS, essuyant la sueur de son front
et les larmes de ses yeux.

THOMAS. Je ne mourrai donc point sans l'avoir obligé à mon tour!

SCÈNE IX.

THOMAS, JEANNE, ADRIEN, SUZETTE, LUBIN.

Jeanne accourt de la ferme, portant un petit enfant dans ses bras. Adrien, Suzette et Lubin la suivent.

JEANNE, *se jetant au cou de Thomas.* Ah! mon cher ami, quelle joie de te revoir!

THOMAS, *l'embrassant tendrement.* Ma chère femme! (*Il prend l'enfant qu'elle tient sur son sein et qui lui tend les bras; il le serre dans les siens, l'embrasse et le rend à sa mère.*) Mais Adrien, où est-il? Que je le voie!

ADRIEN, *courant à lui.* Me voici, mon père nourricier, me voici. (*Il regarde de tous côtés.*) Vous êtes seul? Mon papa, maman, ma petite sœur Julie, où sont-ils?-

THOMAS, *avec transport.* En sûreté, mon fils. Embrasse-moi.

ADRIEN, *se jetant dans ses bras.* Oh! quelle joie!

JEANNE. Nous étions bien en peine. Tous les autres gens du village sont déjà de retour.

THOMAS. Ils n'avaient pas leur bienfaiteur à sauver!

JEANNE. Mais au moins tout est-il éteint à présent?

THOMAS. Éteint, ma femme? Oh! ce n'est plus une maison, une rue; c'est la ville tout entière embrasée! Si tu voyais cette désolation! les femmes courant échevelées et vous demandant à grands cris leurs maris et leurs enfants! le son des cloches, le bruit des chariots et des pompes, le fracas épouvantable des maisons qui s'écroulent! les chevaux furieux et les flots de peuple effrayé qui vous renversent! les flammes qui vous poursuivent et se croisent devant vous! les poutres brûlantes qui tombent sur la foule et l'écrasent.... Je ne sais comment j'en suis revenu.

JEANNE. Tu me glaces le sang dans les veines.

SUZETTE. Ah! ma mère, voyez ses sourcils, ses cheveux tout brûlés!

THOMAS. Et mon bras encore! Mais qu'est-ce que tout cela? Trop heureux d'en sortir la vie sauve! Je ne l'aurais pas marchandée.

JEANNE. Que me dis-tu, mon ami?

THOMAS. Quoi! Ma femme, pour notre bienfaiteur? N'est-ce pas lui qui a fait notre mariage? n'est-ce pas à lui que nous devons cette ferme et tout ce que nous possédons? N'as-tu pas nourri son enfant? (*Adrien passe ses bras autour du corps de sa nourrice.*) Ah! j'aurais eu mille vies que je les aurais toutes risquées.

JEANNE, *avec attendrissement.* Tu l'as donc pu secourir?

THOMAS. Oui, j'ai eu ce bonheur. Lui, sa femme et sa fille étaient à peine sortis de leur maison tout en flammes, lorsqu'une charpente embrasée est tombée à leurs pieds. Heureusement je n'étais encore qu'à vingt pas. Tout le monde les croyait écrasés et fuyait. J'ai entendu leurs cris: je me suis précipité au milieu des ruines brûlantes, et je les en ai retirés. J'avais déjà sauvé la cassette que voici, et mon chariot est chargé de leurs effets les plus précieux.

ADRIEN, *se jetant dans ses bras.* O mon père nourricier! sois sûr d'en être bien récompensé.

THOMAS. Je le suis déjà, mon ami. Ton père ne comptait peut-être pas sur moi, et je l'ai secouru; me voilà mieux payé qu'il n'est en son pouvoir de le faire. Mais ce n'est pas tout. Il ne tardera pas sans doute à venir avec sa famille et ses gens.

ADRIEN. Oh! je vais donc les revoir!

THOMAS. Cours, ma femme; va tirer de notre excellent vin vieux; fais traire nos vaches; prépare nos meilleures provisions; qu'on mette des draps blancs au grand lit; nous irons coucher dans l'étable.

JEANNE. Oui, j'y vole, mon ami.

SCÈNE X.

THOMAS, ADRIEN, SUZETTE, LUBIN.

THOMAS. Et moi je vais ranger le foin dans la grange, pour faire place aux malheureux qui viendront me demander un asile. Hélas! toute la plaine en est couverte. Je crois les voir encore, les uns, muets et insensibles de douleur, s'arrêter comme des bornes dans les grands chemins, en regardant brûler leurs maisons, ou tomber évanouis de frayeur, de fatigue ou d'épuisement; les autres courant çà et là comme des forcenés, tordant leurs bras, s'arrachant les cheveux et voulant rentrer avec des cris horribles dans la ville enflammée, à travers les piques des soldats qui les repoussent. J'aurai toute ma vie cette peinture devant les yeux.

SUZETTE. Ah! mon pauvre Adrien, si tu t'étais trouvé là, on t'aurait foulé sous les pieds.

THOMAS. Aussitôt que mes chevaux seront revenus, j'irai; je veux ramasser tout ce je que pourrai d'enfants, de femmes et de vieillards pour les conduire ici. J'étais le plus pauvre du village; j'en suis devenu le plus riche : c'est à moi qu'appartiennent tous les malheureux. (*Il se baisse pour prendre la cassette.*)

LUBIN. Mon père, que je vous aide à la porter. Vous êtes si las !

THOMAS. Non, non; prends garde, elle est trop lourde pour toi. Elle te casserait les jambes, si elle échappait de mes mains. Va plutôt dire à la vieille Michelle de venir chauffer notre four et fourbir nos marmites des vendanges; puis tu courras chez le meunier pour qu'il nous apporte de la farine. Que ces pauvres incendiés trouvent au moins de quoi satisfaire leurs besoins les plus pressants. Je ne suis pas, grâce à Dieu, dans l'aisance pour qu'on meure de faim autour de moi. Je donnerais jusqu'à mon dernier morceau de pain. (*Il sort avec Lubin.*)

SCÈNE XI.

SUZETTE, ADRIEN.

SUZETTE. Oh! je partagerai aussi toujours avec toi. Mon pauvre Adrien, qui m'aurait dit que je te verrais un jour si à plaindre?

ADRIEN. Ah! ma chère Suzette! c'est bien cruel aussi de tout perdre dans une nuit!

SUZETTE. Console-toi, mon ami. Ne te souviens-tu pas combien nous avons été heureux ici, quand nous étions encore plus petits que nous ne le sommes, tiens, pas plus hauts que ce buisson là-bas? Eh bien! nous le serons encore. Crains-tu que rien te manque, autant que j'en aurai?

ADRIEN, *lui prenant la main*. Non, je ne le crains pas. Mais c'était moi qui devais un jour te mettre à ton aise, te marier lorsque tu serais grande, et prendre soin de tes enfants comme des miens.

SUZETTE. Eh bien! ce sera mon affaire, au lieu d'être la tienne : quand on s'aime, c'est toujours la même chose. Je te donnerai les plus belles fleurs de notre jardin; tous les plus beaux fruits que je pourrai cueillir, je te les apporterai; je te donnerai aussi mon lit, et je dormirai à terre auprès de toi.

ADRIEN, *se jetant à son cou*. Mon Dieu! mon Dieu! ma chère Suzette! combien je dois t'aimer!

SUZETTE. Tu verras aussi comme j'aurai soin de ta petite Julie! Je serai toujours entre vous deux. Quand on s'est nourri du même lait, n'est-ce pas comme si l'on était frère et sœur?

ADRIEN. Oui, tu seras toujours la mienne; et je ne sais laquelle j'aimerais le plus, de Julie ou de toi. Je te présenterai à mon papa et à maman, pour que tu sois aussi leur fille. Mais, mon Dieu! quand reviendront-ils?

SUZETTE. Pourquoi t'inquiéter? Tu sais bien que mon père les a mis hors de danger?

ADRIEN. C'est que mon papa est comme le tien. Il aura aussi voulu sauver à son tour ses amis. Il se sera peut-être rejeté au milieu des flammes. Je tremblerai toujours pour lui jusqu'à ce que je le revoie. J'entends du bruit derrière la colline. Oh! si c'était lui!

SCÈNE XII.

GODEFROI, ADRIEN, SUZETTE.

ADRIEN, *courant à Godefroi d'un air joyeux.* Ah! Godefroi!

GODEFROI. Vous voilà, monsieur Adrien?

ADRIEN. C'est bien de moi qu'il s'agit! Où est mon papa? où est ma maman? où est ma sœur Julie? sont-ils ici?

GODEFROI, *d'un air hébété.* Ici! Où donc?

ADRIEN. Derrière toi.

GODEFROI. Derrière moi? (*Il se retourne.*) Je ne les vois pas.

ADRIEN. Tu ne les as donc pas accompagnés?

GODEFROI. Ils ne sont donc pas ici?

ADRIEN, *d'un ton d'impatience.* C'est ici que tu viens les chercher?

GODEFROI, *d'un air troublé.* Vous me faites frissonner de la tête aux pieds. (*Adrien pâlit.*) Ne vous effrayez donc pas. (*Avec consternation.*) Ils ne sont pas ici?

SUZETTE. Il n'est venu personne que mon frère Adrien.

ADRIEN. Pourquoi y suis-je venu?

GODEFROI. Écoutez, écoutez-moi. Une heure après qu'on vous eut arraché de mes bras pour me faire travailler, je trouvai le moyen de m'esquiver dans la foule. Tranquillisez-vous; mais j'ai couru de tous côtés pour chercher vos parents; je ne les ai pas trouvés. J'ai demandé de leurs nouvelles à tout le monde; personne ne les avait vus, personne n'en avait entendu parler.

ADRIEN, *d'un ton plaintif.* O Dieu! ayez pitié de moi! Mon papa, maman, où êtes-vous?

GODEFROI. Ce n'est pas tout. Écoutez. Ne vous effrayez pas seulement. Voici le pire de l'histoire.

ADRIEN. Hélas! mon Dieu! qu'est-ce donc?

GODEFROI. Comment voulez-vous que je vous le dise, si vous allez prendre l'épouvante?

ADRIEN. Eh! dis, dis toujours. Tu me fais mourir.

GODEFROI. Eh bien donc, le bruit court qu'un homme, une femme et une petite fille ont été écrasés dans notre rue par une charpente qui est tombée toute en feu. (*Adrien tombe évanoui.*)

SUZETTE. Bon Dieu! bon Dieu! à notre secours! Adrien qui se meurt! (*Elle se précipite sur lui.*)

GODEFROI. Mais qu'a-t-il donc? il n'en est rien, peut-être. Ce n'est qu'un ouï-dire, et on ne sait pas qui c'est.

SUZETTE. La frayeur l'a saisi tout à coup. Il oublie que mon père les a sauvés.

GODEFROI, *tâtant le front d'Adrien.* O mon doux Sauveur! il est froid comme un glaçon!

SUZETTE, *se relevant à demi.* Que veniez-vous faire ici? C'est vous, c'est vous qui l'avez tué.

GODEFROI. Je lui avais pourtant bien dit de se tranquilliser. (*Il le soulève.*) Monsieur Adrien! (*Il le laisse retomber.*)

SUZETTE. Laissez-le donc. Vous allez l'achever, s'il n'est pas mort encore. O mon cher Adrien! mon frère! Où trouver à présent mon père et ma mère pour lui envoyer du secours? (*Elle va vers plusieurs endroits du théâtre, incertaine de quel côté elle doit sortir. Elle sort enfin par une coulisse au-dessus de la ferme.*)

SCENE XIII.

ADRIEN, toujours évanoui; GODEFROI, appliquant son oreille au nez d'Adrien.

GODEFROI. Non, non; il n'est pas encore mort; il renifle. Oh! s'il était mort, j'irais me jeter dans le premier puits. (*Il lui crie dans l'oreille*) : Adrien!

Monsieur Adrien !... Si je savais comment le faire revenir ! (*Il lui souffle sur le visage.*) Bah ! j'y perdrais mes poumons.... C'était bien bête aussi de ma part ; mais c'est encore plus bête de la sienne. Je lui disais de ne pas s'effrayer. Tous ces enfants de grands seigneurs sont comme des boules de savon qui crèvent de rien.... Adrien ! Monsieur Adrien ! Il

ne m'entend pas. Ma femme est morte, et j'en ai eu bien du regret ; mais mourir parce qu'un autre est mort, il n'y a pas de raison à cela. (*Il le secoue encore.*) Il ne revient pas, cependant ! (*Il tourne la vue de tous côtés.*) Ah, bon ! voici une fontaine ! je vais y puiser de l'eau dans mon chapeau. Je lui ferai une aspersion qui le fera bien revenir. (*Il court à la fontaine. En même temps, arrive d'un autre côté M. de Cressac, donnant le bras à sa femme et tenant Julie par la main. Godefroi l'aperçoit, et, de frayeur, laisse tomber son chapeau plein d'eau. Il s'arrête un moment confus et stupéfait; puis il court à toutes jambes vers l'autre côté de la colline, en s'écriant:*) Ah! Dieu me pardonne! s'il va trouver son fils mort, me voilà à tous les diables.

SCÈNE XIV.

M. DE CRESSAC, Mme DE CRESSAC, JULIE, ADRIEN, toujours évanoui.

M. DE CRESSAC. Mais c'est Godefroi, je pense. (*Il l'appelle.*) Godefroi! où vas-tu donc? où est Adrien?

MADAME DE CRESSAC. Il fuit! Qu'a-t-il fait de mon fils?

JULIE, *voyant un corps étendu à terre.* Que vois-je? Qui est couché là? (*Elle se baisse pour le considérer; elle reconnaît Adrien, et se jette sur lui.*) Dieu! mon frère! il est mort!

MADAME DE CRESSAC. Que dis-tu? (*Elle s'arrache du bras de M. de Cressac et se précipite à corps perdu de l'autre côté.*) Mon fils! Adrien!

M. DE CRESSAC. Il manquait encore quelque chose à notre malheur! (*Il tombe à genoux auprès d'Adrien et le soulève. Adrien fait un léger mouvement.*) Dieu soit loué! Il respire. Ma femme, ton fils a besoin de toi. Garde tes forces pour le secourir. Assieds-toi.

MADAME DE CRESSAC, *avec un cri douloureux.* Mon fils! mon fils! (*Elle tombe presque évanouie.*)

JULIE. Ah! mon pauvre frère! que les flammes eussent plutôt tout dévoré! Réveille-toi, réveille-toi. (*Pendant ces paroles de Julie, M. de Cressac relève Mme de Cressac sur son séant et remet Adrien dans ses bras, en sorte que la tête de l'enfant porte sur le sein de sa mère, qui le couvre de baisers.*)

M. DE CRESSAC. Ne perdons pas un moment. As-tu des sels sur toi?

MADAME DE CRESSAC. Je ne sais; je suis toute troublée. Après tant de frayeurs, une encore qui les surpasse toutes! Je donnerais tout ce qui nous reste pour quelques gouttes d'eau. (*M. de Cressac regarde autour de lui, aperçoit la fontaine et y vole.*)

JULIE, *fouillant dans le tablier de sa mère.* Maman, voici votre éther. (*Elle ouvre le flacon; Mme de Cressac le saisit avec transport et le fait respirer à son fils.*)

JULIE. Mon frère, reviens à toi, si tu ne veux pas que je meure à ton côté. Adrien! mon cher Adrien! (*Adrien paraît un peu se ranimer.*) Ciel! il respire, il m'entend! (*Elle court à son père.*) Venez, venez, mon papa. (*M. de Cressac revient, portant de l'eau dans le creux de sa main. Il y trempe le bout de son mouchoir, bassine le front et les tempes d'Adrien, puis lui jette quelques gouttes d'eau sur le visage du bout de ses doigts.)*

ADRIEN, *les yeux encore fermés, agite un peu ses bras et pousse des soupirs à demi étouffés.* Hélas! hélas! mon papa!

MADAME DE CRESSAC. Mon cher Adrien!

ADRIEN, *comme dans un songe.* Il est donc mort?

M. DE CRESSAC. Il me croit mort! C'est cet imbécile de Godefroi qui l'aura effrayé.

JULIE, *avec transport.* Ciel! il entr'ouvre les yeux!

MADAME DE CRESSAC. Mon fils! ne nous reconnais-tu pas?

M. DE CRESSAC. Adrien! Adrien!

JULIE. Mon frère! c'est moi.

ADRIEN, *comme s'il se réveillait d'un profond sommeil, regarde en silence autour de lui.* Suis-je vivant? Où suis-je? *(Il se relève tout à coup, et se jette au cou de sa mère.)* Maman!

M. DE CRESSAC. Mon fils, tu vis encore!

ADRIEN *se retourne, et se jette dans les bras de son père.* Et vous aussi, mon papa!

JULIE *l'embrasse, suspendu comme il l'est au cou de son père.* Mon Adrien! mon frère, je crois revivre comme toi!

ADRIEN. O quelle joie, ma sœur, de te revoir! *(Il se tourne vers sa mère.)* Ah! maman! c'est votre douce voix qui m'a rendu la vie.

M. DE CRESSAC. Je déplorais mon malheur! Je vois

maintenant que je pouvais perdre bien plus encore que je n'ai perdu.

MADAME DE CRESSAC. N'y pensons plus, mon ami.

M. DE CRESSAC. Je n'y pense que pour me réjouir. Je vous vois tous sauvés ; je ne regrette rien.

JULIE. Mais que t'est-il donc arrivé, mon frère?

ADRIEN. C'est cet étourdi de Godefroi....

M. DE CRESSAC. Ne l'ai-je pas dit?

ADRIEN. Il me disait que vous étiez ensevelis sous les flammes.

JULIE, *montrant la colline*. Ah! le voilà là-haut! (*Tous le regardent; Godefroi retire sa tête, qu'il avançait entre les arbres.*)

SCENE XV.

M. DE CRESSAC, Mme DE CRESSAC, ADRIEN, JULIE, GODEFROI.

M. DE CRESSAC. Godefroi! Godefroi! Cet imbécile! il craint sans doute.... Appelle-le toi-même, Adrien.

ADRIEN. Godefroi, viens donc. Ne crains rien, je suis encore vivant.

GODEFROI, *du haut de la colline*. Est-ce bien vrai, au moins?

ADRIEN. As-tu jamais entendu parler les morts?

GODEFROI, *accourant à toutes jambes, puis s'arrêtant tout à coup*. Vous n'allez pas me renvoyer, monsieur! sans quoi ce ne serait pas la peine de m'avancer.

M. DE CRESSAC. Vois, malheureux, l'effet de ta bêtise.

MADAME DE CRESSAC. Tu as failli me tuer mon fils.

ADRIEN. Pardonnez-lui, je vous prie, ce n'est pas sa faute.

GODEFROI. Sûrement, je lui disais de ne pas s'effrayer. (*Adrien lui tend la main.*) Je suis bien aise que vous ne m'en vouliez pas de mal. Oh! je ne dirai plus une autre fois que les gens sont morts, à moins de les avoir vus à dix pieds sous terre.

SCÈNE XVI.

M. DE CRESSAC, Mme DE CRESSAC, JULIE, ADRIEN, THOMAS, JEANNE, SUZETTE, LUBIN.

THOMAS, *courant.* Ah! le malheureux! Où est-il? où est-il?

SUZETTE, *montrant Godefroi.* Tenez, mon père, le voilà. (*Godefroi épouvanté se retire derrière M. de Cressac.*)

THOMAS. Que vois-je? (*Suzette et Lubin courent vers Adrien, qui les présente à Julie. Jeanne se précipite sur la main de Mme de Cressac et la baise. Thomas se jette aux genoux de M. de Cressac et les tient embrassés.*)

M. DE CRESSAC, *relevant Thomas.* Que fais-tu, mon ami? A mes pieds? toi, mon sauveur, le sauveur de toute ma famille!

THOMAS. Oui, monsieur, c'est une nouvelle grâce que vous me faites après tant d'autres. J'ai pu vous prouver combien je suis reconnaissant de tous vos bienfaits.

M. DE CRESSAC. Tu as fait pour moi plus que je n'ai fait, plus que je ne pourrai faire de toute ma vie.

THOMAS. Que dites-vous? C'est un service d'un moment; et moi, il y a plus de huit ans que je vis heureux par vos bontés. Voyez ces champs, cette ferme, c'est de vous que je les tiens. Vous avez tout perdu, souffrez que je vous les rende. Je vivrai assez heureux du souvenir de n'avoir pas été ingrat envers mon bienfaiteur.

M. DE CRESSAC. Eh bien! mon ami, je les reprends, mais pour te donner des champs dix fois plus vastes et plus fertiles. La cassette que tu m'as sauvée contient la meilleure partie de ma fortune, et je te la dois. N'ayant plus de logement à la ville, je vais habiter mes terres, tu m'y suivras. Nous y vivrons tous ensemble. Tes enfants seront les miens.

ADRIEN. Ah! mon papa, j'allais vous en prier. Voici ma sœur de lait Suzette, voilà Lubin. Si vous saviez toutes les amitiés qu'ils m'ont faites! Je serais peut-être mort aussi sans leur secours.

M. DE CRESSAC, *serrant la main de Jeanne.* Eh bien! nous ne ferons tous qu'une famille heureuse de s'aimer.

JEANNE. Venez, en attendant, prendre quelque repos. Excusez-nous si nous ne vous recevons pas comme nous l'aurions désiré.

THOMAS, *regardant du côté de la colline.* Voici le chariot qui arrive, et des malheureux qui le suivent. Permettez-vous que j'aille leur offrir quelque secours?

M. DE CRESSAC. Ah! je vais avec toi les consoler. Je suis trop intéressé dans l'événement cruel qui cause leurs peines. O jour que je croyais si malheureux! tu me rends bien plus que tu ne me fais perdre. Pour quelques biens que tu m'enlèves, tu me donnes une nouvelle famille et des amis dignes de mon cœur.

LE DÉSERTEUR.

PERSONNAGES.

MARCEL.
GENEVIÈVE.
GEORGES, leur fils.
THOMAS, frère de Marcel.
LE BAILLI.
LE COLONEL.
LE CAPITAINE.

LE FOURRIER.
LE SERGENT.
LE PRÉVOT.
FLUET, cadet.
LA TERREUR, } soldats.
BRAS-CROISÉS,

ACTE PREMIER.

Le théâtre représente l'intérieur d'une chaumière de paysan. Tout y annonce la plus extrême indigence. Geneviève est assise filant au rouet.

SCÈNE PREMIÈRE.

GENEVIÈVE, MARCEL.

MARCEL, *en entrant*. Femme, voici des soldats qui nous viennent.

GENEVIÈVE, *laissant tomber son fuseau*. Eh ! mon Dieu ! comment faire ? Nous n'avons plus nous-mêmes de quoi vivre ; et voilà encore des soldats à nourrir !

MARCEL. Nous n'avons rien, ma femme : ainsi rien à donner.

GENEVIÈVE. Mais voudront-ils nous en croire ? Il y a tant de richards qui se font pauvres par avarice ! Les soldats le savent. Comment vont-ils nous traiter ?

MARCEL. Lorsqu'ils nous verront, il faudra bien qu'ils croient à notre misère. Je parie qu'ils auront plus de pitié de notre état que ceux qui pourraient l'adoucir.

GENEVIÈVE. Dieu le veuille, mon cher homme ! La douleur et la faim nous ont tant affaiblis ! de mauvais traitements nous auraient bientôt achevés.

MARCEL. Va, les soldats ne sont pas aussi méchants qu'on se le figure. Ils ont plus de conscience et d'humanité qu'un bailli, qui frappe sur le pauvre comme sur une gerbe. Celui-ci s'endurcit au mal, à force d'en faire ; mais un soldat pense à une autre vie, parce qu'il est tous les jours face à face de la mort.

SCÈNE II.

MARCEL, GENEVIÈVE, LA TERREUR, FLUET,
avec leurs armes et leur bagage.

LA TERREUR. Salut et santé. La bonne mère, je vous amène des hôtes. Voici l'ordre. Trois hommes.

MARCEL. Femme, prends le billet. (*Geneviève met le billet sur le dessus de la porte.*) Messieurs, nous partagerions de bon cœur avec vous, si nous avions quelque chose; mais nous sommes de pauvres gens. Voici toute notre habitation; cette grande chambre, et une autre petite pour faire notre cuisine et pour coucher.

LA TERREUR. C'en est assez, vieux père. (*Il pose sur la table son sabre et son havre-sac.*) Allons, monsieur le cadet, mettez-vous à votre aise.

FLUET, *d'un ton pleureur*. Hu! hu! je suis trempé de la tête aux pieds, et j'ai froid à ne plus y tenir. Hu! hu! hu! (*Il pose son bagage en grelottant.*)

LA TERREUR. Bon! ce n'est rien encore. Lorsque vous aurez un glaçon pendu à chacun de vos cheveux, c'est alors que vous pourrez vous plaindre du froid.

FLUET. Je n'y tiens plus. Je suis cadet; je n'irai pas sacrifier ma vie à traverser des marais à pied comme un soldat. Si nous marchons après-demain et qu'il fasse le même temps, je prendrai pour mon argent un chariot, et je me ferai voiturer.

LA TERREUR. Oui bien! on vous laissera faire. Croyez-vous être le seul qui ait de l'argent? Il y en a tant d'autres qui se feraient traîner, si cela était permis! Il ferait beau voir la moitié de l'armée empaquetée dans des chariots! Comment vous trouverez-vous donc, lorsque, tout mouillé comme vous l'êtes, il vous faudra encore monter la garde? Le tour revient souvent, quand on est en quartier.

FLUET, *pleurant encore en se regardant.* Hu! hu! je n'ai pas un fil sur moi qui ne soit trempé.

LA TERREUR. Fi donc, pleurer! Un soldat doit rire encore, tant qu'il n'a que la moitié de sa tête à bas.

FLUET. Toute ma frisure qui est défaite! Hu! hu! hu!

LA TERREUR. Ah! voilà qui s'appelle un malheur.

FLUET. Il fait encore plus froid ici que dans les champs. (*D'un ton dur, à Marcel.*) Allons, vieux coquin, fais du feu.

LA TERREUR. C'est un brave homme, monsieur le cadet. Il a plus de soin de votre santé que vous ne pensez. Si la chaleur vous prenait tout de suite, vous attraperiez un catarrhe.

FLUET. Je crois que vous voulez me faire crever.

Je ne suis pas d'une race si dure que la vôtre. Vous êtes fils de roturiers, et il y a dix-huit mois que nous sommes nobles de père en fils. (*A Marcel.*) Feras-tu du feu, maudit paysan ?

LA TERREUR. Allons, bon papa, allons, faites du feu ; autrement le roi va perdre un soldat.

MARCEL. Messieurs, ce serait de bon cœur. Je meurs de froid comme vous, mais je n'ai pas un morceau de bois.

GENEVIÈVE. Écoute, mon homme ; notre compère Thomas pourrait nous prêter quelques fagots pour l'amour de ces honnêtes gens. Va le prier de nous rendre ce service. Ce jeune monsieur (*en montrant Fluet*) me fait peine au cœur. Dieu de bonté ! il n'est pas encore accoutumé à souffrir. Va, mon ami, il ne nous refusera pas.

MARCEL. Eh bien ! oui, j'y vais.

SCÈNE III.

GENEVIÈVE, LA TERREUR, FLUET.

LA TERREUR. Maintenant, la bonne mère, songeons au dîner. Que nous donnerez-vous ?

GENEVIÈVE. Hélas ! mes bons messieurs, il y a huit jours que nous ne vivons que de pain et d'eau ; et du pain même (*avec un profond soupir*), bientôt nous n'en aurons plus. La mauvaise récolte de cette année nous a entièrement ruinés. Il nous a fallu vendre tout ce que nous avions pour avoir du pain. Et maintenant que nous n'avons plus rien à vendre pour en avoir, quand nous aurons mangé le peu qui nous en reste, de quoi vivrons-nous? Il n'y a que le bon Dieu qui le sait. N'allez pas croire au moins que je vous dise un mensonge. Venez, je vais vous conduire dans toute ma chaumière, vous n'y trouverez que de la pauvreté. Je donne du fond de mon cœur autant que je puis; mais aujourd'hui, où en trouver pour moi-même? Ah! croyez-m'en : je ne prendrais pas sur moi la honte de recevoir des aumônes, si j'avais le nécessaire.

LA TERREUR. Tranquillisez-vous, la bonne mère, tranquillisez-vous : je vous en crois. On voit bien à la mine des gens lorsqu'ils disent la vérité.

GENEVIÈVE. Moi qui craignais tant de vous voir entrer chez nous! soyez les bienvenus. Ah! Marcel avait bien raison. C'est chez les soldats qu'on trouve les meilleurs chrétiens. Ils font ce que les autres se contentent de prêcher.

LA TERREUR. Il faut tout dire. Il y a parmi nous des diables incarnés, qui épuisent toute leur bravoure dans les chaumières des paysans, et qui ne s'en trouvent plus ensuite en face de l'ennemi.

GENEVIÈVE. Oh! vous n'êtes pas comme cela, vous, j'en suis sûre. Quel bonheur c'est encore pour moi de n'avoir que de bons soldats à loger, lorsque je suis dans la peine!

LA TERREUR. Allons, monsieur le cadet, faites sauter quelque monnaie de votre bourse pour avoir de la viande, et nous en régaler avec ces braves gens, puisqu'ils n'ont que du pain.

FLUET. Oui-da! Est-ce que je suis venu ici pour festoyer ces misérables? Je suis bien plus à plaindre. Ils sont nés pour souffrir, et non pas moi.

LA TERREUR, *bas à Geneviève.* Voyez-vous? c'est un de ces braves dont je vous parlais tout à l'heure. (*A Fluet.*) Croyez-vous donc que ce soit leur faute, si vous n'avez pas trouvé ici un bon feu?

FLUET. Et faut-il que je souffre parce qu'ils sont dans la misère?

LA TERREUR. Il fallait faire vos conventions en entrant au service, qu'on vous préparerait dans tous vos logements un bon lit de plume, un bon feu, une robe de chambre et des pantoufles.

FLUET. Laissez là vos sornettes, ou je m'en plaindrai au capitaine.

LA TERREUR. Vraiment, vous le connaissez bien, si vous croyez qu'on lui porte des plaintes comme à un maître d'école! Allez lui parler. Il vous apprendra mieux que moi à vivre en soldat. Celui qui veut réussir parmi nous doit, avant tout, avoir un bon cœur. Qui aura de la compassion pour vous, si vous n'en avez pas pour les autres? Mais voilà comme ils sont, tous ces nobles de deux jours : ils laissent la pitié dans les sarraus de toile dont ils se dépouillent pour prendre des habits cousus d'or. Ils croiraient se dégrader de regarder les pauvres. N'avez-vous pas été bien aise que je me sois chargé de vos armes pendant toute la marche? Fort bien. Vous n'avez qu'à les traîner vous-même une autre fois; je ne m'en soucierai guère. Vous pourrez aussi nettoyer votre fusil. Je ne sais pas pourquoi je travaillerais pour vous.

FLUET, *en rechignant.* Ne me l'avez-vous pas promis?

LA TERREUR. Je croyais que vous le méritiez. Il y aura aussi une garde à monter dans trois heures. Nous verrons comment vous vous en tirerez par le temps qu'il fait.

FLUET. Je n'y tiendrai jamais.

LA TERREUR. Fouillez donc à l'escarcelle.

FLUET. Et combien faut-il?

LA TERREUR. Un écu, pas un sou de moins.

FLUET. C'est bien cher. (*Il lui donne l'argent avec un air de regret.*)

LA TERREUR. Je le croyais dans vos entrailles plutôt que dans votre bourse, tant vous avez eu de peine à le tirer. (*A Geneviève.*) Tenez, la bonne mère, ayez-nous de la viande et quelques légumes. Votre mari sera du repas.

GENEVIÈVE. Ah! vous êtes trop bon. Le jeune monsieur voudra-t-il aussi manger avec nous? S'il vous fréquente pendant quelque temps, il deviendra aussi un brave homme, j'en réponds. (*Elle sort.*)

SCÈNE IV.

LA TERREUR, FLUET.

LA TERREUR. Voyez-vous, si vous aviez fait les choses de bonne grâce, il ne vous en aurait coûté que la moitié. Voilà ce que l'on gagne à marchander avec le pauvre, tandis qu'à moitié prix, on aurait pu encore avoir par-dessus le marché la bénédiction du Seigneur. (*Il prend les armes de Fluet, et s'occupe à les nettoyer.*)

FLUET. Mais je n'ai pas mon argent pour les autres; mon papa entend que je le ménage.

LA TERREUR. Il vous a donc défendu de donner quelques secours aux malheureux?

FLUET. « Rien pour rien, m'a-t-il dit en partant. Ne paye que ce que l'on fera pour ton service, et tâche d'avoir toujours bon marché. »

LA TERREUR. Vous lui obéissez à merveille, à ce qu'il paraît. Pour moi, je n'aurais pu trouver de goût à rien aujourd'hui, si j'avais vu ces pauvres gens endurer la faim.

FLUET. On voit bien que vous n'avez jamais été

riche. Il faut aller dans les grandes maisons pour voir comment on doit se comporter envers les pauvres. Quand vous verrez faire l'aumône, regardez si ce ne sont pas des gens du peuple plutôt que des seigneurs. Il nous conviendrait bien de nous arrêter devant la canaille couverte de haillons! Si elle devenait un jour à son aise, qui trouverait-on pour nous servir?

LA TERREUR. Est-ce que c'est mon devoir de nettoyer vos armes?

FLUET. Puisque je vous paye. Si vous ne le faites pas, j'en trouverai mille à votre place.

LA TERREUR. Cela n'est pas sûr. Pensez-vous qu'un brave soldat veuille être, pour quelques sous, le valet de gens de votre espèce? Nous avons de l'honneur dans l'âme, et nous savons nous contenter, au besoin, du pain de munition. Avec cela, on se moque des riches et de leur argent. Si j'avais encore le vôtre, vous verriez. Mais patience! je parlerai à mes camarades, et je vous attends à la première garde.

FLUET. Oh! je ne la monterai pas longtemps. Mon papa va bientôt m'acheter une enseigne.

LA TERREUR. Ce ne sera pas au moins dans notre régiment. Nous avons un brave colonel, qui ne prend ses officiers que parmi les vrais soldats, et non parmi des femmelettes comme vous.

FLUET. Eh bien! j'irai dans un autre.

LA TERREUR. A la bonne heure. Mais croyez-moi, retournez plutôt auprès de votre maman; ou, si vous pouvez tout acheter, faites une bonne emplette de courage. C'est la chose la plus nécessaire dans notre métier.

FLUET. Moi, je n'ai pas de courage? J'ai appris un an à faire des armes.

LA TERREUR, *branlant la tête*. Contre les lièvres peut-être, mais non contre l'ennemi. Il faut là une bonne conscience que vous n'avez pas, puisque vous traitez les pauvres comme des chiens. Vous ne ferez pas mieux que tous ceux de votre trempe, qui viennent passer un an au service, et puis se retirent dans leurs terres pour raconter leurs prouesses, quoiqu'ils se soient toujours tenus cachés derrière le bagage.

SCÈNE V.

LA TERREUR, FLUET, GENEVIÈVE.

GENEVIÈVE, *à La Terreur*. Tenez, mon cher monsieur, voici de la viande. Voilà encore des légumes que le jardinier du château m'a donnés. Je suis bien aise d'avoir quelque chose à vous rendre. A qui faut-il le remettre?

LA TERREUR. Gardez-le, ma bonne mère, ce sera pour boire. Est-ce que vous ne prenez pas de vin?

GENEVIÈVE. Il y a dix ans que je n'en ai bu, hélas! depuis que mon fils est parti.

LA TERREUR. Eh bien! cela vous donnera des forces.

GENEVIÈVE. Mon fils est soldat comme vous.

LA TERREUR. Soldat? Et dans quel régiment?

GENEVIÈVE. Bourbonnais.

LA TERREUR, *avec vivacité*. Et comment s'appelle-t-il?

GENEVIÈVE. Georges Marcel. Dieu sait s'il vit encore. Il y a quatre ans que nous n'avons reçu de ses nouvelles.

la terreur. Tranquillisez-vous, bonne femme, il est encore vivant.

geneviève. Est-ce que vous le connaissez, mon cher monsieur?

la terreur, *embarrassé*. Je ne sais guère; mais il doit être plein de vie, puisqu'il a de si honnêtes parents.

geneviève. Ah! ce n'est pas une raison. Les braves gens sont ceux que le bon Dieu éprouve les premiers. Et cependant, notre fils est le seul bien que nous eussions au monde.

fluet. Oui vraiment, un soldat vous servirait de beaucoup!

la terreur. Et qu'en savez-vous, pour le dire? Vous ignorez tout ce qu'un homme peut faire avec un bon cœur. Allez, bonne mère, posez tout cela. Quand votre mari apportera du bois, nous mettrons le pot-au-feu. (*Bas à Geneviève.*) Le troisième soldat que nous attendons est un peu dur. Si on le faisait attendre, il pourrait nous quereller.

geneviève. Mon cher monsieur, je ne puis rien faire que mon homme ne soit de retour. Je me repose sur vous. Vous trouverez de bonnes paroles pour nous excuser.

la terreur. Oh! il ne se laisse pas mener par des paroles. Et puis il est caporal : c'est mon supérieur. Je ne lui parle pas comme je voudrais.

SCÈNE VI.

LA TERREUR, FLUET, MARCEL, GENEVIÈVE.

MARCEL, *jetant une charge de bois à terre.* Allons, voici des fagots. Je vais vous allumer du feu.

GENEVIÈVE. Oui, mon homme, dépêchons-nous. Il doit nous venir un officier; et il n'est pas commode, à ce que dit monsieur.

MARCEL. Comment! un officier chez nous?

LA TERREUR. Quand je dis officier, il lui faut encore un grade; mais il y montera. Il a quelques ordres à donner dans la compagnie, sans quoi il serait déjà ici. Allez, allez échauffer le foyer.

FLUET, *poussant Geneviève.* Parbleu! il est bien temps! Hâtez-vous donc, vous dis-je.

GENEVIÈVE. J'y vais, j'y vais. (*Elle est près de sortir.*)

SCÈNE VII.

LA TERREUR, FLUET, MARCEL, GENEVIÈVE, GEORGES.

GEORGES, *en entrant.* Allons, allons, vite à dîner.

MARCEL. Hélas! monsieur, nous n'avons rien de prêt encore.

GEORGES. A quoi diantre vous amusez-vous?

GENEVIÈVE, *bas à La Terreur.* Mon cher monsieur, parlez-lui, je vous en prie, pour qu'il ne se fâche pas.

MARCEL, *à Georges.* Ce n'est pas notre faute, je vous en assure. Demandez à votre camarade.

LA TERREUR, *bas à Georges.* Finis ce badinage, et tire-les de peine. (*Haut à Geneviève.*) Bonne mère, regardez-le bien.

GEORGES. Est-ce que vous ne me reconnaissez pas? (*Marcel et Geneviève le considèrent attentivement.*)

MARCEL. Ma femme, ne sens-tu rien dans ton cœur?

GENEVIÈVE, *dans une incertitude où perce la joie, regarde tantôt Marcel, tantôt Georges.* O mon Dieu! serait-ce lui?

GEORGES. Oui, c'est moi, c'est moi, ma mère. Quel plaisir de vous revoir, mes chers parents!

MARCEL. Est-il possible? mon fils! Oh! sois le bienvenu mille fois!

GENEVIÈVE, *l'embrassant.* Je te revois donc avant de mourir. La joie ne me laisse pas respirer.

MARCEL. Comment as-tu donc fait pour vivre encore? Mon cher fils, il y en a tant qui sont morts! et toi tu es échappé.

GEORGES. On ne m'a pourtant jamais vu en arrière de mon devoir. C'est à vos prières sans doute que je suis redevable d'avoir été épargné par la mort. Mais comment avez-vous vécu, mes chers parents?

Je suis chez vous en quartier. Vous n'êtes pas fâchés de ce logement, peut-être ?

MARCEL. Peux-tu nous le demander ? Depuis que tu nous as quittés, mon cher fils, nous n'avons jamais eu tant de joie.

GENEVIÈVE, à *La Terreur*. Vous m'aviez dit que c'était un caporal que vous attendiez.

LA TERREUR. Et c'est bien vrai aussi.

MARCEL. Juste ciel ! tu t'es avancé ? Comment cela s'est-il fait ? Tu ne savais pas lire.

GEORGES. Mon capitaine me l'a fait apprendre.

MARCEL. O ma femme, quel honnête homme cela doit être !

GENEVIÈVE. Qu'on vienne nous dire ensuite que les gens de guerre ne sont pas de braves gens !

LA TERREUR. Il n'en restera pas là, je vous en réponds. (*A Georges.*) Mais pourquoi ne m'as-tu pas dit que nous coucherions aujourd'hui dans ton village ?

GEORGES. Camarade, j'étais si plein de ma joie, que je ne pouvais parler.

GENEVIÈVE. Combien resteras-tu avec nous ?

GEORGES. Trois jours, ma mère. Nous faisons halte ici.

MARCEL. Oh! c'est bon, mon cher fils. Nous aurons le temps de nous dire bien des choses.

FLUET. Au diable! personne ne veut donc allumer de feu? je pense qu'il en serait temps, depuis une heure.

GENEVIÈVE. Dans un moment, monsieur.

LA TERREUR, *à Geneviève.* Restez auprès de votre fils, la bonne mère. Je vais battre le briquet, et faire la cuisine. (*A Fluet.*) Quand vous seriez à demi gelé, la joie de cette famille devrait vous réchauffer. Mais vous n'êtes pas capable de la sentir. Venez avec moi ; je vais vous conduire dans quelque maison du voisinage, jusqu'à ce que la chambre soit plus chaude. Sinon, prenez votre parti de vous-même.

GENEVIÈVE, Oui, je vous en prie, mon cher monsieur. Notre voisin à ma droite a une grande cheminée où l'on peut se dégourdir à son aise.

FLUET. Vraiment oui, j'irai encore m'exposer à l'air, pour arriver là plus transi !

LA TERREUR. Il n'y aura pas ici de chaleur d'une bonne heure, et vous achèveriez de geler. Venez, venez.

FLUET, *en pleurant*. Je crois qu'on a fait exprès de me donner le plus mauvais logement du village.

LA TERREUR. Oui, pour ceux qui sont toujours restés assis dans leur fauteuil, les pieds sur la cendre. (*Ils sortent.*)

SCENE VIII.

MARCEL, GENEVIÈVE, GEORGES.

GEORGES. Ce garçon-là s'imagine qu'il en est dans le monde comme dans sa maison, où sa maman ordonnait aux valets de suivre tous ses caprices.

GENEVIÈVE. Y a-t-il longtemps qu'il est soldat ?

GEORGES. Trois semaines. C'est sa première marche. Mais asseyons-nous, mes chers parents. Racontez-moi quelque chose de notre village. Que fait ma chère Madeleine ?

GENEVIÈVE. Elle a déjà quatre enfants.

GEORGES. Que me dites-vous !

MARCEL. Tu ignores peut-être qu'elle a épousé le jardinier Thomas ?

GEORGES. Elle n'a donc pas voulu m'attendre ?

GENEVIÈVE. Il y a dix ans que tu es parti ; elle en a passé quatre à le pleurer.

GEORGES. Mais comment est-elle? Vit-elle au moins heureuse?

GENEVIÈVE. Elle est encore plus misérable que nous, et ses enfants ne pourront, de quelques années, gagner leur vie.

GEORGES. Vous n'êtes donc pas à votre aise, vous autres?

GENEVIÈVE. Hélas! mon cher fils, nous ne savons jamais la veille où nous prendrons le pain du lendemain.

GEORGES. Juste ciel! que m'apprenez-vous? (*Les deux vieillards se mettent à pleurer sans répondre.*) Parlez donc. Comment cela est-il possible?

MARCEL. Tu as raison de t'en étonner. Tu sais que nous avons toujours été laborieux, et que nous ne faisions pas comme les trois quarts de ceux du village, qui ne savent pas ramasser pour l'hiver. Nous nous étions toujours si bien conduits, lorsque tu étais encore avec nous, que personne n'avait un sou de dette à nous demander. Notre ferme était pourvue de bétail et nous avions toujours quelques deniers en réserve pour les besoins inattendus. Mais, mon cher fils, tout cela ne tarda guère à changer après ton départ. Nous avions beau travailler, nous vîmes bientôt qu'il nous manquait deux bras diligents. J'étais obligé d'épuiser mes forces pour tenir nos terres en bon état. La faiblesse vint avec l'âge. Dans le temps où nous aurions dû nous réjouir d'avoir élevé notre fils, nous fûmes obligés de prendre un valet de charrue pour payer nos charges et nous soutenir. Il vint de mauvaises années, nous fîmes des dettes, et depuis cinq ans nous avons tout fondu.

GENEVIÈVE. Nous sommes encore en arrière de trente écus envers le seigneur. Il nous est impossible de les payer, et chaque jour nous attendons qu'on nous chasse de notre chaumière pour nous envoyer mendier notre pain.

MARCEL. Dieu sait pourtant si c'est notre faute! Nous avons sûrement assez travaillé toute notre vie pour avoir du pain dans la vieillesse, et nous en aurions en abondance, si des méchants n'avaient mis leur plaisir à nous rendre malheureux.

GEORGES. Juste ciel! devais-je craindre de vous trouver dans une pareille situation? Mais qui sont les méchants hommes dont vous vous plaignez?

MARCEL. Le bailli seul, mon fils. C'est lui qui fait toute notre misère. C'est sur lui que nous pouvons crier vengeance du fond de notre cœur. S'il ne t'avait fait soldat, nous n'aurions pas ainsi perdu notre bien, qui nous avait coûté tant de sueurs et de peines.

GEORGES. Il faut que la terre fournisse des hommes

à l'État, et ce n'est pas la faute du bailli si le sort m'est tombé.

GENEVIÈVE. Tu le crois, mon fils? Apprends que c'était une tromperie de sa part. Tu sais qu'il a toujours été notre ennemi. Cependant de toute notre vie nous ne lui avons fait de mal,

MARCEL. C'est qu'il m'en voulait de n'avoir pu lui prêter de l'argent, lorsqu'il n'était encore que simple clerc de greffier, et qu'il n'avait pas un habit entier sur le corps. Je me suis bien aperçu que sa haine venait de ce moment.

GENEVIÈVE, *à Georges*. C'était au fils aîné d'Antoine de marcher à ta place. Son père, à prix d'or, gagna le sergent de milice et le bailli. Il l'a déclaré en mourant, et on l'a vérifié sur le registre de l'inspecteur. Le bailli aurait été démis, si ton père n'avait intercédé pour lui. (*A Marcel.*) Il fallait le laisser punir. Il n'aurait eu que ce qu'il méritait. Nous ne serions peut-être pas aujourd'hui si malheureux.

MARCEL. Eh! ma femme! qu'y aurions-nous gagné, quand il aurait payé l'amende? Notre fils serait resté soldat, et le bailli aurait été encore plus acharné contre nous. On empire son mal à se plaindre de la justice : elle trouve toujours à se venger. Les choses se seraient arrangées de manière que nous aurions eu tout le tort sur nous, et qu'on nous aurait fermé la bouche pour jamais.

GENEVIÈVE. Sa punition ne restera pas en arrière. Il faudrait qu'il n'y eût pas un Dieu dans le ciel; et nous pouvons mourir tranquilles là-dessus. (*Avec un profond soupir.*) Seulement, si nous n'avions pas de dettes !

SCÈNE IX.

MARCEL, GENEVIÈVE, GEORGES, LA TERREUR.

LA TERREUR. Bon ! je viens de pourvoir au cadet. La mère, montrez-moi un peu où je ferai la cuisine. Vous pourrez après cela rester auprès de votre fils ; j'aurai soin de tout.

GENEVIÈVE. Grand merci, mon cher monsieur, je vais vous aider.

LA TERREUR. Non, non, je m'en charge tout seul ; vous ne sauriez pas faire cuire comme il faut pour des soldats.

GENEVIÈVE, *près de sortir*. Oui, mon fils, voilà ce qui nous est arrivé de t'avoir perdu : nous n'avons plus d'autre espérance que l'aumône. Je frissonne d'y penser. Vivre d'un morceau de pain qu'on mendie ! (*Elle sort en pleurant avec La Terreur.*)

SCÈNE X.

MARCEL, GEORGES.

GEORGES, *troublé*. N'est-il pas vrai, mon père? ma mère dit les choses pires qu'elles ne sont, comme font toujours les femmes.

MARCEL. Non, mon fils, elle n'a pas dit un mot hors de la vérité. Il ne nous est pas seulement resté de la dernière récolte de quoi semer notre petit champ. Il a fallu tout vendre pour vivre. Nous devons des droits au seigneur, qui veut absolument être payé, à ce que dit le bailli ; mais où le prendre? Notre chaumière va être vendue. Mon cher fils, tu n'hériteras pas un tuyau de paille de ton père.

GEORGES. Oh! si vous aviez seulement de quoi subsister, je ne m'embarrasserais guère de ce qui me regarde. Quand je ne pourrai plus servir, le roi me nourrira jusqu'à la mort. J'ai donné, l'année dernière, de mon pain à des paysans que la faim chassait dans la ville; j'ai pensé mille fois à vous, mais je ne croyais pas que vous fussiez aussi à plaindre, je me réjouissais tant de vous voir! et aujourd'hui que je vous vois, c'est dans la plus affreuse misère. Je n'ose lever les yeux sur vous. (*Marcel lui tend les bras et ils s'embrassent en pleu-*

rant amèrement. Après une courte pause :) Si encore je pouvais faire quelque chose pour vous soulager ! Voici tout ce que je possède. Je vous le donne avec des larmes, parce que je n'ai rien de plus à vous donner.

MARCEL. Que Dieu te le rende au centuple, mon cher fils! Nous avons là de quoi vivre deux jours!

GEORGES. Rien que deux jours ! Mais comment le seigneur peut-il être si impitoyable de vous faire vendre votre chaumière et de vous rendre mendiants pour trente écus? Ne pourrait-il pas prendre patience? Que gagne-t-il à perdre ses vassaux? Je ne crois pas qu'il en trouve de plus honnêtes que vous.

MARCEL. Voilà ce qui arrive lorsque les seigneurs ne viennent pas sur leurs terres. Nous n'avons pas vu M. le comte depuis que son père est mort. Il reste à la ville et laisse faire au bailli, qui ne fait que des mendiants. Il sentira trop tard qu'il aurait mieux valu pour lui venir voir de ses yeux si tout va comme on lui en fait le récit. Les autres seigneurs du voisinage vinrent l'année dernière dans leurs châteaux; ils virent la misère des paysans et les prirent dans leurs bras; mais le nôtre ne se met pas en peine de nous. Dieu me le pardonne ! il faut encore prier pour lui lorsqu'il nous écorche jusque par-dessus les oreilles. Le dernier terme est à demain : tu entendras comme le bailli sait crier; il doit venir aujourd'hui.

GEORGES. C'est bon; je lui parlerai. Je lui dirai à l'oreille deux mots qui le rendront peut-être plus traitable. On assure que le roi doit passer ici. S'il y vient, il faut que vous alliez lui parler vous-même et que vous lui représentiez votre état.

MARCEL. Moi, dis-tu, parler au roi? Je ne pourrais jamais lui lâcher un mot. Je serais comme une pierre en sa présence.

GEORGES. Ne craignez pas, il vous rendra bientôt la parole. J'étais une fois en sentinelle près de lui; il vint des paysans qui voulaient lui parler. Ils se regardaient les uns les autres et ne pouvaient ouvrir la bouche. « Que voulez-vous, mes enfants? » leur dit-il avec amitié. Ils lui donnèrent un écrit qu'il se mit à lire, et lorsqu'il l'eut achevé, il les questionna de manière à les mettre à leur aise. Ils commencèrent aussitôt à jaser avec autant de confiance que s'ils avaient parlé à leurs femmes. Il ne les quitta pas qu'ils n'eussent tout dit. Vous n'avez jamais vu son pareil de votre vie. Il y aurait de quoi s'épuiser à dire sa louange.

MARCEL. Que me dis-tu?

GEORGES. Croyez-moi. J'aimerais mieux avoir à lui parler qu'à plusieurs de nos sous-lieutenants.

MARCEL. Voilà ce qui s'appelle un roi.

GEORGES. Il ne peut pas y en avoir de meilleur. Savez-vous ce que je ferai, mon père? Je veux aller prier notre fourrier qu'il nous dresse un mémoire, et, quand vous devriez l'aller présenter à six lieues, ne vous laissez pas manquer cette consolation. Pourvu qu'il vienne seulement!

MARCEL. Et quelle serait ta pensée, mon fils?

GEORGES. Nous verrons demain; mais j'ai toujours ouï dire qu'il valait mieux avoir affaire aux grands qu'aux petits. Allons faire un tour dans le village.

(*Il prend Marcel par la main et sort avec lui.*)

ACTE DEUXIÈME.

SCÈNE PREMIERE.

GEORGES met le couvert, MARCEL avance des siéges, GENEVIÈVE essuie des assiettes de bois, FLUET, et ensuite LA TERREUR.

GENEVIÈVE. Nous n'avons que trois assiettes.

GEORGES. Cela ne fait rien pour manger.

FLUET, *tirant un couteau à gaîne.* Mais il faut que j'aie une assiette, moi.

GEORGES. Rien de plus juste. Vous en aurez une aussi.

FLUET, *d'un air mécontent.* Oui, de bois!

LA TERREUR, *portant un plat de soupe.* Si vous avez tant soit peu d'appétit, vous la trouverez excellente. Quand ceci sera gobé, j'ai encore autre chose à vous servir. (*Il sort.*)

MARCEL. Ce bon monsieur se donne bien de la peine.

GEORGES. Vous ne le connaissez pas, mon père; après le plaisir de se battre, il n'en a pas de plus grand que celui de faire la cuisine.

LA TERREUR *revient avec une terrine pleine de viande et de légumes.* Allons, asseyons-nous. (*On s'assied.*) Cela doit être exquis. Eh bien! est-ce qu'on n'ose pas y toucher? Il n'est point de bonne soupe sans cuiller, ai-je toujours entendu dire. Voici la mienne. (*Il tire une cuiller et un couteau.*)

MARCEL. Ah! je suis bien aise; car nous n'en avions que pour trois.

LA TERREUR, *à Fluet.* Eh bien! monsieur le cadet, comment vous trouvez-vous à présent? Vous êtes servi comme un prince, au moins.

FLUET, *d'un air dédaigneux.* Oh! oui. (*Ils mangent.*)

GENEVIÈVE, *à Marcel.* Voilà une excellente soupe, mon ami.

MARCEL. Il y a longtemps que nous n'avons rien mangé de si bon.

GEORGES. Tâchez de vous en bien régaler.

LA TERREUR. Ne vous contraignez pas, monsieur le cadet; léchez-vous-en les doigts.

FLUET. Si vous aviez ici des œufs frais?

LA TERREUR. Les poules n'ont pas pondu d'aujourd'hui dans le village, et la soupe saura bien descendre sans qu'on vous graisse le gosier.

GEORGES. Il faut vous accoutumer à cette cuisine. Vous en trouverez rarement de plus friande dans les marches.

GENEVIÈVE. Nous ne souhaiterions rien de meilleur pour toute notre vie; encore n'en demanderais-je pas tous les jours : seulement les dimanches.

GEORGES, *desservant le plat à soupe.* Maintenant, passons au ragoût.

LA TERREUR, *à Marcel.* Vous n'avez pas d'assiette, bon père?

GENEVIÈVE. Oh! ne vous inquiétez pas, nous mangerons dans la même.

LA TERREUR. Tenez, voici la mienne.

MARCEL. Non, non; que faites-vous? Et où mangeriez-vous donc?

LA TERREUR. Oh! je saurai bien m'en faire une. (*Il coupe un long morceau de pain, le retourne et met la viande dessus.*) Voyez-vous?

GEORGES *en fait de même.* S'il nous fallait attendre des assiettes pour nos repas....

LA TERREUR, *à Fluet qui le considère avec surprise.* Cela vous étonne? Vous verrez bien autre chose. Il faut voir un soldat dormir sur une pierre, les poings fermés.

GEORGES. Pourquoi ne mangez-vous pas, mon père?

MARCEL. Ah!

LA TERREUR. Qu'avez-vous donc à soupirer?

MARCEL. C'est que ce serait à moi de régaler mon fils; et je n'ai pas même un morceau de pain à lui offrir. Il faut que je le nourrisse aux dépens d'un autre. Cela me fait de la peine.

LA TERREUR. Bon! il n'y faut pas penser.

GENEVIÈVE. Lorsque les enfants retournent chez leurs pères, c'est pour en recevoir des bienfaits; et toi, quand tu viens nous retrouver après dix ans, c'est pour nous voir à ta charge et à celle de tes amis

GEORGES. Ma mère, ne vous faites pas ces reproches, ou je ne pourrai plus rien manger.

LA TERREUR. Attends, camarade, j'y sais un remède. (*Il prend une tasse et boit; il la remplit de nouveau et la présente à Marcel.*) Vous pouvez en boire en sûreté. Allons, bon papa; ensuite vous, la mère, et puis votre fils. Ne pensez plus au chagrin; ne songeons qu'à nous goberger. Eh bien donc! lampez-moi ce nectar. Je souhaite que vous le trouviez aussi bon que moi.

MARCEL. Ma femme, joins ton cœur au mien. Que Dieu donne mille joies à notre bienfaiteur! (*Il boit.*)

GENEVIÈVE. Et qu'il donne à notre fils, dans sa vieillesse, des jours plus heureux que les nôtres! (*Elle laisse tomber quelques larmes.*)

LA TERREUR, *lui versant à boire.* Que signifie cela de pleurer? Vous allez gâter tout notre régal.

GENEVIÈVE, *après avoir bu, donne la tasse à Georges.* Tiens, mon fils. (*A la Terreur.*) Que Dieu vous paye ce vin! il m'a tout réjoui le cœur.

LA TERREUR. Bon! j'en suis bien aise. Mangez encore un morceau, vous le trouverez cent fois meilleur après. (*Il verse à boire à Georges.*)

GEORGES, *à la Terreur.* Camarade, jusqu'à ma revanche. En attendant, je te remercie de tout le bien que tu fais aujourd'hui à mes parents.

LA TERREUR. Palsambleu! vous m'allez donner de l'orgueil. Vous buvez tous à moi comme si j'avais gagné une bataille.

MARCEL. Vous le méritez bien aussi. Vous n'avez rien de trop, et, par amitié pour mon fils, vous nous servez un si bon repas!

GENEVIÈVE. Un hypocrite ne peut faire moins que de remercier de la bouche; mais nous, c'est du fond du cœur, aussi vrai qu'il n'y a qu'un Dieu et que nous sommes pauvres.

LA TERREUR. Oh! je le crois, je le crois. Mais qu'ai-je donc fait de si merveilleux? Ah! si je pouvais vous tirer entièrement de peine, voilà ce qui me rendrait fier; mais, pour cette bagatelle, qu'il n'en soit plus question, je vous prie. (*Il verse à boire à Fluet.*) Tenez, je gage que vous n'avez jamais trouvé le vin si bon de toute votre vie.

FLUET, *après avoir bu.* Oui, pas mauvais.

LA TERREUR. Vous en parlez bien froidement, monsieur le cadet. Que direz-vous, après cela, de ma casserole? Il m'a semblé voir cependant que vous y avez fait honneur.

FLUET. Je n'imaginais pas y trouver tant de goût.

LA TERREUR. J'en étais sûr. Nous verrons, quand ce sera votre tour, si vous saurez vous en tirer aussi bien.

FLUET. Oui-da! vous pensez que j'irai vous faire la cuisine?

LA TERREUR. Pourquoi non? Je la fais bien, moi. Je vous prendrai à mon école.

FLUET. Est-ce que c'est du métier d'un soldat?

LA TERREUR. Comme s'il était rien qui n'en fût! Il faut qu'un soldat soit tout au monde, cuisinier, tailleur, médecin, forgeron, tout enfin. (*On entend frapper à la porte.*)

GENEVIÈVE. O mon Dieu! qui est-ce donc qui nous arrive encore?

GEORGES. Ne craignez rien, ma mère, c'est qu'on vient faire la visite.

SCÈNE II.

MARCEL, GENEVIÈVE, GEORGES, FLUET, LA TERREUR, un CAPITAINE, un FOURRIER.

LE FOURRIER, *avec des tablettes à la main.* Combien êtes-vous ici?

GEORGES, *en se levant.* Trois. (*Tout le monde se lève.*)

LE CAPITAINE. C'est bon, restez assis, enfants, restez assis. Et vous aussi, bonnes gens, remettez-vous ; point de cérémonies. Je suis charmé du calme et de la cordialité qui règnent dans votre maison. Avez-vous des plaintes à faire contre vos soldats?

MARCEL. Oh! non, monsieur, pourvu qu'ils n'en aient pas contre nous.

LE CAPITAINE, *à Georges.* Êtes-vous content de vos hôtes?

GEORGES. Mon capitaine, je suis chez mon père; c'est à mes camarades de répondre.

LA TERREUR. Nous avons tout ce qu'il nous faut.

LE CAPITAINE, *se tournant vers Marcel.* Quoi! c'est votre fils? Vous avez là un si bon sujet que vous devez être aussi un honnête homme.

MARCEL. Hélas! monsieur, c'est toute ma richesse.

LE CAPITAINE. N'avez-vous pas de la satisfaction de votre fils ?

MARCEL. Oh ! si ses supérieurs pouvaient en être aussi contents !

GENEVIÈVE. Il a toujours été près de nous un brave garçon. Il nous a obéi au moindre signe ; et celui qui est soumis à ses parents doit l'être aussi à ses supérieurs.

LE CAPITAINE. Je puis vous le dire, il est aimé de tout le régiment. Ses officiers l'estiment et ses camarades donneraient leur vie pour lui. C'est la première fois qu'il entend son éloge de ma bouche ; mais je ne puis le taire dans une pareille occasion. Le bon témoignage qu'on rend d'un enfant est la plus grande récompense des pères, et la joie des pères est pour les enfants l'encouragement le plus fort à persister dans le bien. (*Il regarde autour de lui.*) Je crois que votre situation n'est pas des plus heureuses ; mais vous êtes riches dans votre fils. Il fait honte à ceux dont l'éducation a ruiné leurs familles. Vous n'avez pas encore goûté toute la joie qu'il peut vous donner. Si vous vivez de longues années, il sera le soutien de votre vieillesse.

GEORGES. Je vous remercie, mon capitaine, de m'avoir réservé cette louange pour l'oreille de mes parents. Je me comporterai de manière qu'ils n'auront jamais rien à perdre de la joie que vous leur causez.

LE CAPITAINE. Vous n'avez qu'à vous conduire comme vous avez fait jusqu'à ce jour.

MARCEL. Oh! monsieur, le cœur me fond de plaisir.

GENEVIÈVE. Je serais encore bien plus heureuse si vous le laissiez auprès de nous. Ne pourriez-vous pas arranger cela, monsieur le capitaine?

MARCEL. Que demandes-tu là, ma femme? Veux-tu qu'il meure de faim à notre côté? (*En montrant La Terreur au capitaine.*) C'est monsieur qui a bien voulu payer ce repas; autrement nous n'aurions rien trouvé sur notre table. La mauvaise récolte nous a entièrement ruinés; et puis monseigneur le comte....

LE CAPITAINE. C'est un homme sans cœur; je le connais. Il se livre aux plus affreuses débauches dans la capitale, et il laisse ses vassaux mourir de faim. Je n'ai trouvé nulle part tant de misère que dans ses terres. Les gens les plus riches (et c'est beaucoup dire) blâment son insensibilité. Consolez-vous, bon vieillard, vous trouverez bientôt des ressources, et l'on vous estimera plus que lui. Tenez, voici quelques légers secours. (*Il jette une pièce d'or sur la table.*) Plût à Dieu que j'eusse tout l'argent qu'il prodigue à ses vices! je ferais mon bonheur de vous enrichir. Mais je ne vis que de ma paye, et je ne puis rien faire de mieux pour vous. Georges, voilà ce que tu as mérité à tes parents par la bonne conduite. Retenez bien cela, monsieur le cadet. C'est le plus beau compliment qu'on puisse faire à un homme.

GEORGES. Ah! mon capitaine, si vous saviez de quel prix ce présent est pour nous dans ce moment! Non, de toute ma vie je ne pourrai m'acquitter envers vous.

MARCEL. Il n'est que Dieu qui puisse vous en payer.

GENEVIÈVE. Qu'il vous accorde une longue vie! Quand j'aurais dix enfants, je vous les donnerais tous avec joie.

LE CAPITAINE. Bonne femme! vous me rendez bien largement ce que je fais pour vous. Un enfant est d'un prix inestimable aux yeux de sa mère, et vous m'en donneriez dix! Si votre indigne seigneur pouvait connaître la volupté de la bienfaisance, combien il pourrait rendre ses plaisirs dignes d'envie! Mais j'interromps votre dîner. Continuez, je vous prie. Adieu; je vous verrai encore avant de partir. (*Il sort.*)

LE FOURRIER, *à Fluet.* La garde va bientôt se relever; tenez-vous prêt. (*Il sort.*)

SCÈNE III.

MARCEL, GENEVIÈVE, GEORGES, FLUET, LA TERREUR.

(Tous demeurent pendant quelque temps pensifs et immobiles, excepté Fluet, qui continue de manger.)

LA TERREUR, *se versant à boire.* Vive! vive notre capitaine!

GEORGES. Oh! oui, qu'il vive! c'est lui qui nous sauve de la mort.

MARCEL, *joignant les mains et les laissant tomber de surprise.* Il ne m'avait jamais vu, et il me donne la première fois une pièce d'or! Qui aurait attendu cela d'un étranger, quand ceux qui nous connaissent sont si impitoyables?

GENEVIÈVE. On dirait d'un prince. (*Elle regarde la pièce d'or qui est sur la table.*) Combien cela peut-il valoir, mon ami? Il faut qu'il y en ait pour bien de l'argent!

MARCEL, *en la serrant dans ses mains.* Bon Dieu! aurais-je pu croire que je me serais jamais vu tant de bien dans une seule pièce? T'y connais-tu, mon fils?

GEORGES. Non; elle est trop grande pour que j'en sache la valeur.

LA TERREUR. Elle doit valoir plus d'un louis; mais je ne sais pas au juste.

FLUET, *au premier coup d'œil qu'il jette.* C'est un louis double. Le peuple ne connaît pas cela.

LA TERREUR. Nous ne sommes pas nés au milieu de l'or comme vous. Cela vaut donc seize écus.

GENEVIÈVE. Seize écus! O mon cher homme! la moitié de notre dette! Pourvu que le bailli s'en contente en attendant!

MARCEL. J'espère qu'avec cet à-compte il nous donnera du répit.

GENEVIÈVE. Crois-tu? O mon Dieu! je serais bien contente de ne manger que du pain jusqu'à la moisson, si nous pouvions garder notre cabane.

GEORGES. Ne vous embarrassez pas, ma mère, j'y pourvoirai.

MARCEL. Nous craignions tant un logement de soldats! et ce sont des soldats qui sont nos anges! Que Dieu soit loué pour ce repas, et pour les secours qu'il nous a envoyés! (*Tous se lèvent.*)

FLUET. Il faut que j'aille à la garde maintenant.

LA TERREUR. Tenez, voilà vos armes. (*Il lui décroche sa giberne et le charge de son bagage. Fluet sort.*) A présent, je vais remettre les choses comme je les ai trouvées. (*Il veut desservir la table.*)

GENEVIÈVE, *lui retenant le bras.* Oui, ce serait bien à moi de vous laisser faire! Reposez-vous, je vais tout arranger. N'est-ce pas assez que vous ayez fait la cuisine?

LA TERREUR. Non, non, c'est encore de mon emploi. Je veux que vous parliez toute votre vie du jour où j'ai été en quartier chez vous.

MARCEL, à *La Terreur.* Mon cher monsieur, que je boive encore une fois. Je trouverai le vin meilleur que tout à l'heure, à présent que j'ai de l'or dans ma poche.

LA TERREUR. Buvez, buvez, bonhomme. Il n'y a jamais rien à laisser dans une bouteille. (*En frappant sur son ventre.*) Ceci est notre meilleur buffet. Il faut suivre le commandement qui dit de ne pas s'inquiéter du lendemain. (*Georges pousse la table. La Terreur lève la nappe et emporte les plats et les assiettes dans l'autre chambre.*)

GENEVIÈVE. Je ne suis plus étonnée que les femmes aiment tant les soldats. Il n'y a point de meilleurs maris ; ils font toute la besogne. Il faut que je le suive, autrement il se mettrait à laver les assiettes. (*Prête à sortir, elle se retourne au bruit que fait Thomas en entrant.*) Ah ! voici notre frère. Voyons s'il reconnaîtra son neveu.

SCÈNE IV.

MARCEL, GENEVIÈVE, GEORGES, THOMAS.

GENEVIÈVE, à *Thomas.* Tiens, regarde ce joli garçon. Ne va pas le prendre pour un simple soldat, au moins. (*A Georges.*) Et toi, le reconnais-tu ? C'est ton oncle Thomas.

GEORGES, *s'avançant vers lui*. Que je vous embrasse, mon cher oncle.

THOMAS, *étonné*. Moi, ton oncle? Mais.... mais...: mais oui, c'est lui-même. Eh! sois le bienvenu, mon neveu. (*Il l'embrasse.*) On n'a pas besoin de te demander comment tu te portes.

GEORGES. Je souhaite que vous vous portiez aussi bien que moi.

GENEVIÈVE. Et si tu savais tout ce qu'en dit son capitaine! Pourquoi ne puis-je rester ici pour te conter tout cela? Mais il faut que j'aille de l'autre côté, car notre cuisinier m'arrangerait toute la maison.

SCÈNE V.

MARCEL, THOMAS, GEORGES.

THOMAS. Mon cher neveu, je me réjouis de tout mon cœur de te voir. Cependant tu ne pouvais venir dans un temps plus malheureux. Nous sommes aussi pauvres que si le pays avait été mis au pillage.

MARCEL. Et notre méchant bailli qui achève encore de nous sucer le peu de sang qui nous reste!

GEORGES. Il n'a plus de mal à vous faire. Vous pouvez lui payer la moitié de votre dette, et il faudra bien qu'il attende pour le reste. N'y pensons plus, je vous prie.

MARCEL, *montrant le double louis à Thomas.* Tiens, mon frère, vois ce que mon fils m'a procuré.

THOMAS, *à Marcel.* Que dis-tu? (*A Georges.*) Est-ce de tes épargnes, ou de quelque butin?

GEORGES. De l'un ni de l'autre. Mon capitaine en a fait présent à mon père.

MARCEL. C'est toujours à mon fils que j'en ai l'obligation. Le capitaine ne me l'a donné qu'à cause de sa bonne conduite.

THOMAS. Je m'en réjouis d'autant plus : car, pour épargner, on doit se refuser bien des choses; et pour ce qui est du butin, nommez-le comme vous voudrez, messieurs les soldats, c'est toujours de vilain argent qui ne doit jamais profiter.

GEORGES. J'ai toujours pensé de même. Je n'ai jamais rapporté rien d'une campagne; mais ceux qui ont commis pillage sur pillage n'en ont pas conservé plus que moi. Encore ont-ils passé la moitié de leur temps en prison, pour avoir fait la débauche, au lieu qu'il n'y a jamais eu de plainte sur mon compte.

THOMAS. Je le crois, mon ami. Ta famille est pleine d'honnêtes gens ; tu ne voudrais pas être tout seul un vaurien. Si nous sommes pauvres, nous avons la paix de Dieu, qui vaut toutes les richesses.

MARCEL. Aussi ne demanderais-je plus rien au Seigneur, si le bailli....

THOMAS. Doucement. Le voici qui vient.

SCÈNE VI.

MARCEL, THOMAS, GEORGES, LE BAILLI.

LE BAILLI. Eh bien! Marcel, c'est demain le dernier jour de grâce. Songe à me payer, ou ta cabane est vendue. J'ai déjà trouvé des acheteurs.

MARCEL. Mon cher monsieur, je ne puis vous en payer que la moitié. Encore n'aurais-je pu le faire, si le capitaine de mon fils n'était venu à mon secours. Ayez la bonté d'attendre pour le reste jusqu'à la moisson. Si nous avons une bonne récolte, vous savez que je ne serai pas content que je n'aie satisfait à ce que je vous dois. Prenez un peu de patience. Si ce n'est pas pour moi, que ce soit en considération de mon fils. Il sert son prince, et il ne peut m'aider dans mon travail. Voulez-vous qu'il ne trouve pas une seule pierre de l'héritage de son père, lorsqu'il ne sera plus soldat? Considérez que cela crie vengeance au ciel, de prendre les pauvres gens par la misère pour achever leur ruine.

LE BAILLI. Ce n'est pas la faute de monseigneur si vous êtes misérables.

MARCEL. Il est vrai ; mais est-ce la nôtre ? Est-ce pour avoir été paresseux ou débauchés ? Qui peut se défendre de la rigueur du temps ? Mille autres ne sont-ils pas comme nous ? S'il y avait de ma négligence, je n'oserais dire un seul mot. Mais tout cela vient de l'ordre du ciel. Un homme ne mérite-t-il donc aucune pitié ?

LE BAILLI. Bon, voilà comme vous êtes ; plus on fait pour vous, et plus vous demandez. M. le comte ne vous a-t-il pas accordé toute une année ? Ne vous a-t-il pas généreusement prêté les semailles ? Vous n'auriez pu mettre un grain dans la terre sans lui : et maintenant il est impitoyable de vous demander ses avances ? Est-il obligé de vous faire des présents ?

MARCEL. Ce n'est pas ce que nous demandons. Qu'il ait seulement la bonté d'attendre que nous puissions le payer. Recevez toujours ceci à compte, et parlez pour nous à son cœur. Vous attirerez sur lui et sur vous les récompenses d'un Dieu de miséricorde.

LE BAILLI. Oui, je n'ai qu'à lui représenter de se laisser encore conduire par le nez une autre année. C'est de quoi je ne m'aviserai point. Il faut que j'aie toute ma somme, ou je vous fais déguerpir.

GEORGES. Un peu de commisération, monsieur le bailli, je vous en conjure. Pensez que d'une seule parole vous pouvez faire le bonheur de mon père ou le rendre tout à fait malheureux. Si rien ne reste impuni dans ce monde, ce n'est pas une petite chose de réduire un honnête homme à la mendicité.

LE BAILLI. Occupez-vous de votre mousquet, et non pas de ce que j'ai à faire.

GEORGES. Mon mousquet appartient au roi, et j'en aurai soin sans votre leçon. Quand le roi serait devant nous, il ne trouverait pas mauvais que je parlasse pour mes parents ; et cependant, de vous à lui, il y a, je crois, une différence.

LE BAILLI. Monsieur le soldat, vous pouvez avoir fait des campagnes, mais souvenez-vous que vous ne parlez pas ici à un bailli de terre conquise.

GEORGES. Je n'ai parlé à aucun comme je vous parlerais, connaissant votre naturel, si je vous trouvais en pays ennemi.

LE BAILLI. Vous n'aurez pas cette satisfaction.

THOMAS. Monsieur le bailli, excusez la brusquerie d'un soldat.

LE BAILLI. Je saurai lui répondre. Taisez-vous seulement. Vous n'êtes pas trop bien vous-même sur mes papiers.

GEORGES. Je le crois : tous les honnêtes gens sont dans le même cas auprès de vous.

SCÈNE VII.

MARCEL, GENEVIÈVE, THOMAS, GEORGES, LE BAILLI.

LE BAILLI. Qu'entendez-vous par là ?

MARCEL. Je vous en prie au nom de Dieu, monsieur le bailli.

GENEVIÈVE. Prenez en attendant tout ce que nous pouvons vous donner. Nous vendrions notre sang pour vous payer la somme entière.

LE BAILLI. Je le crois bien, si vous aimez votre cabane ; car dès demain vous pourrez aller voyager.

GENEVIÈVE. Non, vous n'aurez point cette barbarie. Épargnez notre misère, je vous en conjure à genoux.

LE BAILLI. Toutes vos prières sont inutiles.

GENEVIÈVE. N'avez-vous donc pas une goutte de sang humain dans les veines? Nous avons travaillé avec honneur pendant une longue vie, et, sur nos vieux jours, vous nous rendez mendiants !

MARCEL. Nous ne sommes pas loin de la moisson, et ma cabane ne dépérira pas jusqu'à ce temps-là.

LE BAILLI. Qu'en savez-vous? Elle peut brûler dans l'intervalle.

MARCEL. Mais j'aurais toujours payé la moitié.

le bailli. Il n'est pas en mon pouvoir de mieux faire. Il faut que j'exécute les ordres de monseigneur.

georges. Monseigneur ne vous a pas ordonné de ruiner, pour quatorze misérables écus, une famille de ses vassaux. Il vous paye pour faire prospérer ses affaires, et en cela vous ne gagnez pas vos gages. Vous chassez les honnêtes gens pour recevoir des vagabonds. Lorsque la terre ne porte pas de fruits, le seigneur ne peut exiger aucune redevance, et il est de son devoir, au contraire, de soutenir ses pauvres paysans. Faites-y bien réflexion, vous verrez qu'il ne dépend que de vous d'accommoder les choses. Remplissez, pour la première fois, votre devoir, et parlez en faveur de ceux qui vous font vivre. Il n'est qu'une manière de présenter notre situation, et monseigneur donnera son consentement à tout ce que vous ferez d'après votre conscience.

le bailli. Vous ne m'apprendrez pas mon devoir. Je n'ai que faire de vos conseils, je vous en préviens.

georges. Et vous, ne soyez pas si grossier envers moi, je vous en avertis.

le bailli. Vous ignorez ce qui peut vous en arriver. Je saurai bien vous apprendre à vivre.

georges. C'est vous qui en avez besoin, non pas moi.

LE BAILLI. Où prenez-vous la hardiesse de me parler de la sorte ?

LA TERREUR, *qui est rentré dans le cours de la scène.* Mettez-vous à sa place. Faut-il qu'il reste muet devant vous? Il est soldat; un soldat sait toujours ce qu'il doit dire, et mille fois mieux qu'un bailli. Vous osez, à sa barbe, vilipender son père, et vous voulez qu'il soit là debout comme une vieille femme qui n'a plus de souffle? Qui ne s'emporterait pas de voir ruiner sa famille par la méchanceté d'un homme de votre robe? On sait qu'un bailli ne demande qu'à faire vendre pour gagner ses frais. Il vous a parlé d'abord avec douceur, vous avez fait la sourde oreille. Il n'a plus qu'à vous dire vos vérités.

LE BAILLI. C'en est trop. (*A Marcel, d'un air furieux.*) Voulez-vous me payer ou non? Je vous le demande pour la dernière fois.

MARCEL. Je vous ai déjà dit que je ne le pouvais pas en entier.

GENEVIÈVE. Nous vous avons offert tout ce que nous possédons.

LA BAILLI. Tout ou rien. Vous entendrez parler de moi. (*Il veut sortir.*)

GEORGES, *le retenant.* Faites-y bien attention encore. Il vous en coûterait cher. Je puis donner un placet au roi. Je lui parlerai de la situation de mon père et de votre dureté. Il a ses droits sur les vassaux avant le seigneur, et il ne permettra pas qu'ils soient maltraités injustement.

LE BAILLI. Le roi n'a rien à voir dans nos affaires. Votre père doit à monseigneur, et monseigneur veut être payé.

Le bailli.

GEORGES. Que dites-vous? Le roi n'est-il pas le maître? et monseigneur n'est-il pas son sujet? Sachez que mon père vaut mieux que lui à ses yeux. Il travaille, et votre comte ne fait rien. Le roi ne peut souffrir les gens oisifs, parce qu'il sait s'occuper lui-même. Il saura mettre un frein aux méchants.

LE BAILLI. C'est ce que nous verrons ; mais, en attendant, je fais vendre la cabane et la terre. Vous me connaissez bien, pour m'effrayer de vos folles menaces ! Oui, le roi va s'amuser à écouter un homme comme vous !

GEORGES. Pourquoi non ? Il écoute tout le monde, et, si nous étions tous deux en sa présence, je suis sûr qu'il m'entendrait le premier.

LE BAILLI. Il vous sied vraiment de me comparer à un drôle de votre espèce !

GEORGES, *lui donnant un soufflet.* Vous avez dit cela à un soldat, et non à un paysan. Sors d'ici, vieux scélérat. J'ai regret à toutes les paroles que j'ai pu te dire. Il fallait commencer par où j'ai fini. (*Il le pousse avec violence hors de la cabane.*)

LE BAILLI, *en sortant.* Oh ! mille vengeances !

SCÈNE VIII.

MARCEL, GENEVIÈVE, THOMAS, GEORGES, LA TERREUR.

GENEVIÈVE. Mon fils, mon cher fils, qu'as-tu fait ?
MARCEL. Nous sommes perdus.
GEORGES. Ne vous inquiétez pas ; vos affaires n'en sont pas empirées d'un fétu. Quand nous l'aurions

prié tout un siècle avec des ruisseaux de larmes, il n'aurait pas démordu de son opiniâtreté. Il a l'âme d'un démon dans le corps. C'est la première fois que j'ai frappé un homme; mais jamais homme ne m'avait donné le nom d'un drôle. Serais-je un soldat si je l'avais souffert?

LA TERREUR. Si tu ne lui avais pas donné ce soufflet, tu en allais recevoir un de moi.

MARCEL. Qui sait ce qu'il va nous en coûter?

GEORGES. Quoi! pour m'être vengé d'une insulte?

GENEVIÈVE. Sûrement, mon fils; avec tout cela, c'est un bailli.

LA TERREUR. Bah! ce n'est pas le premier bailli souffleté par des soldats. Je crois que c'est un effet de sympathie, qu'un soldat ne peut voir un fripon sans lui donner sur les oreilles.

GENEVIÈVE. Je ne puis croire qu'il ne se fût laissé à la fin attendrir.

GEORGES. Non, ma mère, jamais.

GENEVIÈVE, *à Marcel*. Qu'en penses-tu, mon ami? ne faudrait-il pas le suivre?

GEORGES. Ce serait inutile, j'en suis sûr. Vous allez vous exposer encore à des duretés.

MARCEL. Cela peut être; mais au moins je ne veux pas avoir de reproches à me faire. Viens, ma femme.

GEORGES. Restez ici, je vous en conjure. Vous perdriez vos pas et vos paroles.

GENEVIÈVE. Non, mon fils, laisse-nous aller; cela ne gâtera rien.

GEORGES. Eh bien! faites comme vous l'entendez. Si vous reveniez contents, j'irais baiser ses pieds; mais vous allez voir. Combien je voudrais m'être trompé!

MARCEL. Viens, ma femme, essayons ce dernier moyen. S'il ne réussit pas, que la volonté de Dieu s'accomplisse!

GENEVIÈVE. Puisque Dieu nous laisse la vie, il ne nous laissera pas mourir de faim. (*Elle sort avec Marcel.*)

LA TERREUR. Ta mère est une femme qui a ses consolations toutes prêtes. Je vais voir, de mon côté, ce qu'il y a à faire avec nos camarades. (*Il sort.*)

SCÈNE IX.

THOMAS, GEORGES.

GEORGES. O Dieu! n'aurais-je fait qu'enfoncer mes parents plus avant dans la peine? Si je pouvais, au prix de mon sang, les secourir!

THOMAS. C'est de l'argent qu'il leur faudrait, et tu n'en as pas à leur donner, ni moi non plus. Il ne tenait cependant qu'à eux d'en avoir la semaine dernière; mais ils n'en ont pas voulu, et ils ont bien fait. C'est une chose affreuse de tremper ses mains dans le sang de son semblable !

GEORGES. Et comment donc, mon oncle?

THOMAS. Ils trouvèrent un déserteur couché sur le ventre dans un fossé. Ils firent semblant de ne pas le voir. Ils auraient pourtant gagné vingt écus à l'aller dénoncer au bailli.

GEORGES. Que dites-vous ?

THOMAS. Le forgeron du village ne fut pas si scrupuleux, et il gagna la récompense.

GEORGES, *avec un mouvement de joie*. O mon oncle ! je puis sauver mon père ; mais il me faut votre secours. Puis-je compter sur vous ?

THOMAS. En tout, mon ami. Que faut-il faire ?

GEORGES. Agir, et garder un secret. Me le promettez-vous ?

THOMAS. Cela n'est pas difficile.

GEORGES. Mais savez-vous tenir votre parole ?

THOMAS. Comme tu me parles !

GEORGES. Quelque chose qui puisse en arriver ?

THOMAS. Pourvu qu'il n'y ait pas de mal, s'entend.

GEORGES. Personne n'aura à s'en plaindre !

THOMAS. Eh bien ! tu n'as qu'à parler.

GEORGES. Écoutez-moi donc.... Mais si vous alliez me trahir ?

THOMAS. Il faut que ce soit une chose bien extraordinaire.

GEORGES. Cela peut être ; mais il n'y a rien de mal pour vous.

THOMAS. Qu'est-ce donc enfin ?

GEORGES. Je déserte ce soir ; vous irez me déclarer : il vous en reviendra vingt écus ; et je paye la dette de mon père.

THOMAS. Et il n'y a pas de mal, me disais-tu ? Fou que tu es ! J'irai te conduire au gibet, moi, ton oncle !

GEORGES. Que parlez-vous de gibet ? Un soldat n'est jamais puni de mort la première fois qu'il déserte, à moins qu'il n'ait quitté son poste ou fait un complot.

THOMAS. Oui, mais il passe par les verges jusqu'à rester sur la place.

GEORGES. Je n'ai pas à le craindre. Je suis aimé dans le régiment : mes camarades sauront me ménager.

THOMAS. Non, mon ami, cela ne peut pas être. Ne tromperions-nous pas le roi ?

GEORGES, *en pleurant*. Le roi ? Ah ! il ne saurait m'en vouloir. S'il connaissait ma situation, il viendrait m'apporter l'argent lui-même.

THOMAS. Mais si ton père le savait ?...

GEORGES. D'où le saurait-il, si nous gardons notre secret à nous deux ? Je ne mourrai pas pour cela. J'ai si souvent hasardé ma vie pour le roi ! je puis bien la hasarder pour mon père qui me l'a donnée.

Songez qu'il est votre frère et que nous le sauvons de la mendicité, peut-être de la mort.

THOMAS. C'est le diable qui m'a retenu ici; je ne sais quel parti prendre.

GEORGES. Vous m'avez donné votre parole; voulez-vous la fausser? Je déserterai toujours dans mon désespoir, et mon père n'y gagnera rien. Ne me refusez pas, ou vous n'avez jamais aimé votre famille.

THOMAS. Tu me tiens le couteau sur la gorge comme un assassin. (*Il reste en suspens.*)

GEORGES. Décidez-vous tout de suite; le temps presse.

THOMAS. Mais si tu me trompais! si tu allais mourir!

GEORGES. Il n'y a pas à le craindre. Je sais souffrir. A chaque coup, je penserai à mon père, et je supporterai la douleur.

THOMAS. Eh bien! je fais ce que tu veux. Mais s'il en arrive autrement....

GEORGES. Que voulez-vous qu'il en arrive? Embrassons-nous, et gardez-moi le secret. On fera l'appel ce soir, à six heures; si je ne m'y trouve pas, je serai tenu pour déserteur. Vous me conduirez alors au colonel, et vous direz que vous m'avez surpris fuyant dans la forêt.

THOMAS. C'est la première tromperie que j'aurai faite de ma vie.

GEORGES. Ne vous la reprochez pas, mon oncle;

elle nous vaudra à tous deux des bénédictions. Embrassons-nous encore, et allons rejoindre mon père. Mais, je vous en conjure, ne laissez rien remarquer. S'il peut y avoir quelque mal, Dieu me le pardonnera sans doute. Que ne doit pas supporter un bon fils pour sauver ses parents? (*Ils sortent.*)

ACTE TROISIÈME.

La scène se passe dans la prison du château.

SCÈNE PREMIÈRE.

BRAS-CROISÉS, soldat, et le PRÉVOT du régiment.

(On entend dans le lointain un bruit de musique militaire.)

BRAS-CROISÉS, *se réveillant*. Que le diable emporte ces maudits tambours! Je me suis fait mettre au cachot pour dormir à mon aise, et voilà une aubade qui vient me réveiller. (*Il prête l'oreille.*) Mais quoi! n'est-ce pas une exécution?

LE PRÉVÔT. Tu ne sais donc pas le malheur du pauvre Georges?

BRAS-CROISÉS. De Georges, dis-tu? cela n'est pas possible.

LE PRÉVÔT. Cela n'est pourtant que trop vrai. Il a déserté hier au soir.

BRAS-CROISÉS. Lui? le plus brave soldat de la compagnie! Il y a longtemps que je ne fais que passer et repasser le guichet, je ne l'ai jamais vu une seule fois en prison.

LE PRÉVÔT. Il n'est personne qui ne soit étonné de cette aventure. Quand on l'a rapportée au colonel, il n'a jamais voulu le croire. Tout le régiment en est resté confondu. Les grenadiers sont allés demander sa grâce au conseil de guerre; mais il l'a refusée pour l'exemple. On n'a pu obtenir qu'une modération de la peine, et il en sera quitte pour faire un tour par les verges. Cela doit être fini à présent. (*On frappe à la porte.*)

LE PRÉVÔT. Qui est là?

LA TERREUR, *du dehors*. Ami! La Terreur. (*Le prévôt ouvre la porte. La Terreur entre en sanglotant.*)

SCÈNE II.

LE PRÉVOT, BRAS-CROISÉS, LA TERREUR.

LA TERREUR. O bonté divine! mon pauvre Georges!

LE PRÉVÔT. Eh bien! comment se trouve-t-il?

LA TERREUR. Il a supporté ses souffrances en héros. Il ne lui est pas échappé un seul cri, une seule plainte. Ah! si j'avais pu lui sauver la moitié du supplice! sur ma vie, je l'aurais fait d'un grand cœur. Le voici qui vient.

SCÈNE III.

LE PRÉVOT, BRAS-CROISÉS, LA TERREUR, GEORGES, un SERGENT qui le conduit.

GEORGES, *sur le seuil de la porte, levant les yeux et les mains vers le ciel.* Dieu soit loué! Tout est fini, et mon père est sauvé.

LE SERGENT, *à part, dans la surprise où le jettent ces paroles.* Que veut-il dire par là?

LA TERREUR, *se précipitant au cou de Georges et le baignant de ses larmes.* O mon ami! que je te plains!

GEORGES. Ne pleure pas, camarade; je suis plus heureux que tu ne penses.

LE SERGENT. Voulez-vous un chirurgien?

GEORGES. Non, mon sergent, cela n'est pas nécessaire.

LE SERGENT, *à part, en branlant la tête.* Il faut que j'aille instruire de tout ceci mon capitaine. (*Il sort.*)

LA TERREUR, *présentant à Georges un verre d'eau-de-vie.* Tiens, camarade, voilà pour te restaurer.

GEORGES, *en lui serrant la main.* Je te remercie. (*Il boit.*)

LA TERREUR. Mais dis-moi donc, quelle folie t'a passé par la tête?

GEORGES. J'ai du regret de te le cacher; mais je ne puis te le dire. Il faut que mon secret meure dans mon cœur.

SCÈNE IV.

LE PRÉVOT, BRAS-CROISÉS, LA TERREUR, GEORGES, THOMAS.

THOMAS, *à Georges.* Te voilà bien satisfait, n'est-il pas vrai, de la vilaine action que tu m'as fait commettre? Georges, c'est indigne à toi.

LA TERREUR. Doucement, doucement, ne le tourmentez pas; il a besoin de repos. Un homme n'est pas toujours le même!

THOMAS. Je ne le sais que trop. Je ne conçois plus rien à lui ni à moi.

GEORGES. Mon oncle, modérez-vous, je vous prie. (*Bas.*) Vous allez détruire tout notre ouvrage.

THOMAS. Oh! il n'en faut plus parler. Tout est perdu.

GEORGES, *étonné.* Comment donc? (*Aux soldats.*) Éloignez-vous un peu, mes amis, je vous en conjure.

THOMAS. Ton père ne veut plus me voir, pour l'avoir dénoncé et en avoir reçu de l'argent. Quand j'ai voulu le forcer de le prendre, il l'a rejeté avec horreur, en s'écriant : « Que Dieu m'en préserve!

A chaque denier je vois pendre une goutte du sang de mon fils. » Que veux-tu maintenant que je fasse? je suis furieux contre toi. Tout le village va me détester; on croira que c'est le démon de l'avarice qui me possède. Il n'y aura pas d'enfant qui ne me jette la pierre.

GEORGES. Soyez tranquille, mon oncle, tout s'arrangera : le plus difficile est passé. Faites seulement que mon père vienne me voir.

THOMAS. Comment veux-tu que je l'aborde à présent? Mais quoi! le voici qui vient avec ta mère.

SCÈNE V.

LE PRÉVOT, BRAS-CROISÉS, LA TERREUR, GEORGES, THOMAS, MARCEL, GENEVIÈVE.

GENEVIÈVE, *aux soldats*. Où est-il, messieurs? je veux voir mon fils.

LA TERREUR. Passez, bonne mère, passez.

GENEVIÈVE, *courant à Georges*. O mon cher fils, qu'as-tu fait? Comment as-tu pu nous donner cette douleur?

MARCEL, *d'un air sévère*. Te voilà, malheureux! Toute la joie que tu m'avais donnée, tu la tournes toi-même en amertume. Tu faisais la gloire de tes parents; tu en fais la honte aujourd'hui. Je suis venu te voir pour la dernière fois.

GEORGES. Mon père, pardonnez-moi, je vous prie. J'ai subi ma peine.

MARCEL. Tu l'as subie pour ta trahison envers ton roi, mais non pour ton crime envers nous, que tu déshonores dans notre vieillesse. Après soixante années de probité, je croyais mourir dans l'honneur, et c'est toi qui me couvres d'infamies. Mais non, nous ne tenons plus l'un à l'autre : je te renonce pour mon fils.

GEORGES. Mon père, vous êtes trop cruel envers moi Je ne mérite pas votre malédiction. Dieu m'en est témoin, je ne suis pas indigne de vous.

THOMAS, *à part*. Quel martyre de ne pouvoir parler! (*Marcel s'éloigne.*)

GEORGES, *le suivant*. Mon père, vous me quittez sans que je vous embrasse! Oh! restez encore un moment! (*A Geneviève.*) Et vous, ma mère, serez-vous aussi dure envers moi?

GENEVIÈVE. O mon fils! que puis-je faire?

MARCEL. Ne le nomme pas ton fils, il ne l'est plus.

GENEVIÈVE. Mon homme, pardonnez-lui; c'est toujours notre enfant.

THOMAS. Oui, mon frère, laisse-toi toucher par son désespoir.

MARCEL. Tais-toi; tu ne vaux pas mieux que lui, toi qui vends à prix d'or le sang de ta famille. Ne me nomme pas plus ton frère que lui son père : je ne vous suis plus rien.

GENEVIÈVE, *qui, pendant cet intervalle, s'est entretenue avec Georges.* Mon homme, il me fait de bonnes promesses; ne nous arrache pas le cœur à tous deux. Mon enfant est la seule chose qui me reste, et je ne pourrais pas l'aimer! je ne pourrais plus te parler de lui! Veux-tu que je meure à tes yeux?

MARCEL. Tais-toi, femme, et suis-moi. (*Il veut sortir.*)

LA TERREUR, *le retenant.* Bonhomme, c'en est assez. Vous avez bien fait de décharger votre colère; mais, puisque le roi le reprend, ne le reprendrez-vous pas aussi? Donnez, donnez-lui votre main. Croyez-vous que je lui resterais attaché s'il ne le méritait pas?

LE PRÉVÔT. Vieillard, vous êtes un brave homme. Si tous les hommes tenaient ainsi leurs enfants en respect, je n'aurais pas tant de besogne. Mais souffrez que je vous prie aussi pour votre fils.

GENEVIÈVE. Vois-tu, mon ami? Comme ces messieurs disent, ils ne lui resteraient pas attachés, s'il ne le méritait. Ne sois pas plus impitoyable envers lui que des étrangers. (*Geneviève et La Terreur prennent Marcel par la main et veulent l'entraîner vers son fils.*)

SCÈNE VI.

LE PRÉVOT, BRAS-CROISÉS, LA TERREUR, GEORGES, MARCEL, GENEVIÈVE, THOMAS, LE CAPITAINE, LE SERGENT, FLUET.

MARCEL. Attendez, je veux d'abord parler à son capitaine. (*Au capitaine.*) Ah! monsieur! n'avez-vous pas de regret d'avoir hier donné tant de louanges à mon vaurien de fils? Il me porte sous terre par ce coup-là.

LE CAPITAINE. Il avait mérité ce que je lui disais de flatteur. Véritablement je n'aurais pas imaginé que mes éloges eussent produit un si mauvais effet. (*A Georges.*) Mais, dis-moi, qui t'a porté à cette action? Tu dois avoir eu quelque motif extraordinaire. Ouvre-moi ton cœur, quelque chose qu'il en soit. Tu as subi ta peine, et il ne t'en arrivera rien de plus fâcheux.

GEORGES. Mon capitaine, ne me retirez pas vos bontés, je vous prie. Je chercherai à m'en rendre plus digne.

LE CAPITAINE. A condition que tu me dises la vérité; car, que tu aies déserté par la crainte des suites de ton affaire avec le bailli, ni moi ni personne nous ne pouvons le croire.

GEORGES. Il n'y a pourtant pas d'autre raison, mon

capitaine. Vous savez que je n'ai jamais eu de querelle et la moindre faute paraît toujours énorme, lorsqu'on n'a pas l'habitude d'en commettre. J'en étais si troublé, que j'ai perdu toute réflexion. Et puis la situation déplorable de mon père achevait d'égarer mes esprits.

LE CAPITAINE. Que signifiaient donc ces paroles : « Dieu soit loué, tout est fini, et mon père est sauvé ! » (*Georges paraît saisi d'étonnement, ainsi que Marcel et Geneviève.*)

MARCEL. Est-ce qu'il disait cela ? Dieu me le pardonne, le diable aura tourné sa tête.

GEORGES, *en soupirant.* Je ne me souviens pas de l'avoir dit.

LE SERGENT. Moi, je me souviens de vous l'avoir entendu dire en entrant ici.

GEORGES. Cela peut m'être échappé dans la douleur, sans savoir ce que je pensais.

LE CAPITAINE. Il faut pourtant que ces paroles aient eu quelque signification.

GEORGES, *dans un plus grand embarras.* Je ne sais que vous dire.

LE CAPITAINE, *lui prenant la main d'un air d'amitié.* Georges, ne cherche pas à m'en imposer ; cette désertion a une autre cause que ta querelle. Je suis offensé de ta dissimulation, et tu perds toute ma confiance. N'est-il pas vrai, c'est pour ton père....

GEORGES, *avec vivacité*. Que dites-vous, monsieur? Ah! gardez-vous de croire....

LE CAPITAINE. Tu ne vaux pas la peine que je m'inquiète de ton sort. Je ne veux pas en savoir davantage. Tu m'es plus indifférent que le dernier des hommes. Tu ne sais peut-être pas ce que tu perds à me taire la vérité.

THOMAS. Il faut que je la dise, moi.

GEORGES, *l'interrompant*. Mon oncle, qu'allez-vous faire? Voulez-vous nous rendre encore plus malheureux?

THOMAS, *au capitaine*. Je vais vous expliquer la chose; mais je crains que le mal n'en devienne plus grand.

LE CAPITAINE. Je t'en donne ma promesse, tu n'as rien à craindre.

THOMAS. Eh bien! c'est à cause de ses parents qu'il a déserté. Il a su m'engager, par de belles paroles, à l'aller dénoncer et recevoir vingt-quatre écus, pour que son père les employât à payer ses dettes. Mais celui-ci ne veut entendre parler ni de l'argent ni de son fils. Débarrassez-moi, monsieur, de cet argent, que je ne puis garder, et tâchez que mon frère profite au moins de ce que ce brave enfant a voulu faire pour lui. La chose s'est passée comme je la raconte. (*Tout le monde paraît frappé de surprise.*)

LE CAPITAINE. Eh bien, Georges!

GEORGES, *versant un torrent de larmes*. Vous savez tout, mon capitaine. Croyez pourtant qu'il n'y a que le salut de mon père qui ait pu me faire résoudre à passer pour un mauvais sujet. J'ai méprisé la douleur, parce que j'espérais le sauver. Mais à présent que tout est découvert et que mon espérance est perdue, je souffre bien plus cruellement.

MARCEL, *se jetant au cou de Georges*. Quoi, mon fils ! voilà ce que tu faisais pour moi !

GENEVIÈVE, *se précipitant dans ses bras*. Oui, nous pouvons maintenant l'embrasser, nous pouvons le presser sur notre sein. Mon cœur me le disait bien, qu'il était innocent.

LE CAPITAINE, *lui prenant la main*. O mon ami ! quelle tendresse et quelle fermeté ! Tu es à mes yeux un grand homme. Cependant ton amour pour ton père t'a emporté trop loin : c'est toujours un artifice blâmable.

MARCEL. Sûrement, sûrement. Dieu me préserve d'en toucher seulement un denier !

GEORGES, *à Thomas*. Voyez-vous, mon oncle, avec votre bavardage ! Que me revient-il maintenant de ce que j'ai fait ?

THOMAS. Oui, voilà ! c'est moi qui suis maintenant le coupable. Mais (*en montrant le capitaine*) monsieur ne sera pas un menteur. Vous avez entendu qu'il m'a promis....

LE CAPITAINE, *à Thomas.* Donne l'argent à ton frère. (*A Marcel.*) Prends-le, mon ami : ton fils l'a bien mérité. J'aurai soin que tu n'aies pas à le rendre. Une faute extraordinaire demande un traitement hors des règles communes.

MARCEL. Moi, monsieur? je ne le prendrai jamais.

LE CAPITAINE. Je le veux : il le faut. (*On entend des cris au dehors.*) Mais qu'est-ce donc?

FLUET. J'entends crier : « Le roi! le roi! »

LE CAPITAINE. Il vient! Dieu soit béni! réjouissez-vous. Je vais, s'il est possible, faire parvenir l'aventure à son oreille. (*A Georges.*) Tu as manqué à ton devoir comme soldat; mais tu l'as trop bien rempli comme fils pour qu'il n'en soit pas touché. Il le sera certainement. Je sors. Attendez-moi.

SCÈNE VII.

LE PRÉVOT, BRAS-CROISÉS, LA TERREUR, GEORGES, MARCEL, GENEVIÈVE, THOMAS, FLUET.

MARCEL. Vois-tu? le roi est si bon, et j'aiderais à le tromper! Non, jamais.

GEORGES. Mon père, accordez-moi cette grâce, que j'aie réussi à finir vos malheurs. Vous n'avez plus à vous inquiéter de rien.

LA TERREUR. Oui, bonhomme, faites ce que di

votre fils. Il peut bien vous demander quelque chose à son tour. Il en guérira plus vite de vous savoir à votre aise. Vous devez aussi penser qu'après votre mort votre cabane doit lui revenir.

MARCEL. Eh bien ! je la conserverai pour pouvoir la lui laisser en mourant. Viens, mon fils, pardonne-moi de t'avoir maltraité. Dieu m'est témoin combien je souffrais de te voir un mauvais sujet. Et c'est lorsque je t'accusais, que tu remplissais au delà de tes devoirs envers moi ! Comment pourrai-je te récompenser de ton amour dans le peu de temps qui me reste à vivre ?

GEORGES. Aimez-moi toujours comme vous l'avez fait.

GENEVIÈVE. Oh ! mille fois plus, mon ami. A chaque morceau que nous mangerons, nous nous dirons l'un à l'autre : « C'est notre fils qui nous le donne. »

GEORGES. Me voilà satisfait. (*A Thomas.*) Je vous remercie, mon oncle, de m'avoir si bien servi.

THOMAS. Oui, tu me remercies ? Il est heureux que les choses aient tourné de cette manière. Mais reviens-y une autre fois. (*A Marcel.*) Est-ce que tu m'en voudrais encore, mon frère ? Si je ne t'avais pas tant aimé, je ne me serais pas chargé de la manigance. Puisque tu pardonnes à ton fils, tu peux bien me pardonner.

MARCEL. Rien ne saurait excuser ce que tu as fait.

Je peux bien prendre sur moi de mettre ma main sur un brasier; mais attiser le feu sous un autre, il y a de la cruauté à cela. Cependant, je ne veux pas te haïr.

THOMAS. Va, j'ai bien souffert pour mon compte. (*Ils se donnent la main.*)

LA TERREUR, *à Georges*. Camarade, j'avais de l'amitié pour toi; c'est aujourd'hui du respect que je sens. Tu es à mes yeux aussi grand qu'un général. On ne trouvera jamais d'enfant comme toi. Embrasse-moi, et sois toujours mon ami. (*Il lui tombe de grosses larmes des yeux.*)

GEORGES. Camarade, je n'ai pas oublié la journée d'hier.

FLUET. Fi donc! La Terreur! Vous êtes soldat, et vous pleurez?

LA TERREUR. Et pourquoi donc un soldat ne pleurerait-il pas? Les larmes ne sont pas déshonorantes lorsqu'elles viennent du cœur. On ne m'a jamais vu fuir ni trembler; mais je mourrais de honte d'être insensible à une bonne action.

LE PRÉVÔT. Georges, il y a quatorze ans bientôt que je suis dans le régiment; mais, je dois le dire à ta gloire, il ne s'y est jamais rien passé qui approche de ce que tu fais aujourd'hui. Cela te vaudra de l'honneur et du bonheur; c'est moi qui te l'annonce.

SCÈNE VIII.

LE PRÉVÔT, BRAS-CROISÉS, LA TERREUR, GEORGES, MARCEL, GENEVIÈVE, THOMAS, FLUET, LE BAILLI.

LE BAILLI. Avec votre permission....

LE PRÉVÔT. Que voulez-vous?

LE BAILLI. Je suis bailli au château, je veux voir ce qui se passe ici. (*A Marcel et à Geneviève.*) Ha, ha ! vous êtes venus voir votre fils ; c'est fort tendre de votre part. Eh bien ! qu'en pensez-vous ? Avez-vous autant de satisfaction de lui que vous en aviez hier ? Vous imaginiez, parce qu'il était soldat, qu'il pouvait se jouer de tout le monde. Monsieur le militaire, on paye chèrement un soufflet. Cette leçon vous rendra une autre fois plus respectueux envers des gens comme moi.

LA TERREUR. Allez-vous-en, monsieur, ou bien nous reprendrons les choses au point où Georges les a laissées hier. Qu'avez-vous à chercher ici ?

LE BAILLI. Je suis dans le château de monseigneur ; je pense que personne n'a le droit de m'empêcher d'y faire l'inspection.

LA TERREUR. Faites-y l'inspection, mais non des moqueries. (*En le prenant par le bras.*) Sortez, ou je vous montre le chemin.

GEORGES. Un moment, camarade. (*A Marcel.*) Mon père; achevez de lui payer votre dette, pour qu'il vous laisse en repos.

THOMAS. Oui, finissons avec lui; qu'il n'en soit plus question.

MARCEL. Voilà votre argent. (*Il lui compte quatorze écus.*) Vous n'aurez pas la peine de vendre notre chaumière.

GENEVIÈVE. Nous aurons soin, à l'avenir, de n'être jamais en arrière envers monseigneur, du moins aussi longtemps que vous serez son bailli. C'est trop affreux de vouloir gagner sur le pauvre. Acheter à vil prix tout le grain de la contrée, lorsque la moisson est abondante; en faire des amas dans ses greniers, pour le vendre ensuite trois fois plus cher dans le temps de la disette; prêter à plus forte usure qu'un juif: cela est-il donc d'un chrétien, ou même d'un homme? Voilà pourtant ce que vous avez fait, et ce qui nous a ruinés.

MARCEL. Tais-toi donc, femme.

GENEVIÈVE. Non; il faut lui apprendre qu'on n'est pas des buses, et qu'on voit tout son manége.

MARCEL, *au bailli.* Eh bien! cela fait-il votre compte?

LE BAILLI, *à part.* Que trop. (*Haut et froidement.*) Oui, cela complète bien les trente écus Mais d'où diantre avez-vous eu cet argent?

MARCEL. Que vous importe? Vous êtes payé.

GENEVIÈVE. Nous n'avons pas de compte à vous rendre.

LE BAILLI. Voyez comme ils font les fiers!

GENEVIÈVE. Nous voilà quittes. Nous nous serions trouvés heureux de pouvoir vous souhaiter mille bénédictions, si vous vous étiez comporté plus humainement envers nous. Mais vous ne le méritez pas. Il nous eût mieux valu avoir affaire à un Turc.

LE BAILLI. Prenez garde à ce que vous dites, vieille radoteuse. Vous êtes encore sous ma juridiction.

GEORGES. Point d'injures, monsieur, mon père ne les souffrira plus. Il sait à qui porter ses plaintes.

THOMAS. Vous ne nous tenez plus les mains garrottées : nous pouvons nous faire rendre justice. Nous remplirons nos devoirs envers monseigneur; mais si vous croyez nous mener de force comme auparavant, vous vous trompez.

LE BAILLI. De quel ton me parlez-vous? Je crois (*en montrant Georges*) que cet audacieux vous a tous endiablés. Ne me poussez pas à bout, ou je vous montrerai qui je suis.

LE PRÉVÔT. Un mot encore, et je te fais sauter les yeux de la tête.

LA TERREUR, *le poussant par le bras*. Allons, sortez.

LE BAILLI, *se retournant*. Si vous me faites lâcher un décret.....

LE PRÉVÔT. Voulez-vous me jeter ce drôle à la porte! Je t'apprendrai à nous braver ainsi. (*Les soldats le saisissent et veulent le mettre dehors. Le colonel paraît, suivi du capitaine et du sergent.*)

SCÈNE IX.

LE PRÉVÔT, BRAS-CROISÉS, LA TERREUR, GEORGES, MARCEL, GENEVIÈVE, THOMAS, FLUET, LE BAILLI, LE COLONEL, LE CAPITAINE, LE SERGENT.

LE COLONEL. Que signifie tout ce vacarme?

LE PRÉVÔT. C'est le bailli qui vient ici vomir des grossièretés contre ces honnêtes paysans.

LE COLONEL, *au bailli*. Êtes-vous ce méchant homme? Restez. J'aurai deux mots à vous dire. (*Au capitaine.*) Lequel des deux est le père? (*en montrant du doigt Marcel et Thomas.*)

LE CAPITAINE, *lui présentant Marcel*. Le voici, mon colonel.

LE COLONEL. Je vous félicite, mon ami. Vous pouvez sentir de l'orgueil d'avoir un tel fils. (*Il s'avance vers Georges.*) Permettez que je vous souhaite toute sortes de prospérités. (*En l'embrassant.*) Monsieur, vous êtes mon égal. Je donnerais toutes les actions de ma vie pour celle que vous avez faite aujourd'hui. (*Au prévôt.*) Il est libre. (*Prenant une épée des mains du sergent.*) Vous êtes capitaine. Le roi, qui

vient d'apprendre avec transport votre dévouement
généreux, vous élève tout d'un coup à ce grade, sur

les bons témoignages que le régiment entier a rendus de vous. (*En lui présentant une bourse.*) Recevez
ceci de sa part, pour servir à votre équipage. Vous

serez admis ce soir même à faire votre cour à Sa Majesté. (*Georges veut lui baiser la main.*)

LE COLONEL. Que faites-vous? Non, monsieur. Souffrez plutôt que je vous embrasse.

LE CAPITAINE, *l'embrassant aussi*. Vous savez, mon camarade, quelle part je prends à votre avancement. Je suis fier de vous avoir eu dans ma compagnie.

MARCEL et GENEVIÈVE, *tombant aux genoux du colonel*. O monseigneur, que Dieu vous récompense!

LE COLONEL, *en les relevant*. Ce n'est pas à moi, mes enfants, c'est au roi, c'est à votre fils que vous devez tout. (*Georges se jette dans les bras de ses parents et les embrasse tour à tour; puis s'interrompant tout à coup:*) Je vous demande pardon, mon colonel.

LE COLONEL. Que dites-vous, monsieur? Ah! vous méritez bien de goûter les plus doux plaisirs de la nature; vous en remplissez si héroïquement les devoirs!

THOMAS. Qui m'aurait dit pourtant que je me verrais en passe de faire un capitaine? Car c'est moi qui ai arrangé tout cela. (*Au bailli.*) Je crois à présent, monsieur le bailli, que vous ne serez pas déshonoré de prendre mon neveu sous votre protection. (*Le bailli lui lance un regard furieux et veut sortir.*)

LE COLONEL, *l'arrêtant*. Un instant, s'il vous plaît.

Le roi est instruit de votre barbarie. Il fera rechercher avec soin si vous n'avez pas abusé de votre pouvoir; et malheur à vous si vous êtes coupable! Sortez maintenant.

LA TERREUR, *à Georges.* Monsieur le capitaine....

GEORGES, *l'embrassant.* Ne m'appelle que ton ami. (*Il l'embrasse encore.*) Je veux l'être toujours.

LE COLONEL, *à Georges.* Voulez-vous permettre, monsieur, que j'aille vous présenter au régiment? Il vous attend sous les armes. (*Il lui offre la main; Georges la prend et tend l'autre au capitaine. Il marche entre eux, les regarde tour à tour les yeux baignés de larmes. Marcel et Geneviève baisent les habits du colonel et lèvent leurs regards vers les cieux.*)

GENEVIÈVE. O Dieu de justice, rends à notre bon roi les honneurs qu'il accorde à mon fils!

MARCEL. Et faites-lui connaître toutes les bonnes actions, pour lui donner le plaisir de les récompenser.

LE CONGÉ.

PERSONNAGES.

Le prince Louis, du sang royal.
UN OFFICIER de la suite du prince.
M. DE GERVILLE.
Mme DE GERVILLE.

DIDIER,
EUGÉNIE,
CÉCILE,
MARIANNE,
FRÉDÉRIC,
} enfants de M. et de Mme de Gerville.

La scène est à la campagne, à l'entrée d'un bosquet.

SCÈNE PREMIÈRE.

DIDIER, EUGÉNIE.

Eugénie est assise sur un tronc d'arbre renversé. Elle épluche des fraises qu'elle a sur ses genoux, dans le creux de son chapeau de paille. Didier lui en porte dans le sien. Les fraises sont proprement arrangées dans les deux chapeaux, sur une couche de feuilles de vigne.

DIDIER. Tiens, ma sœur, j'espère que nous en aurons une jolie provision.

EUGÉNIE. Je ne sais plus où mettre les miennes ; mon chapeau est déjà tout plein.

DIDIER. Cécile va nous apporter une corbeille. A quoi s'amuse-t-elle donc? Tu peux, en attendant, les mettre dans ton tablier.

EUGÉNIE. Oui, cela ferait un beau gâchis! Pour remplir mon tablier de taches! Et maman, que dirait-elle? Sais-tu ce qu'il faut faire? Ton chapeau est le plus grand; je vais y mettre ce qu'il y a dans le mien. Tu le prendras et tu iras en chercher de nouvelles, tandis que j'éplucherai celles-ci.

DIDIER. C'est bien dit. Cécile viendra dans l'intervalle, et alors il y en aura, je crois, assez.

EUGÉNIE. Quand elles seront toutes ensemble, on verra mieux ce qu'il y en a.

DIDIER. Ce qui sera de trop plein dans la corbeille, ce sera pour nous.

EUGÉNIE. Je crois que nous n'aurons guère envie d'en manger aujourd'hui. Ah! mon frère, c'est le dernier repas que nous ferons de cette année avec notre papa; et qui sait si nous le reverrons jamais?

DIDIER. Tranquillise-toi, ma sœur, tout le monde ne meurt pas dans une bataille.

EUGÉNIE. Maudite guerre! Si les hommes n'étaient pas si méchants! s'ils savaient s'aimer comme des frères et des sœurs!

DIDIER. Bon! Ne nous querellons-nous pas tous les jours pour des bagatelles? Chacun de nous croit avoir raison, et souvent on ne sait de quel côté elle se trouve. Il en est de même parmi les hommes.

EUGÉNIE. Ils devraient bien au moins se raccommoder comme nous. Nos querelles ne coûtent jamais de sang.

DIDIER. Parce que papa ou maman les terminent. Mais les hommes ne sont pas des enfants; ils ne se laissent pas commander quand ils ont la force en main. Et puis, lorsqu'on nous fait une injustice, ne devons-nous pas la repousser? Faut-il nous laisser ravir impunément ce qui nous appartient?

EUGÉNIE. Tu parles toujours comme un soldat.

DIDIER. Puisque je dois l'être! Tiens, ma sœur, tu as beau dire, c'est une belle chose que la guerre. Sans elle, comment ferions-nous pour vivre? Serait-ce notre petit bien qui nous nourrirait? Mais ne pleure donc pas; tu me fais de la peine.

EUGÉNIE. Ah! laisse-moi pleurer tandis que nous sommes tout seuls. J'aime mieux que mes larmes coulent devant toi que devant nos pauvres parents. Je crains trop de les affliger.

DIDIER. Allons, allons, sèche tes pleurs; occupe-toi pour te distraire. Moi, je vais remplir ton chapeau.

EUGÉNIE. Va-t'en de ce côté là-bas. Il ne reste plus rien ici à cueillir.

SCÈNE II.

EUGÉNIE, après un moment de silence.

Ah! si j'étais assez instruite pour savoir prier Dieu, peut-être qu'il m'exaucerait! Si j'étais du moins assez grande pour aller me jeter aux genoux du roi, je suis sûre qu'il accorderait à mes prières le congé de mon papa! Ne l'a-t-il donc pas assez bien servi pendant toute sa vie? (*Elle épluche ses fraises en soupirant. Le prince Louis arrive, suivi d'un officier de hussards. Il s'arrête en voyant Eugénie.*)

SCÈNE III.

LE PRINCE LOUIS, un OFFICIER, EUGÉNIE.

LE PRINCE, *bas à l'officier.* Voyez donc cette charmante petite fille. Ne me découvrez pas; je veux lui parler. (*A Eugénie, en lui frappant sur l'épaule.*) Tu travailles là de bon cœur, ma chère enfant?

EUGÉNIE, *surprise.* Oh! monsieur, vous m'avez fait peur.

LE PRINCE. Je t'en demande pardon, ce n'était pas mon dessein. Pour qui prépares-tu donc ces fraises? Elles doivent être bien bonnes, épluchées d'une main si blanche et si grassouillette.

EUGÉNIE. Oserais-je vous en offrir? (*Elle lui présente le chapeau.*) Ne craignez rien, elles sont propres. Excusez-moi seulement de n'avoir pas une meilleure assiette. (*Le prince en prend trois. Elle en présente aussi à l'officier qui en prend deux.*)

LE PRINCE. Je n'en ai jamais mangé de si bonnes. Sont-elles à vendre?

EUGÉNIE. Non, monsieur, quand vous m'en donneriez je ne sais combien.

LE PRINCE. Tu as raison ; elles sont sans prix, cueillies d'une si jolie petite main.

EUGÉNIE. Comme vous me parlez, monsieur! Oh! ce n'est pas cela. Elles seraient bien à votre service, et toutes celles encore que mon frère et ma sœur pourraient cueillir jusqu'à ce soir. Mais (*s'essuyant les yeux*) elles sont pour notre bon papa. Ce sont aujourd'hui les premières que nous cueillons pour lui, et les dernières peut-être qu'il mangera avec nous.

LE PRINCE. Il est donc malade? et vous craignez apparemment pour sa vie?

L'OFFICIER. Je me flatte que sa maladie n'est pas tout à fait désespérée, puisqu'il songe à manger des fraises.

EUGÉNIE. Vous n'y êtes pas, messieurs. Il est bien vrai qu'il a été malade tout cet hiver d'un cruel rhumatisme. Il n'en est pas même encore entièrement guéri. Mais, guéri ou non, il faut qu'il parte demain.

LE PRINCE. En quoi ce départ est-il donc si nécessaire?

EUGÉNIE. C'est que son régiment passe dans le village, et il doit le joindre à la marche.

LE PRINCE. Son régiment?

EUGÉNIE. Oui, le régiment du prince Charles.

LE PRINCE, *bas à l'officier*. Je parierais que c'est une fille du capitaine de Gerville.

EUGÉNIE, *qui l'a entendu*. Hélas! oui, messieurs, c'est le nom de mon papa. Le connaissez-vous?

LE PRINCE. Si nous le connaissons? Monsieur et moi nous sommes ses camarades.

EUGÉNIE. O Dieu! le régiment est-il si près? Est-ce qu'il passe aujourd'hui?

LE PRINCE. Non, mon enfant, ce n'est que demain. Nous avons pris les devants par ordre du prince. Une roue de notre voiture s'est brisée le long de ce bosquet ; nous y sommes entrés pour chercher de l'ombre. Tout doit être maintenant réparé. Ce petit sentier ne conduit-il pas au grand chemin ?

EUGÉNIE. Non, monsieur, il mène tout droit au village.

LE PRINCE. Et ce village appartient sans doute à votre bon papa ?

EUGÉNIE. O mon Dieu ! que n'est-il aussi riche que vous le pensez ? Mais non, il ne possède qu'une maisonnette, un petit jardin, ce bosquet, la prairie voisine. Lorsqu'il n'est pas au camp ou en garnison, c'est ici qu'il passe sa vie avec nous et notre maman.

LE PRINCE. Il a donc été malade cet hiver ?

EUGÉNIE. Hélas ! oui, monsieur, à notre grand chagrin. Il ne pouvait, de douleur, remuer aucun de ses membres. De plus, une vieille plaie qu'il avait à la tête s'est rouverte. Et maintenant qu'il est près de se rétablir, il faut qu'il aille s'exposer à de nouveaux maux.

LE PRINCE. Pourquoi, dans cet état, ne pas demander son congé ? Il aurait pu fournir des attestations suffisantes du chirurgien.

EUGÉNIE. C'est bien aussi ce qu'a fait maman ; mais ses lettres sont restées sans réponse. Le roi n'a pas voulu l'en croire; ou le prince, à qui appartient le régiment, est-il peut-être si dur....

LE PRINCE. Je crois bien que ni le roi ni le prince ne consentiraient qu'avec peine à perdre un si bon officier que votre papa, de qui mes jeunes camarades et moi nous pouvons recevoir de si utiles instructions.

EUGÉNIE. Effectivement, vous paraissez bien jeune. Avez-vous encore votre papa et votre maman?

LE PRINCE, *un peu embarrassé*. Sans doute.

EUGÉNIE. Qu'ils doivent avoir pleuré lorsque vous vous êtes séparé d'eux! Comment ont-ils pu y consentir? Je sais ce qu'il nous en a coûté, à maman et à nous, lorsque mon frère aîné est parti pour l'école militaire; et ce n'est rien pourtant en comparaison de la guerre.

LE PRINCE. Mon père est aussi au service.

EUGÉNIE. Oh! les pères qui sont soldats sont tous un peu durs. Ce que je dis là pourtant n'est pas vrai de mon papa; il est si indulgent, si bon et si tendre! Un enfant n'a pas une âme plus douce. Il n'y a que l'honneur sur lequel il est intraitable. Aussi je pense que c'est sa faute s'il n'a pas son congé.

LE PRINCE. Comment cela?

EUGÉNIE. C'est qu'il ne l'a pas demandé sérieusement. Il disait toujours qu'on le regarderait comme un lâche s'il se retirait pendant la guerre. Il ne demandait que d'avoir assez de force pour monter à cheval et pouvoir verser la dernière goutte de son sang au service de son pays. Eh bien! le voilà satisfait ; mais nous, nous, pauvres enfants, nous n'avons plus de père !

LE PRINCE. Ton père, jusqu'à présent, est toujours sorti de danger : pourquoi n'en échapperait-il pas encore? Rassure-toi, mon enfant, tous les mousquets ne portent pas.

EUGÉNIE. Mais ceux qui portent tuent leur homme; et, dans le nombre, ne peut-il pas y en avoir un qui atteigne mon papa?

LE PRINCE. Il n'est que trop vrai. Mais quelle est cette jolie petite demoiselle que je vois venir?

EUGÉNIE. C'est ma sœur Cécile.

SCÈNE IV.

LE PRINCE, L'OFFICIER, EUGÉNIE, CÉCILE.

EUGÉNIE. Te voilà donc, à la fin! Tu as resté bien longtemps.

CÉCILE. C'est que malgré moi j'aidais maman à faire les malles de mon papa.

EUGÉNIE. Donne-moi, je te prie, ta corbeille.

CÉCILE. Tiens. Avez-vous, vous autres, de quoi la remplir?

EUGÉNIE. Tu vas voir. (*Elle secoue dans la corbeille*

les fraises qui étaient dans le chapeau de Didier.) Vous voulez bien permettre, messieurs?

LE PRINCE. C'est trop juste. (*A l'officier.*) Voilà deux enfants d'une bien aimable figure!

CÉCILE, *bas à Eugénie.* Qui sont ces messieurs?

EUGÉNIE, *bas à Cécile.* Deux officiers du régiment de mon papa.

CÉCILE. Est-ce qu'ils viennent le chercher?

EUGÉNIE. Non, non; ils vont attendre le prince dans la ville prochaine.

CÉCILE. Ah! fût-il à mille lieues avec son régiment!

EUGÉNIE. Doucement, donc Cécile! Si ces messieurs nous entendaient!

CÉCILE. Qu'ils m'entendent s'ils veulent! Comment! ils viendront m'enlever mon papa, et je n'aurai pas la liberté de me plaindre!

LE PRINCE, *à l'officier.* Il me paraît que nous ne sommes pas regardés ici de très-bon œil.

L'OFFICIER. Que tardez-vous à vous faire connaître?

LE PRINCE. Non, non; leur franchise m'amuse, et leur tendresse pour leurs parents pénètre mon cœur de la plus douce volupté.

EUGÉNIE, *à Cécile.* Le pauvre Didier se fatigue, tandis que nous nous amusons à babiller. Je vais l'aider à faire sa cueillette. Toi, reste auprès de ces messieurs et songe à bien ménager tes paroles.

CÉCILE. Va, va, je sais comment il faut leur parler.

EUGÉNIE. Messieurs, voici ma sœur Cécile que je vous présente.

CÉCILE, *d'un air décidé*. Votre servante, messieurs.

LE PRINCE. Elle a une petite physionomie aussi résolue que la tienne est douce et timide.

EUGÉNIE. Je la laisse avec vous, pour avoir l'hon-

Cécile.

neur de vous entretenir. Moi, je vais aider mon frère, afin de retourner plus tôt vers mon papa. Me permettez-vous de lui annoncer votre visite ? Je suis persuadée qu'il s'en réjouirait.

CÉCILE. Non, non, messieurs ; il ne s'en réjouirait pas ; aucun de nous ne s'en réjouirait. Nous voulons être à nous seuls aujourd'hui.

EUGÉNIE. Je vous prie de vouloir bien excuser cette folle.

CÉCILE. M'excuser! Ces messieurs savent bien que, lorsqu'il y a des étrangers à sa table, les petites filles n'osent pas ouvrir la bouche; et moi, j'ai mille choses à dire à mon papa, qui autrement étoufferaient mon cœur.

LE PRINCE. Rassurez-vous, mes enfants, vous ne serez point troublés dans vos doux entretiens. (*Eugénie leur fait une révérence gracieuse et s'éloigne.*)

SCENE V.

LE PRINCE, L'OFFICIER, CÉCILE.

CÉCILE. Mais dites-moi donc, messieurs, à quoi pense le roi de nous prendre notre papa, à nous pauvres enfants? Croit-il que nous n'avons pas besoin d'un père pour nous élever?

LE PRINCE. Oui; mais crois-tu aussi qu'il n'ait pas besoin de braves soldats pour combattre?

CÉCILE. Et quelle nécessité de se battre? Mon papa, lorsqu'il nous donne une bonne éducation, n'est sûrement pas inutile à son pays.

LE PRINCE. Surtout si tes frères et tes sœurs en ont su profiter comme toi.

CÉCILE. Vous croyez peut-être vous moquer? Je sais bien qu'on me trouve un peu revêche dans la famille, et l'on dit même qu'avec une cocarde j'aurais fait un très-bon soldat.

LE PRINCE. Ha, ha! une petite amazone? Tu aurais été vraiment fort redoutable.

CÉCILE. Oh! si j'avais une épée, on ne se jouerait pas de moi.

LE PRINCE. S'il ne tient qu'à cela, voici la mienne. Je vais t'armer chevalier.

CÉCILE. Je le veux bien. J'aurai du plaisir à l'être de votre façon.

LE PRINCE, *lui ayant présenté son épée veut l'embrasser.* Voici la première cérémonie.

CÉCILE, *le repoussant.* Doucement, doucement, s'il vous plaît.

LE PRINCE. Oh! tu es une charmante enfant! (*Il veut encore l'embrasser.*)

CÉCILE *se sauve en criant :* Didier! Eugénie!

LE PRINCE. Qu'as-tu à craindre de moi?

CÉCILE. Moi, vous craindre? Oh! non. Mais seulement ne m'approchez pas de plus près, ou je cours à mon papa. Il est officier comme vous, et il ne souffrirait pas qu'on fâchât sa petite Cécile.

LE PRINCE. Que le ciel me préserve d'avoir la pensée de te fâcher! Ce n'est qu'un simple badinage.

SCÈNE VI.

LE PRINCE, L'OFFICIER, EUGÉNIE, DIDIER, CÉCILE.

DIDIER, *qui s'avance fièrement.* N'as-tu pas crié, Cécile? Je viens à ton secours.

LE PRINCE. Contre nous, mon petit ami?

DIDIER. Contre tous ceux qui font crier ma sœur.

CÉCILE. Grand merci, mon frère, ce cri m'est échappé. Je n'ai pas besoin de ton bras. Vois-tu? en voici déjà un que j'ai désarmé. (*Elle rend l'épée au prince.*) Allons, monsieur, pour cette fois, je vous fais grâce de la vie. Mais n'y revenez pas; vous m'entendez?

LE PRINCE. Tu es une petite créature bien extraordinaire.

EUGÉNIE. Je suis charmée qu'elle l'entende de votre bouche. Mais à présent, messieurs, nous avons cueilli assez de fraises pour être en état de vous en offrir. (*Elle leur présente la corbeille.*) Prenez, prenez, je vous en prie.

LE PRINCE. Non, non, nous nous garderons bien d'y toucher. Elles ont une destination trop respectable.

EUGÉNIE. Ce que vous prendrez ne sera rabattu que sur notre portion. Il n'y aura pas grand mal quand nous n'en mangerions pas d'aujourd'hui.

Vous êtes du régiment de notre papa, et c'est de notre devoir de vous faire tous les honneurs qui dépendent de nous.

CÉCILE, *tirant un bouquet de son sein et le présentant au prince.* En ce cas-là, je vais vous donner ce bouquet que j'avais cueilli pour moi. Mon papa et maman en ont eu un de ma main, sans quoi vous n'auriez pas celui-ci. Mais il m'appartient, je vous le donne.

LE PRINCE. Et moi je l'accepte avec tous les transports du plaisir et de la reconnaissance.

CÉCILE. Il s'est un peu flétri au soleil ; si vous vouliez attendre un moment, j'irais vous en faire un tout frais de jasmin, de violette et de chèvrefeuille. J'en ai un buisson dans mon jardin.

EUGÉNIE. Tu sais le rosier qui fleurit sous mes fenêtres? Tu peux y prendre toutes les roses épanouies d'aujourd'hui.

CÉCILE. Eh bien! voulez-vous?

LE PRINCE, *attendri.* Quoi! vous auriez cette bonté, mes chers enfants! Mais, non, je vous remercie. Le plaisir de causer avec vous me touche plus que toutes les fleurs de l'univers.

CÉCILE. Il me vient une pensée, mon jeune officier. Vous savez peut-être comment on doit s'y prendre pour sortir avec honneur de son régiment. Ne pourriez-vous pas nous donner un bon conseil pour en tirer honorablement notre papa?

EUGÉNIE. Oh! si vous pouviez nous le dire, nous vous donnerions de bon cœur tout ce que nous possédons.

DIDIER, *qui s'est amusé jusqu'à ce moment à jouer avec la dragonne de l'épée du prince et à considérer attentivement son chapeau, son uniforme et toute sa personne.* Oui, si vous savez nous faire rendre notre papa, mes timbales, mon esponton, ma giberne, tout cela est à vous.

CÉCILE, *d'un air mystérieux.* Et moi je vous donnerai de moi-même ce que vous vouliez me prendre tout à l'heure.

LE PRINCE. Tant de biens à la fois! Ah! croyez que si je savais un moyen....

EUGÉNIE, *tristement.* Vous n'en savez donc pas? Ainsi nous ne faisons que vous affliger de ne pouvoir nous aider à sortir de peine!

CÉCILE. Oh! je ne lâche pas sitôt prise. Le prince, colonel du régiment, doit passer ici près. Eh bien! nous trois, avec mon petit frère et ma plus jeune sœur, nous irons nous jeter à ses pieds, nous nous attacherons à ses habits, et nous ne nous relèverons pas avant qu'il nous ait accordé notre demande.

EUGÉNIE. Oui, ma sœur. Il verrait nos larmes, il entendrait nos vœux et nos prières; nous lui dirions combien notre papa a été malade cet hiver, combien il est faible encore, et tout ce que nous aurions à souffrir de nous en séparer. Croyez-vous qu'il fût assez cruel pour nous renvoyer impitoyablement?

LE PRINCE. Non, je ne puis le croire; mais il ne doit venir nous joindre qu'à l'entrée de la campagne. Par bonheur, le prince son fils suit le régiment en qualité de volontaire.

DIDIER, *qui l'a toujours regardé d'un air pensif*, De volontaire?

LE PRINCE. Oui, pour apprendre sous les yeux de son père le métier de la guerre. Je puis vous répondre qu'il s'intéressera vivement en votre faveur.

EUGÉNIE. Êtes-vous bien avec lui?

LE PRINCE, *en souriant*. Oui, lorsque j'ai fait mon devoir.

EUGÉNIE. Ah! de grâce, parlez-lui pour mon papa. Qu'il le conserve à une famille qui ne vit que par lui. Vous-même, monsieur, cherchez à adoucir son service, et, s'il est malade ou blessé.... (*Les sanglots l'interrompent.*)

CÉCILE. Blessé? n'attendez pas qu'il le soit. S'il y a un sabre levé sur sa tête, courez vous mettre au-devant du coup.

LE PRINCE, *à part*. Que j'ai de peine à me déguiser plus longtemps! (*Haut.*) Non, tendres et nobles petites âmes, ne craignez rien pour ses jours; j'en réponds sur ma vie.

EUGÉNIE, *essuyant ses larmes*. Je puis donc compter sur vous! Ah! que vous me charmez! Ne nous oubliez pas pour cela auprès du prince. Qu'il nous renvoie bientôt notre papa!

cécile. Dites-lui que toute une couvée naissante a besoin encore des ailes de son père pour se fortifier. Dites-lui qu'une petite fille de sept ans lui souhaite toutes sortes de bonheurs, s'il lui rend un père qu'elle aime et dont elle a besoin.

eugénie. Nous vous quittons sur cette douce espérance. J'aurais encore mille choses à vous dire; mais votre cœur vous les dira. Notre papa nous attend peut-être, et nous devons le perdre demain.

le prince. Allez, allez, mes chers enfants; mais daignez accepter quelque marque légère de ma reconnaissance, pour l'agréable demi-heure que je viens de passer avec vous. Tiens, ma douce Eugénie, prends cette bague. (*Il en tire une de son doigt.*) Elle est trop large pour toi; mais un joaillier la mettra à son point.

eugénie, *refusant la bague.* Non, non, monsieur, on serait peut-être mécontent de moi à la maison; et, surtout à la veille de perdre mon papa, je ne voudrais, pour rien au monde, avoir le moindre reproche à mériter de sa part.

le prince. Il faut absolument que tu la prennes. Je me charge de tout auprès de lui, lorsqu'il viendra au régiment. (*Il la lui fait accepter.*)

eugénie. Eh bien! il vous la reportera, s'il trouve

mauvais que je l'ai reçue. S'il n'en est pas fâché, je serai bien aise de m'honorer toute ma vie de votre souvenir.

CÉCILE, *prenant la main d'Eugénie.* Allons, ma sœur, il est temps de nous retirer.

LE PRINCE. Et toi, Cécile, est-ce que tu serais fâchée de te souvenir de moi? Tiens, ma chère enfant, voici un étui de cuivre doré, avec une pierre de composition.

CÉCILE, *le regardant.* Il n'y a que vos paroles de fausses dans tout cela. Je suis sûr que c'est de l'or, et un véritable diamant. Je n'en veux pas. Vous avez pris cela dans quelque pillage. Mon papa est aussi capitaine que vous, et il n'a pas de ces cadeaux à faire. Il n'a jamais rien pillé, lui.

LE PRINCE. Sois tranquille, il n'y a pas là plus de sang qu'à mon épée. Des bijoux me seraient inutiles à la guerre. Si tu ne veux pas accepter celui-ci, garde-le-moi jusqu'à mon retour.

CÉCILE. A la bonne heure.

LE PRINCE. N'aurais-tu pas un baiser à me donner pour mes sûretés?

CÉCILE. Non, non; vous avez entendu mes conditions. Pas à moins.

LE PRINCE. Eh bien! je vais faire tous mes efforts pour le gagner.

CÉCILE. Je vous le garde jusqu'à ce moment. Viens, avec nous, mon frère.

DIDIER. Allez d'abord ; je vais vous suivre. J'ai quelque chose à dire en secret à cet officier.

LE PRINCE. Je suis à toi dans l'instant, mon petit ami. (*L'officier, qui s'est éloigné dans le cours de la scène, revient auprès du prince, lui remet un portefeuille et s'entretient tout bas avec lui.*)

CÉCILE, *bas à Didier*. Est-ce que tu veux en avoir aussi ton cadeau ?

EUGÉNIE, *bas à Didier*. Fi donc ! mon frère. Je te croyais trop fier pour cela.

DIDIER. Fi ! mes sœurs, d'avoir eu de moi cette pensée ! J'ai quelque chose de bien autrement important à lui demander.

CÉCILE. Si j'avais le cœur de me divertir, je rirais de l'air de gravité que tu prends pour traiter ton affaire d'importance.

DIDIER. Et toi, si tu n'étais pas ma sœur, tu me le payerais cher de m'avoir soupçonné d'escroquerie.

CÉCILE, *s'éloignant avec Eugénie*. Songe à te bien tirer de tes grandes affaires.

SCÈNE VII.

LE PRINCE, L'OFFICIER, DIDIER.

LE PRINCE. Je suis fort aise, mon cher Didier, que tu veuilles rester avec moi. Nous n'avions pas assez bien fait connaissance. On vient de me dire que ma voiture n'est pas encore prête. Ainsi nous avons quelques instants à causer ensemble.

DIDIER. Tant mieux. Mais ne vous imaginez pas que je reste pour avoir quelque chose de vous.

LE PRINCE. Comment donc!

DIDIER. C'est que vous avez fait un cadeau à mes deux sœurs; et vous pourriez penser.... Mais, je vous le proteste, je ne prends rien, rien, absolument rien.

LE PRINCE. Et par malheur aussi, je n'ai rien de plus à t'offrir.

DIDIER. C'est un bonheur que cela. Nous ne serons tentés ni l'un ni l'autre.

LE PRINCE, *bas à l'officier*. J'aime à lui voir une âme aussi élevée. Que sa figure a de franchise et de noblesse!

DIDIER. Je n'ai qu'une question à vous adresser.

LE PRINCE. Voyons ce que c'est, mon ami.

DIDIER. Vous m'avez dit tout à l'heure que le fils du prince marchait comme volontaire. Qu'est-ce qu'un volontaire?

LE PRINCE. C'est un soldat libre, qui n'a aucun grade dans le régiment, qui peut se reposer ou combattre, partir ou rester, comme il lui plaît.

DIDIER. Oh! si j'y allais, moi, ce serait pour me battre. J'aurais bien du plaisir à être volontaire sur ce pied-là.

L'OFFICIER. Mais il faut qu'un volontaire ait de l'argent. En as-tu, mon petit ami?

DIDIER. Tu! tu! Je n'aime pas cela, monsieur. Mon papa est capitaine, et je suis fait pour l'être comme lui.

LE PRINCE. C'est que nous te regardons déjà comme notre camarade.

DIDIER. Ah! tant mieux! Tutoyez-moi maintenant tant que vous voudrez. Mais vous parlez d'argent : le roi n'en a-t-il pas assez? et n'est-il pas obligé de nourrir ceux qui le servent?

LE PRINCE. Oui; mais un volontaire n'a pas de service réglé. Ainsi il est juste qu'il s'entretienne à ses dépens.

DIDIER, *frappant du pied la terre*. Ah! que me dites-vous? Tant pis. Mais si je ne demandais que du pain de munition et de l'eau? si je priais le régiment de me recevoir à la place de mon papa?

LE PRINCE. Pauvre enfant! Comment figurerais-tu la tête d'une compagnie? Il faut de l'expérience et de la représentation.

DIDIER. Si je n'en ai pas assez pour commander, j'en aurai assez pour obéir. Qu'on me fasse commencer par où l'on voudra, pourvu que je serve.

LE PRINCE. Serais-tu seulement en état de suivre la marche?

DIDIER. J'irais tant que je pourrais; et, quand je serais rendu, on me jetterait dans un fourgon de bagage, ou je marcherais avec l'artillerie, à cheval sur un canon. Auriez-vous peur que je restasse en maraude? Oh! je saurais bientôt vous rattraper.

LE PRINCE. Mais si tu servais à la place de ton père, il faudrait toujours te séparer de lui.

DIDIER. Et ne comptez-vous pour rien ma joie de le rendre à mes sœurs et à maman et d'assurer le repos de sa vieillesse? Il me semble que le roi ne perdrait pas au change. Mon papa, malheureusement, ne sera bientôt plus en état de servir; et moi, dans peu d'années, je puis être tout ce qu'il a été. La guerre est ma folie. Je sais toutes les chansons grenadières, et je leur fais des accompagnements sur mon tambour. Tenez, en voici un recueil, je vous le donne. Je n'en ai plus besoin, je le sais par cœur.

LE PRINCE. Oh! que tu me ravis! Je veux t'en donner un autre à mon tour. (*Il ouvre son portefeuille et en tire des papiers*).

DIDIER. Pour une chanson, je puis la recevoir.

LE PRINCE. Tiens, en voici d'abord une pour ton père.

DIDIER. Mon papa ne sait plus chanter. Il n'aime que la musique du canon.

LE PRINCE. N'importe. Je suis sûr que vous aurez du plaisir tous deux, rien qu'à la lire seulement. Celle-ci est pour toi.

DIDIER, *sautant de joie.* Ah! grand merci. Voyons si je la sais.

LE PRINCE. Non; tu la liras quand nous serons partis. (*Il met les deux papiers ensemble, et les lui donne*). Mets cela dans ta poche, et prends bien garde de le perdre. Adieu, mon petit ami, songe que je te retiens pour mon camarade.

DIDIER *lui saute au cou, le serre et l'embrasse.* Oui, oui, je le suis. Je vous aimerai toujours. Je veux, à ma première bataille, combattre à votre côté.

L'OFFICIER. Nous allons t'annoncer d'avance au régiment.

DIDIER. Parlez-lui bien de moi, je vous en prie. Oh! comme je vais me dépêcher de grandir!

LE PRINCE, *en s'éloignant*, *à l'officier.* Je sens combien le cœur de leur père doit saigner de quitter de si aimables enfants. Retirons-nous un peu à l'écart pour observer celui-ci et jouir de ses premiers transports. (*Ils entrent dans le bosquet. Didier les suit de l'œil jusqu'à ce qu'ils soient un peu éloignés*).

SCÈNE VIII.

DIDIER, agité, tantôt s'assied sur un tronc d'arbre, tantôt se lève et se promène.

A quoi pense-t-il de vouloir faire chanter mon papa? (*Il tire les papiers de sa poche*). Ha, ha! celle-ci est cachetée. Il faut qu'il y ait quelque drôlerie. Voyons toujours la mienne! (*Il l'ouvre*). Cela n'a pas trop l'air d'une chanson. Les mots vont tout du long de la ligne. (*Il lit*). « Bon pour cent louis d'or que le trésorier de ma maison.... » Je ne connais point d'air qui puisse aller sur ces paroles. (*Il continue*). « payera au porteur de ce billet.   « Prince CHARLES. »

Il s'est moqué de moi, en me donnant cela pour une chanson de guerre. Il n'y a que des paroles d'argent. Il faut qu'il se soit trompé. Courons après lui. (*Il se met à courir en criant :*) Monsieur l'officier! monsieur l'officier!

SCÈNE IX.

M. DE GERVILLE, avec un visage abattu, et marchant avec peine, Mme DE GERVILLE, EUGÉNIE, CÉCILE, DIDIER, MARIANNE, tenant son père par la main, FRÉDÉRIC, dans les bras de sa mère.

M. DE GERVILLE. Où est-il ? (*Il aperçoit Didier*). Mon fils, où est donc le prince ?

DIDIER, *regardant autour de lui*. Le prince ?

CÉCILE. Ce joli monsieur qui causait avec nous.

EUGÉNIE. Celui qui m'a donné cette bague. Il n'y a qu'un prince, dit mon papa, qui m'ait pu faire un si beau présent.

DIDIER, *d'un air dépité*. Étourdi que je suis, de ne l'avoir pas reconnu !

EUGÉNIE. O l'excellent jeune homme !

CÉCILE. Si bon ! si familier ! O mon joli petit étui, je te garderai toute ma vie !

M. DE GERVILLE. Y a-t-il longtemps qu'il s'en est allé ?

DIDIER. Tout à l'heure. Je courais après lui, lorsque vous êtes venu.

M. DE GERVILLE. Par bonheur, je le joindrai demain dans la ville prochaine, et je pourrai lui exprimer toute ma reconnaissance. Je suis pourtant fâché qu'il ne loge pas cette nuit chez nous. N'en auriez-vous pas été charmés, mes enfants?

DIDIER. Oui, mon papa. Il m'appelle déjà son camarade.

CÉCILE. Oh! moi, quoique je l'aime, je suis bien aise qu'il s'en soit allé. Nous n'aurions pu vous caresser à notre aise devant lui.

MADAME DE GERVILLE. Cécile a raison. Je n'aurais pas été libre de mêler mes larmes avec les vôtres, mes chers enfants. Il aurait fallu étouffer nos soupirs.

M. DE GERVILLE. C'est pour cela que je l'aurais encore souhaité. La violence que vous auriez faite à votre douleur m'eût donné la force de retenir la mienne; et, puisqu'il faut que je vous quitte....

MARIANNE, *prenant des deux mains celle de son père et la baisant.* Oh! ne parle pas de nous quitter, mon papa! (*Le petit Frédéric s'écarte du sein de sa mère et tend ses bras vers son père, qui le prend à son cou et l'embrasse*).

M. DE GERVILLE. Chers enfants! peut-être n'est-ce pas pour longtemps que je vous laisse. La paix ne doit pas être éloignée. Elle est l'objet de tous les vœux de notre roi bienfaisant. Oui, je l'espère, je reviendrai auprès de vous.

MADAME DE GERVILLE. Mais tu pars; et, en attendant, qui nous consolera de ton absence?

EUGÉNIE. Que je lui rendrais avec plaisir sa bague, pour qu'il vous laissât avec nous!

CÉCILE. Et moi donc, son étui!

DIDIER. Et moi, son papier de louis d'or! Tenez, mon papa, voyez ce qu'il m'a donné pour une chanson. (*Il lui remet le papier*).

M. DE GERVILLE, *rendant Frédéric à sa mère*. Voyons donc ce que c'est. (*Il lit. Joignant ses mains*). Quelle bonté dans ce jeune prince, et quelle manière noble d'obliger! Il t'a donné un mandat que son père lui avait remis sans doute pour ses plaisirs.

DIDIER. Quoi! il m'aurait attrapé! Rendez-lui de ma part son argent. Mais ce n'est pas tout : il m'a donné aussi une chanson pour vous.

M. DE GERVILLE. Une chanson pour moi, Didier? Tu rêves, mon fils.

DIDIER, *tirant un papier cacheté de sa poche*. Vous allez voir.

LES ENFANTS, *se souriant les uns aux autres*. Une chanson! une chanson! (*Ils se pressent d'un air de curiosité autour de leur père*).

M. DE GERVILLE. Ciel! le cachet du roi! (*Il ouvre le paquet d'une main tremblante, jette les yeux sur les premières lignes et s'écrie :*) O ma chère femme! mes chers enfants! réjouissez-vous! réjouissez-vous!

MADAME DE GERVILLE. Pourvu que tu restes! il n'y a que cela dont je puisse me réjouir.

M. DE GERVILLE *reprend la lettre.* Laissez-moi la lire tout entière. (*Tous se pressent à ses côtés dans un profond silence. Il lit quelques lignes.*) O l'excellent roi! (*Il continue.*) Non, c'est trop. Dans un songe où mon imagination exaltée eût formé les plus brillantes chimères, je n'aurais jamais espéré rien de si flatteur.

MADAME DE GERVILLE. Je meurs d'impatience, mon ami.

EUGÉNIE. Qu'est-ce, mon cher papa?

CÉCILE. Que vous nous tenez en peine!

DIDIER. Voyons donc votre chanson, à vous.

MARIANNE. Papa, mon papa, eh bien?

} *Tous ensemble.*

M. DE GERVILLE, *se jetant au cou de sa femme.* Tu me gardes, ma chère femme. (*Il se baisse et ramasse dans ses bras tous ses enfants.*) Je ne vous quitte plus, mes chers enfants. (*Il se rejette sur le sein de sa femme, qui pose à terre le petit Frédéric.*) Oui, oui; lis toi-même.

MADAME DE GERVILLE, *à demi évanouie.* Je suis toute tremblante. Je ne saurais.

Les enfants sautent tous les uns autour des autres, serrent leur père et leur mère, baissent leurs habits, frappent dans leurs mains, et font éclater leur joie par tous les transports imaginables. Nous gardons notre papa! nous gardons notre papa!

M. DE GERVILLE. Oui, vous me gardez, et sans que je quitte absolument le service; d'une manière si honorable!

MADAME DE GERVILLE, *se ranimant.* Et comment, comment, mon ami?

M. DE GERVILLE. Le roi, touché de ma maladie, me dispense de cette campagne. Mais (ce sont ses paroles), pour me récompenser de mes glorieux services, il m'accorde le gouvernement d'une citadelle, avec le titre de colonel.

MADAME DE GERVILLE. Quoi! mon ami....

EUGÉNIE. Oh! joie sur joie!

CÉCILE. Aussi, mon cher papa, il n'y a pas d'homme comme vous dans le monde.

DIDIER. Et vous voilà colonel.

M. DE GERVILLE. Je vais donc être pleinement heureux pour le premier moment de ma vie! (*A Mme de Gerville*). Me le pardonneras-tu, ma chère femme? Je n'avais pourtant fait aucune démarche pour avoir mon congé.

MADAME DE GERVILLE. Va, je te connaissais; j'ai pris ce soin pour toi.

EUGÉNIE. Ah! le méchant papa! Si maman et le roi n'avaient pas songé à nous plus que lui!...

CÉCILE. Vous nous aviez donc trompés? Ce n'est pas bien, au moins.

M. DE GERVILLE. Vraiment, oui. Mais que voulez-vous? Une mauvaise honte de soldat! Hélas! cependant je n'aurais pu rendre à mon pays des services bien longs et bien utiles. Je le sens trop, mon corps n'est plus en état de supporter le poids des armes.

MADAME DE GERVILLE. Et tu m'aurais porté la mort dans le cœur; tu aurais réduit ces innocentes créatures à l'état d'orphelins, si la Providence n'en avait pas mieux disposé pour nous et pour toi! Allons, tout est pardonné. Mais où retrouver le généreux prince? Que je voudrais le remercier et le retenir cette nuit auprès de nous!

DIDIER. Nous allons courir sur tous les chemins.

M. DE GERVILLE. Allez, allez. Que je souffre de ne pouvoir vous suivre!

CÉCILE. Il aura maintenant trois baisers pour un. (*Les enfants se disposent à courir. Le prince s'élance du bosquet.*)

SCÈNE X.

LE PRINCE, L'OFFICIER, M. DE GERVILLE, Mme DE GERVILLE, EUGÉNIE, CÉCILE, DIDIER, MARIANNE, FRÉDÉRIC.

LE PRINCE, *saisissant Cécile.* Je te prends au mot. (*Il embrasse Cécile trois fois.*)

18

EUGÉNIE *et* DIDIER. Le prince ! le prince !

CÉCILE, *un peu décontenancée.* Vous m'avez presque fait peur, avec vos baisers.

M. DE GERVILLE. O mon digne prince, comment vous exprimer ma reconnaissance?

MADAME DE GERVILLE. Mes enfants et moi, comment vous remercier? Vous me rendez un époux et vous leur rendez un père.

LE PRINCE. Tous ces bienfaits sont de notre juste monarque. Je n'ai fait que solliciter son choix pour être l'instrument de ses grâces. Privé de l'espérance de profiter, sous les yeux de M. de Gerville, de ses exemples et de ses leçons, j'ai voulu du moins adoucir mes regrets en venant porter le bonheur dans le sein de sa respectable épouse et de ses aimables enfants. C'est une joie que je n'oublierai jamais. (*Il tend la main à M. de Gerville, qui la serre.*)

M. DE GERVILLE. Il faut avoir la bonté de votre cœur pour vous réjouir du bonheur d'une petite famille qui vous est si étrangère.

MADAME DE GERVILLE. Vous avez fait de si riches cadeaux à mes enfants !

EUGÉNIE. Je rougis d'avoir accepté cette bague. Je ne la croyais pas si précieuse.

LE PRINCE. C'est qu'elle s'est embellie dans tes mains. Je ne la reconnais plus.

CÉCILE. En ce cas, je ne vous parlerai pas de votre étui.

DIDIER. Pour moi, je vous rends votre chanson. Ce n'est pas apparemment celle que vous vouliez me donner ?

LE PRINCE. Excuse ma méprise ; mais, puisqu'elle est faite, mon père a si généreusement fourni à mon équipage, que je puis bien me charger de celui d'un jeune enseigne.

DIDIER. Enseigne ! Est-ce dans votre compagnie ?

LE PRINCE. Oui, mon petit ami.

DIDIER. Ah ! que je suis aise ! Je serai auprès de vous, et le nom de mon père ne se perdra pas dans le régiment.

M. DE GERVILLE. Vous nous accablez de tant de grâces ! M'en refuseriez-vous une bien touchante pour mon cœur ?

LE PRINCE. C'est moi qui vous supplie de me l'accorder, en vous demandant cette nuit un asile pour mon compagnon de voyage et pour moi. (*M. et Mme de Gerville s'inclinent d'un air respectueux*). Pourvu cependant que Cécile n'en soit pas fâchée.

CÉCILE. Oh ! puisque vous n'emmenez pas notre papa, restez tant que vous voudrez.

EUGÉNIE. J'espère qu'au moins à présent vous mangerez de mes fraises.

CÉCILE. Vous nous les rendrez aussi douces que vous avez failli nous les rendre amères.

DIDIER. Oui, mon prince, venez en manger chez nous, en attendant que je me sois assez distingué pour mériter d'en aller manger sous votre tente.

Les vagues plus rapides.... (page 283).

RELATION

D'UN NAUFRAGE SUR L'ILE ROYALE,

AUTREMENT DITE LE CAP-BRETON.

AVERTISSEMENT.

La relation qu'on va lire est rédigée sur le journal de M. S. W. Prenties, enseigne dans le 84ᵉ régiment, infanterie, qu'il publia pour la première fois à Londres, en 1782, et dont il s'est fait cinq éditions en dix-huit mois. En conservant avec une scrupuleuse exactitude le fond historique des disgrâces qu'il a éprouvées, j'ai cru devoir chercher à leur prêter un nouvel intérêt par une narration plus vive des événements et par un tableau plus animé des situations où il a fait éclater tant de force d'esprit et de courage. Il serait à désirer qu'un écrivain philosophe choisît dans la foule immense des voyageurs ceux dont les aventures seraient les plus propres à donner du caractère à la jeunesse en frappant fortement son imagination et sa sensibilité. C'est par des traits d'industrie, de constance, et quelquefois même d'une heureuse audace, qu'il faudrait lui montrer les ressources que l'homme trouve toujours en lui-même dans les positions les plus désespérées. Cette lecture, en la préparant de bonne heure aux plus étranges accidents qui peuvent troubler le cours de la vie humaine, lui en donnerait, en quelque sorte, la première expérience, et l'animerait, par une noble émulation, à les soutenir avec fermeté.

Mes jeunes lecteurs seront bien aises sans doute d'apprendre que, sur les témoignages du lord Dalrymphe, aide de camp du général Clinton, et par les bons offices de M. Fischer, alors sous-secrétaire du département de l'Amérique, M. Prenties a obtenu tous les dédommagements qu'il pouvait désirer pour les souffrances et les pertes qu'il a essuyées.

———

Chargé des dépêches que le général Haldimand,

commandant en chef du Canada, m'avait confiées pour le général Clinton, je m'embarquai, le 17 novembre 1780, sur un petit brigantin qui faisait voile de Québec vers New-York. Nous allions de conserve avec une goëlette destinée pour le même endroit, et qui portait un duplicata des dépêches. Après avoir descendu le fleuve Saint-Laurent jusqu'au havre appelé le Trou de Saint-Patrice, dans l'île d'Orléans, nous fûmes retenus dans ce port par un vent contraire qui dura six jours. L'hiver faisait déjà sentir ses premiers frimas, et la glace se forma bientôt à une grande épaisseur sur tous les bords du fleuve par l'âpreté d'un froid rigoureux. Plût au ciel qu'il eût duré quelques jours de plus! En fermant absolument notre marché, il nous aurait sauvés des malheurs dont le récit va commencer avec celui de notre navigation.

Avant de parvenir à l'embouchure du fleuve, on s'était aperçu que le brigantin faisait une légère voie d'eau. A peine fûmes-nous entrés dans le golfe, que cette voie devint plus considérable; et les deux pompes, malgré leur travail continuel, laissaient toujours deux pieds d'eau dans la cale, D'un autre côté, le froid avait augmenté sa rigueur, et les glaces s'amoncelaient autour du vaisseau jusqu'à nous faire craindre d'en être entièrement environnés. Nous n'avions à bord que dix-neuf personnes, dont six passagers, et les autres, mauvais matelots. Quant au capitaine, de qui nous devions attendre des secours dans une position si fâcheuse, au lieu de veiller à la conservation du navire, il passait le temps à s'enivrer dans sa chambre, sans s'occuper un moment de notre sûreté.

Le vent continuant de souffler avec la même violence, et l'eau s'étant élevée dans la cale jusqu'à la hauteur de quatre pieds, le froid et la lassitude jetèrent le découragement parmi les gens de l'équipage. Tous les matelots, de concert, prirent la résolution de ne plus manœuvrer. Ils abandonnèrent les pompes en témoignant une profonde indifférence sur leur destin, aimant mieux, disaient-ils, couler à fond avec le vaisseau que de s'épuiser d'un travail inutile dans une situation désespérée.

Il faut convenir que depuis plusieurs jours leurs fatigues avaient été excessives et sans aucun intervalle de délassement. L'inaction du capitaine achevait encore de les abattre. Cependant, à force d'encouragements et de promesses, et par une distribution de vin que j'ordonnai fort à propos pour les réchauffer, je parvins à vaincre leur répugnance. L'interruption du travail avait fait entrer un pied d'eau de plus dans la cale; mais leur activité se ranimant par la chaleur de la boisson que je leur faisais donner toutes les demi-heures, ils soutinrent avec tant de constance l'effort de la manœuvre, que l'eau fut bientôt réduite à moins de trois pieds.

Nous étions au 3 décembre. Le vent semblait de jour en jour s'irriter au lieu de s'adoucir. Les fentes du vaisseau allaient toujours en s'agrandissant, tandis que les glaçons attachés à ses côtés augmentaient son poids et gênaient sa marche. Il fallait continuellement casser cette croûte de glace qui menaçait de l'envelopper. La goëlette qui nous suivait, loin de pouvoir lui prêter aucune assistance, se trouvait dans un état encore plus déplorable, ayant donné sur des rochers devant l'île de Coudres, par l'ignorance du pilote. Une neige épaisse qui vint alors à tomber nous déroba sa vue. Un coup de canon, que nous tirions tour à tour de demi-heure en demi-heure, formait toute notre correspondance. Bientôt nous eûmes la douleur de ne l'entendre plus répondre à ce signal. Elle périt avec les seize personnes de son équipage, sans qu'il nous fût même possible d'apercevoir leur désastre pour chercher à les recueillir.

La pitié que nous inspirait un sort si funeste fut bientôt détournée sur nous-mêmes par l'appréhension d'un nouveau danger. La mer était fort grosse, la neige très-épaisse, le froid insupportable, et tout l'équipage abattu. C'est dans cet état que le contre-maître s'écria que nous ne devions pas être éloignés des îles Madeleine, amas confus de rochers, dont les uns élèvent leur tête sur la mer, et dont les autres cachent sous sa surface des pointes déjà fatales à plusieurs vaisseaux. En moins de deux heures nous entendîmes les vagues se briser à grand bruit sur ces roches; et bientôt après nous découvrîmes l'île principale appelée *l'Homme mort*, qu'une manœuvre pénible nous fit éviter. Le sentiment du péril n'en devint que plus vif au milieu d'une foule d'écueils dont il y avait peu d'apparence que nous pussions échapper avec le même bonheur, l'épaisseur redoublée de la neige nous permettant à peine d'étendre notre vue d'un bout à l'autre du vaisseau. Il serait difficile de peindre la consternation et l'effroi dont nous fûmes saisis dans toute la longueur de ce passage. Mais lorsque nous l'eûmes franchi, un rayon d'espoir rentra dans le cœur des matelots, qui ne doutèrent plus que la Providence ne s'intéressât à leur salut, en considérant le danger dont ils venaient de sortir, et ils reprirent leurs efforts avec une ardeur nouvelle.

La mer devint plus agitée pendant la nuit, et le lendemain, vers cinq heures du matin, une grosse houle fondit sur le vaisseau, enfonça nos faux sabords et remplit d'eau la cabine. L'impétuosité des vagues ayant écarté l'étambot, nous cherchâmes à boucher les ouvertures avec du bœuf coupé par tranches; mais ce faible expédient demeura sans effet, et l'eau continua de nous gagner plus rapidement que jamais. L'équipage effrayé avait suspendu un moment l'exercice des pompes. Lorsqu'il voulut le reprendre, il les trouva si fortement gelées, qu'il était désormais impossible de les faire jouer.

Nous perdîmes dès ce moment l'espérance de conserver longtemps le navire, et tous nos vœux se bornaient à ce qu'il n'enfonçât pas du moins jusqu'à ce que nous fussions à la portée de l'île Saint-Jean ou de quelque autre île dans le golfe, où nous pourrions aborder à l'aide de notre chaloupe. Abandonnés à la merci du vent, nous n'osions entreprendre aucune manœuvre, de peur de causer au vaisseau quelque effort dangereux. Le nouveau poids d'eau qu'il prenait de minute en minute ralentissait sa marche, et les vagues plus rapides dont il brisait la course se redressaient furieuses et venaient se déborder sur le tillac. La cabane où nous nous étions réfugiés ne nous présentait qu'un bien faible abri contre le souffle du vent, et nous garantissait à peine de la violence des houles glacées. A chaque instant nous craignions de voir emporter notre gouvernail et notre mât se briser. Les mouettes et les canards sauvages que nous entendions voltiger autour de nous témoignaient, il est vrai, que la côte ne devait pas être éloignée; mais ses approches même étaient un nouveau sujet de terreur. Comment échapper aux brisants dont elle pouvait être entourée, dans l'impuissance où nous étions de les éviter par aucune manœuvre, et même de les apercevoir à travers le voile de neige dont nous étions enveloppés? Telle était, depuis quelques heures, notre déplorable situation, lorsque, le ciel s'étant tout à coup éclairci, nous découvrîmes enfin la terre à trois lieues de distance.

Le sentiment d'allégresse dont nous pénétra son premier aspect fut bien modéré par une vue plus distincte des roches énormes qui paraissaient s'élever à pic le long de la côte pour nous en repousser. Le vaisseau venait encore d'essuyer des lames violentes, qui l'auraient submergé si sa charge eût été moins légère. Chaque nouvelle secousse nous faisait craindre de le voir s'entr'ouvrir. Notre chaloupe était trop petite pour contenir tout l'équipage, et la mer d'ailleurs trop furieuse pour lui confier un si faible bâtiment. Il semblait que nous n'étions parvenus devant cette terre fatale que pour la rendre témoin de notre perte. Cependant nous en approchions toujours de plus près. Nous n'en étions plus éloignés que d'un mille, lorsque nous découvrîmes avec transport, au détour de ces roches menaçantes, une plage sablonneuse, vers laquelle notre course se dirigeait, sans que l'eau perdît assez sensiblement de sa profondeur pour nous défendre d'en approcher de cinquante à soixante verges avant d'échouer. Le sort de nos vies allait se décider dans quelques minutes. Enfin le navire donna sur le sable avec une violente secousse. Le premier choc fit sauter le grand mât, mais sans aucun accident, et le gouvernail fut démonté d'une telle rudesse, que la barre faillit tuer un des matelots. Les vagues mutinées qui battaient de tous côtés le navire forcèrent la poupe; en sorte que, n'ayant plus d'abri dans la cabane, nous fûmes obligés de monter sur le pont et de nous tenir accrochés aux haubans, de peur d'être renversés dans la mer. Au bout de quelques instants, le vaisseau se releva tant soit peu; mais la quille était brisée, et la carcasse semblait près de se disperser. Ainsi toutes nos espérances furent réduites à la chaloupe, que j'eus une peine infinie à faire mettre à la mer, tant elle était hérissée, au dedans et au dehors, de larges glaçons dont il fallait la débarrasser. La plupart des gens de l'équipage s'étant pris de vin pour tâcher de se délivrer de l'effroi dont ils étaient saisis, je fis avaler un verre d'eau-de-vie à ceux qui étaient restés sobres, et je leur demandai s'ils voulaient s'embarquer avec moi dans la chaloupe pour gagner la terre. La mer était si houleuse qu'il paraissait impossible que notre frêle esquif pût la tenir un moment sans être englouti. Il n'y eut que le contre-maître, deux matelots et un jeune passager qui résolurent d'en courir le hasard. Dès le premier instant de péril, j'avais mis mes dépêches dans un mouchoir noué autour de ma ceinture. Sans m'occuper alors de mes autres effets, je saisis une hache et une scie et me jetai dans le canot, suivi du contre-maître et de mon domestique, qui, plus avisé que moi, sauvait de mes coffres une bourse de cent quatre-vingts guinées. Le passager, ne s'étant pas élancé assez loin, tomba dans la mer; et peu s'en fallut que nos mains engourdies par le froid ne fussent incapables de lui prêter le moindre secours. Lorsque les deux matelots furent descendus, ceux qui avaient le plus obstinément refusé de tenter la même fortune nous supplièrent de les recevoir; mais le poids d'un si grand nombre de personnes et le tumulte de leurs mouvements me faisant craindre de chavirer, je donnai l'ordre de s'éloigner du bord du vaisseau. Je ne tardai pas à m'applaudir d'avoir étouffé un sentiment de pitié qui leur aurait été funeste à eux-mêmes. Quoique la terre ne fût éloignée que d'environ cinquante verges, nous fûmes accueillis, à moitié chemin, d'une grosse lame qui remplit à demi le canot, et qui l'aurait infailliblement renversé si la charge eût été pesante. Une seconde vague nous jeta violemment sur le rivage.

La joie de nous trouver enfin à l'abri des périls qui nous avaient tenus si longtemps en de cruelles alarmes nous fit oublier un moment que nous n'étions échappés d'un genre de mort que pour en souffrir probablement un autre plus terrible et plus douloureux. En nous tenant embrassés dans nos premiers transports pour nous féliciter sur notre

salut, nous ne pouvions être insensibles à la détresse de nos compagnons que nous avions laissés sur le navire, et dont les cris lamentables se faisaient entendre au milieu du bruit sourd des flots. Ce qui redoublait la douleur où nous plongeait ce sentiment était de ne pouvoir leur prêter aucune espèce de secours. Notre canot, jeté sur le sable par les vagues courroucées, témoignait assez l'impossibilité de rompre leur impulsion pour retourner au vaisseau.

La nuit s'approchait à grands pas, et nous n'eûmes pas resté longtemps sur cette plage glaciale avant de sentir que nous allions être engourdis par le froid. Il fallut nous traîner, à travers la neige qui s'enfonçait sous nos pieds, jusqu'à l'entrée d'un petit bois, environ à deux cents verges du rivage, dont l'abri nous défendit un peu du souffle perçant du nord-ouest. Cependant il nous manquait du feu pour réchauffer nos membres transis, et nous n'avions aucun moyen d'en allumer. La boîte d'amadou que nous avions eu la précaution de prendre dans la chaloupe avait été baignée par la dernière houle que nous venions d'essuyer. Il n'y avait que l'exercice qui pût nous garantir de la gelée, en tenant notre sang en circulation. Mieux instruit que mes compagnons de la nature de ces âpres climats, je leur recommandai de se livrer à un grand mouvement pour repousser le sommeil. Mais le jeune passager, dont les habits trempés des eaux de la mer s'étaient roidis en glaçon sur son corps, ne put résister à la sensation assoupissante que donne toujours le froid extrême qu'il éprouvait. Vainement j'employai tour à tour la persuasion et la force pour le faire tenir sur ses pieds. Je fus obligé de l'abandonner à son assoupissement. Après avoir marché pendant une demi-heure, saisi moi-même d'une si forte envie de dormir que je me sentais prêt à chaque instant de me laisser couler à terre pour la satisfaire, je revins à l'endroit où ce jeune homme était couché. Je mis la main sur son visage, et le sentant tout froid, je le fis toucher au contre-maître. Nous crûmes l'un et l'autre qu'il était mort. Il nous répondit d'une voix faible qu'il ne l'était pas, mais qu'il sentait sa fin s'approcher, et il me supplia, si je lui survivais, d'écrire à son père à New-York et de l'instruire de son malheur. Au bout de dix minutes, nous le vîmes expirer sans aucune souffrance, ou du moins sans de vives convulsions. J'ai rapporté cet incident pour montrer l'effet d'un froid violent sur le corps humain pendant le sommeil, et pour faire voir que cette mort n'est pas toujours accompagnée d'un sentiment de douleur aussi vif qu'on a coutume de le supposer.

Cette leçon effrayante ne fut pas capable d'engager les autres à combattre le penchant qui les entraînait au sommeil. Trois d'entre eux se couchèrent en dépit de mes exhortations. Voyant qu'il était impossible de les faire tenir debout, j'allai couper deux branches d'arbre, dont je donnai l'une au contre-maître, et toute notre occupation, pendant le reste de la nuit, fut d'empêcher nos compagnons de dormir, en les frappant aussitôt qu'ils fermaient la paupière. Cet exercice ne nous fut pas inutile à nous-mêmes, en même temps qu'il préservait les autres du danger presque certain de mourir.

La lumière du jour, que nous attendions avec une si vive impatience, parut enfin. Je courus avec le contre-maître sur le rivage, pour tâcher de découvrir quelques traces du vaisseau, quoiqu'il nous en restât à peine une faible espérance. Quelle fut notre surprise et notre satisfaction de voir qu'il s'était conservé, malgré la violence du vent, qui semblait avoir dû le briser en mille pièces pendant la nuit! Mon premier soin fut de chercher comment je pourrais faire venir à terre le reste de l'équipage. Le vaisseau, depuis que nous l'avions quitté, avait été poussé par les vagues beaucoup plus près de la côte, et l'espace qui l'en séparait devait encore se trouver plus petit à la basse marée. Lorsqu'elle fut venue, je criai aux gens du vaisseau d'attacher une corde à son bord, pour s'y glisser tout du long l'un après l'autre. Ils adoptèrent cet expédient. En surveillant d'un œil attentif le mouvement de la mer, et saisissant bien le temps de glisser au moment où la vague se retirait, ils descendirent tous sans péril, à l'exception du charpentier. Celui-ci ne jugea pas à propos de se hasarder de cette manière, ou peut-être se trouvait-il incapable d'aucun mouvement, ayant usé pendant la nuit un peu trop librement de sa bouteille. Le salut général était attaché à celui de chacun de nous en particulier, et je me réjouis doublement de voir autour de moi un si grand nombre de mes compa-

gnons d'infortune, que je croyais tous engloutis dans les ondes peu d'heures auparavant.

Le capitaine, avant de descendre, s'était heureusement chargé de tous les matériaux nécessaires pour allumer du feu. La troupe se mit alors en marche vers la forêt, et les uns s'employèrent à couper du bois, les autres à ramasser des branches sèches, dispersées à terre. Bientôt une flamme brillante, qui s'éleva d'un large bûcher, nous fit pousser mille cris joyeux. Si l'on considère le froid extrême que nous avions souffert si longtemps, aucune jouissance ne pouvait être égale à celle de la chaleur d'un bon brasier. C'était à qui s'en approcherait de plus près pour ranimer ses membres engourdis. Mais cette jouissance fut suivie, pour la plupart, des douleurs les plus cruelles, aussitôt que l'ardeur de la flamme pénétra les parties de leurs corps mordues par la gelée. Le contre-maître et moi étions les seuls qu'elle eût respectés, à cause de l'exercice que nous avions fait dans la nuit. Tous les autres en avaient été plus ou moins attaqués, soit dans le vaisseau, soit à terre. Les mouvements convulsifs qu'arrachait à ces malheureux la violence des tortures qu'ils éprouvaient, seraient trop horribles à exprimer.

Lorsque nous vînmes à faire la revue de notre troupe, j'observai qu'il manquait un passager, nommé le capitaine Green. J'appris qu'il s'était endormi à bord du vaisseau et qu'il avait été gelé mortellement. Nos inquiétudes se renouvelèrent au sujet du charpentier resté sur le navire. La mer roulant toujours avec la même fureur, il était impossible d'envoyer la chaloupe à son secours. Nous fûmes obligés d'attendre le retour de la basse marée, et nous lui persuadâmes enfin de venir à terre de la même manière que les autres ; ce qu'il ne put faire qu'avec une extrême difficulté, réduit comme il l'était à la plus grande faiblesse, et gelé dans presque toutes les parties de son corps.

La nuit vint, et nous la passâmes un peu mieux que la précédente. Cependant, malgré le soin que nous prenions d'entretenir toujours un grand feu, nous avions beaucoup à souffrir de la rigueur du vent, qui soufflait à découvert sur nous. L'épaisseur des arbres pouvait à peine nous défendre de la neige, qui semblait se précipiter à grands flots sur notre feu pour l'éteindre. En pénétrant nos habits d'humidité du côté exposé à la flamme, elle nous formait sur le dos une couche épaisse, qu'il fallait continuellement secouer avant qu'elle se durcît en glaçon. Le sentiment aigu de la faim, nouvelle misère que nous avions jusqu'alors ignorée, vint encore se joindre à celui du froid, que nous avions tant de peine à soutenir.

Deux jours s'écoulèrent, pendant lesquels chaque instant ajoutait au souvenir cruel de nos maux passés la terreur d'un avenir plus affreux. Enfin, le vent et la mer qui s'étaient accordés pour nous interdire l'approche du vaisseau, renouvelèrent leurs efforts réunis pour le briser. Nous en fûmes avertis par le bruit qu'il fit en éclatant. Nous courûmes vers le rivage, et nous vîmes déjà flotter une partie de la cargaison, que l'impétuosité des ondes entraînait hors de ses flancs entr'ouverts. Par bonheur la marée portait une partie des débris sur la

plage. Armés de longues perches et des rames de notre canot, nous allions le long du sable, attirant tout ce qui s'offrait de plus utile à notre portée.

C'est ainsi que nous parvînmes à sauver quelques barils de bœuf salé et une quantité considérable d'oignons, que le capitaine avait pris à bord pour les vendre. Nos soins se portèrent aussi sur les planches qui se détachaient du vaisseau, et qui pouvaient servir à nous construire une cabane. On en recueillit un grand nombre, qui furent traînées dans le bois pour être aussitôt employées à leur destination. Cette entreprise n'était pas aisée. Il en était peu d'entre nous qui fussent en état d'y travailler. Cependant, l'heureux succès de la journée animant notre courage, et la nourriture que nous avions prise soutenant nos forces, l'ouvrage se trouva fort avancé à la chute du jour. La lueur de notre feu nous mit en état de le continuer dans les ténèbres, et, vers les dix heures du soir, nous eûmes une cabane longue d'environ vingt pieds et large de dix, assez solide, grâce aux arbres qui la soutenaient de distance en distance, pour résister à la force du vent, mais pas assez close pour nous mettre entièrement à l'abri de la froidure.

La journée suivante et celle du surlendemain furent employées soit à perfectionner notre édifice, soit à recueillir, pendant la haute marée, ce qu'elle nous apportait du vaisseau, soit à dresser l'inventaire de nos provisions, pour en répartir l'usage entre nous sur une juste mesure. Il n'avait pas été possible de sauver du biscuit, entièrement détrempé dans l'eau de la mer. Il fut décidé que chaque personne, en santé ou malade, serait réduite à un quart de livre de bœuf et à quatre oignons par jour, aussi longtemps que ceux-ci pourraient durer. Cette faible ration, à peine suffisante pour s'empêcher de mourir de faim, était tout ce que l'on pouvait se permettre, dans l'incertitude du temps qu'il faudrait peut-être passer sur cette côte déserte.

Le 11 décembre, sixième jour de notre naufrage, le vent s'adoucit, et nous laissa la liberté de mettre notre chaloupe à flot pour aller chercher ce qui pouvait rester dans le navire. Une grande partie de la journée fut perdue à briser à coups de hache la glace épaisse qui couvrait le pont et qui fermait les écoutilles. Le lendemain, nous réussîmes à retirer un petit baril contenant cent vingt livres de bœuf salé, deux caisses d'oignons, trois bouteilles de baume de Canada, une de patates, une bouteille d'huile, qui nous devint très-utile pour les plaies des matelots, une seconde hache, un grand pot de fer, deux marmites et environ douze livres de chandelle. Ce renfort précieux nous mit en état, le jour suivant, d'ajouter quatre oignons de plus à notre ration journalière.

Nous retournâmes encore à bord le 14, pour chercher les voiles, dont une partie nous servit à couvrir notre cabane et à la rendre impénétrable à la neige. Ce même jour, les plaies de ceux qui avaient le plus souffert de la gelée et qui avaient négligé de se frotter de neige commencèrent à se mortifier. Leurs jambes, leurs mains et toutes les autres parties de leurs membres affectées se dépouillèrent de leur peau, avec des douleurs intolérables. Le charpentier, qui était descendu le dernier à terre, avait perdu la plus grande partie de ses pieds, et, dans la nuit du 14, le délire le prit. Il resta dans le même état jusqu'au lendemain, où la mort le délivra de sa misérable existence. Trois jours après, notre second contre-maître mourut de la même manière, ayant été en délire quelques heures avant d'expirer : ce qui arriva également le surlendemain à un matelot. Nous couvrîmes leurs cadavres de neige et de branches d'arbres, n'ayant ni pioche ni bêche pour leur creuser une fosse; et, quand nous en aurions été pourvus, la terre était durcie à une trop grande profondeur pour céder à ces instruments.

Toutes ces pertes, qui réduisaient notre troupe à quatorze personnes, nous causèrent un médiocre chagrin, soit pour eux, soit pour nous-mêmes. En considérant notre déplorable condition, la mort nous paraissait un bienfait plutôt qu'une disgrâce; et, lorsqu'un sentiment naturel nous ramenait à l'amour de la vie, chacun de nous en particulier ne pouvait regarder ses compagnons que comme autant d'ennemis armés par la faim pour lui ravir sa subsistance. En effet, si quelques-uns n'avaient payé le tribut à la nature, nous aurions été bientôt dans l'horrible nécessité de périr de faim ou de nous égorger et de nous dévorer les uns les autres. Sans en être encore réduits à cette affreuse alternative, notre situation était si misérable, qu'il semblait impossible qu'aucune nouvelle calamité pût en accroître l'horreur. Le sentiment continuel d'un froid rigoureux et d'une faim pressante, la douleur des plaies de la gelée irritées par le feu, les plaintes des souffrants, le désordre et la malpropreté qui nous rendaient un objet de dégoût pour nous-mêmes autant que pour les autres, toutes les images du désespoir rassemblées autour de nous, et dans la perspective une mort lente et cruelle, au milieu d'une région désolée, loin des consolations du sang et de l'amitié ; telle est la faible peinture des maux que notre cœur ressentait à chaque instant des longs jours et des éternelles nuits.

Nous étions souvent sortis, le contre-maître et moi, pour voir si nous pourrions découvrir quelques vestiges d'habitation dans la contrée. Nos courses ne pouvaient être longues et n'avaient jamais été suivies d'aucun succès. Nous résolûmes un jour de nous avancer plus avant dans le pays, en remontant les bords d'une rivière glacée. Il s'offrait de temps en temps à nos yeux des traces d'orignal ou d'autres animaux, qui nous faisaient sentir vivement le regret d'être dépourvus d'armes et de poudre pour les chasser. Un léger espoir vint flatter un moment nos esprits. En suivant la direction de quelques arbres entamés du même côté par la hache, nous arrivâmes dans un endroit où des Indiens devaient avoir passé depuis peu, puisque leur wigwam y restait encore, et que l'écorce qu'on y avait employée paraissait toute fraîche. Une peau d'orignal, que nous trouvâmes tout près suspendue au bout d'une perche, confirmait nos conjectures. Nous parcourûmes avec empressement tous les environs, mais, hélas! sans aucun fruit. Il nous resta cependant quelque satisfaction de penser que cet endroit avait eu ses habitants ou ses voyageurs, et qu'ils pourraient bientôt y revenir. Frappé de cette idée, je coupai une longue perche, et, l'enfonçant sur le bord de la rivière, j'y attachai un morceau d'écorce de bouleau, après l'avoir taillé en forme de main, avec le doigt indicateur étendu et tourné vers notre cabane. Je crus aussi devoir emporter la peau d'orignal, afin que les sauvages, à leur tour, pussent comprendre que quelques personnes étaient passées en cet endroit depuis qu'ils l'avaient quitté, et démêler, à la faveur de notre signal, la route qu'elles avaient suivie. L'approche de la nuit nous força de reprendre le chemin de notre habitation, et nous redoublâmes le pas, pour communiquer plus tôt à nos compagnons de si agréables nouvelles. Quelque faibles que fussent les espérances qu'il était raisonnablement permis de concevoir de cette découverte, je vis que mon récit leur donnait une vive consolation : tant un instinct bienfaisant de la nature porte les malheureux à saisir tout ce qui peut adoucir le sentiment de leurs peines!

Plusieurs jours s'écoulèrent dans l'attente de voir à chaque instant paraître les Indiens devant notre cabane. Peu à peu ces douces idées s'affaiblirent; elles ne tardèrent pas enfin à s'évanouir. Quelques-uns de nos malades, entre autres le capitaine, avaient commencé, dans cet intervalle, à recouvrer leurs forces, et nos provisions diminuaient à vue d'œil. Je proposai le dessein où j'étais de quitter l'habitation avec tous ceux qui seraient en état de manœuvrer dans la chaloupe, pour aller à la découverte le long de la côte. Ce projet reçut une approbation générale; mais, lorsqu'il fallut s'occuper des moyens de l'exécuter, une nouvelle difficulté se présenta : c'était de pouvoir réparer le canot, battu par la mer contre le sable avec une telle furie, que toutes les jointures s'étaient écartées. On avait bien assez d'étoupes pour boucher les fentes; malheureusement le goudron manquait pour les recouvrir. Et le moyen d'y suppléer! Il ne s'en présentait aucun à notre esprit, lorsque j'imaginai tout à coup de faire servir à cet usage le baume de Canada que nous avions sauvé. L'épreuve était facile. J'en versai quelques bouteilles dans notre pot de fer, que j'exposai sur un grand feu. En la retirant fréquemment pour la laisser refroidir, j'eus bientôt réduit la liqueur à une juste consistance. Mes compagnons, pendant ce temps, avaient retourné le canot et l'avaient bien débarrassé du sable et des glaçons. Je fis remplir d'étoupe toutes les crevasses, je les enduisis de mon calfat, et j'eus le plaisir de voir qu'il produisait à merveille l'effet que j'en avais attendu.

Ce premier succès nous anima d'une ardeur plus vive pour continuer nos préparatifs. Un morceau de toile, ajusté sur une perche dressée de manière à pouvoir se lever ou s'abattre à volonté, nous promit une voilure assez forte pour soulager, dans un vent doux et favorable, le travail de nos rameurs. Parmi les gens de l'équipage, il y en avait peu d'assez bien rétablis pour soutenir les fatigues que nous devions prévoir dans cette expédition. On me choisit pour la conduire, avec le capitaine, le contre-maître, deux matelots et mon domestique. Ce qui restait de vivres fut divisé, selon le nombre de personnes, en quatorze parts égales, sans que l'excès des travaux que nous allions entreprendre pour la cause commune pût nous faire adjuger une portion plus forte qu'à ceux qui devaient rester paisiblement dans la cabane. C'est avec cette misérable ration d'un quart de livre de bœuf par jour pour six semaines, un frêle esquif, revêtu d'un enduit incertain, que la moindre vague, le moindre souffle de vent pouvait renverser, le moindre écueil mettre en pièces ; c'est au milieu des masses énormes de glaces flottantes, sur une plage inconnue, semée de rochers, et pendant la saison la plus rigoureuse de l'année, qu'il fallait tenter une entreprise dont un désespoir aveugle avait pu seul inspirer le projet. Mais nous en étions à ce point, qu'il était moins téméraire d'affronter tous les dangers possibles, à la plus faible lueur d'espérance, que de s'exposer, par une lâche inaction, au danger presque inévitable de périr abandonnés de la nature entière.

L'année 1781 venait de s'ouvrir. Notre dessein était de partir le jour suivant, 2 janvier. Un vent fougueux du nord-ouest nous retint jusqu'à l'après-midi du 4. Son impétuosité s'étant alors abattue, nous embarquâmes nos provisions, avec quelques livres de chandelle, ainsi que tous les petits effets qui pouvaient nous être utiles, et nous prîmes congé de nos compagnons, dans l'incertitude cruelle si ce ne seraient pas nos derniers adieux. Nous n'avions guère couru plus de huit milles, lorsque le vent, tournant au sud-est, contraria notre marche, et nous contraignit d'aborder, à force de rames, dans une large baie qui nous présentait un asile favorable pour la nuit. Notre premier soin fut de débarquer nos vivres et de transporter la chaloupe assez avant sur la plage pour que la mer ne pût l'endommager. Il fallut ensuite allumer du feu et couper du bois pour l'entretenir jusqu'au lendemain. Les branches de pin les plus menues furent employées à former notre lit, et les plus grosses à nous construire à la hâte une espèce de wigwam, pour nous mettre de notre mieux à l'abri des injures de l'air.

En faisant notre petit repas, je remarquai sur le rivage quelques pièces de bois que le flux y avait jetées et qui paraissaient avoir été taillées par la hache. Je voyais aussi de longues perches façonnées autrefois de main d'homme. Cependant aucune autre marque d'habitation ne se montrait à nos regards. Il s'élevait, à deux milles de distance, une colline dépouillée d'arbres, avec quelques traces de défrichement. J'engageai deux de mes compagnons à m'y suivre avant la fin du jour, pour pouvoir embrasser de sa hauteur un horizon plus étendu. En marchant le long de la baie, nous reconnûmes un bateau de pêcheur de Terre-Neuve à demi brûlé, dont les restes étaient ensevelis dans le sable. Cet objet nous donna de nouvelles espérances et nous fit redoubler de vitesse pour gravir la colline. Parvenus au sommet, quelle ne fut pas notre satisfaction d'apercevoir de l'autre côté quelques édifices éloignés d'un mille tout au plus! L'intervalle qui nous en séparait fut bientôt franchi, malgré notre lassitude. Nous arrivâmes palpitants

d'espoir et de joie; mais ces douces émotions furent au même instant dissipées. En vain nous parcourûmes tous les bâtiments; ils étaient déserts. C'étaient des magasins pour la préparation de la morue, qui, selon les apparences, avaient été abandonnés plusieurs années auparavant. Le triste fruit de cette course fut cependant de nous confirmer toujours dans l'idée de trouver quelques habitations en continuant de tourner autour de l'île.

Le vent, qui avait repassé au nord-ouest, vint le lendemain nous retenir par la crainte du choc des glaçons qu'il poussait dans les courants. Depuis trois jours il régnait avec la même fureur. M'étant réveillé dans la nuit, je fus étonné d'entendre ses sifflements aigus, sans que la mer y joignît, comme à l'ordinaire, le bruit sourd de ses vagues. J'interrompis le sommeil du contre-maître, pour lui faire part de ce phénomène. Curieux d'en connaître la cause, nous courûmes vers le rivage. La lune nous éclairait de ses rayons. Aussi loin que notre vue put s'étendre, leur funeste clarté nous fit apercevoir la surface des eaux immobiles sous les chaînes de la glace, qui s'élevait à divers endroits en monceaux d'une prodigieuse hauteur. Comment vous peindre le sentiment de tristesse qui s'empara de nos cœurs à cet aspect? Ne pouvoir pousser plus loin notre course, ni regagner notre première cabane, qui nous aurait mieux défendus de l'âpreté redoublée du froid ! Jusqu'à quand devait durer cette funeste situation? Deux jours s'écoulèrent au milieu de ces réflexions désolantes. Enfin, le 9, le vent tomba. Il se releva le lendemain au sud-est, et souffla d'une telle force, que toutes les glaces qui nous bloquaient dans la baie se brisèrent à grand bruit et furent balayées dans la haute mer, en sorte qu'il n'en restait plus le long de la côte vers les quatre heures de l'après-midi.

En rompant les chaînes qui nous arrêtaient, le tyran des airs nous en forgeait d'autres par sa violence. Ce ne fut qu'au bout de deux jours qu'elle se modéra. Une brise légère soufflant alors le long du rivage, notre chaloupe fut mise à la mer, notre voile dressée; et déjà nous nous étions avancés d'un cours assez favorable, lorsque nous aperçûmes, à quelques lieues dans le lointain, une pointe de terre extrêmement élevée. La côte jusque-là paraissait ne former qu'une ceinture si continue de rochers escarpés, qu'il était impossible de tenter aucun débarquement avant d'avoir atteint ce cap éloigné. Cependant il était dangereux de risquer une aussi longue course. La chaloupe venait de faire une voie d'eau qui occupait constamment deux hommes à la vider. Ainsi nous ne pouvions employer que deux rames ; encore la faiblesse où nous étions réduits par nos chagrins et par le défaut de nourriture nous permettait à peine de soutenir cette légère manœuvre. Qu'allions-nous devenir si le vent venait à tourner au nord-ouest? Il devait infailliblement nous briser contre les rochers. Heureusement le danger n'était plus pour nous un objet digne de considération, et le vent seconda si bien notre constance, que nous parvînmes au cap environ à onze heures de la nuit. La place ne s'étant point trouvée commode pour aborder, nous fûmes encore obligés de longer la côte jusqu'à deux heures du matin, lorsque le vent devenu plus fort nous ôta la liberté de choisir un endroit favorable. Il fallut descendre, ou plutôt gravir, avec mille peines, sur une plage pierreuse, sans qu'il fût possible de mettre notre chaloupe à l'abri des flots qui menaçaient de la briser contre les rochers.

L'endroit où nous étions débarqués était une baie peu profonde, renfermée du côté de la terre, par des hauteurs inaccessibles, mais ouverte sur la mer au vent du nord-ouest, dont rien ne pouvait nous garantir. Le vent, qui s'éleva le 13, jeta notre chaloupe sur un banc rocailleux, l'endommagea dans plusieurs parties. Cet accident ne fut qu'un léger prélude à de nouvelles misères. Environnés de rochers insurmontables, qui nous empêchaient d'aller chercher un abri dans les bois; réduits, pour toute couverture, à notre voile hérissée de glaçons; ensevelis durant plusieurs jours sous un déluge de neige qui s'était amoncelée autour de nous à la hauteur de trois pieds, nous n'avions, pour alimenter notre feu, que des branches et des débris de troncs d'arbres, qui se trouvèrent par hasard jetés sur le rivage. Cette déplorable situation dura jusqu'au 21, où le temps se radoucit ; mais il n'était plus en notre pouvoir d'en profiter.

Comment réparer notre chaloupe, ouverte de plusieurs crevasses ? Après avoir médité les divers moyens qui se présentèrent à notre esprit, et les avoir rejetés comme impraticables, toutes nos pensées se tournèrent à chercher notre salut d'un autre côté.

Quoiqu'il fût impossible d'escalader le mur de rochers qui nous entourait de toutes parts, cependant, si nous étions dans la nécessité de renoncer à l'usage de notre chaloupe, il nous vint dans l'idée que nous pourrions du moins nous avancer le long du rivage, en marchant sur la glace, devenue assez forte pour supporter notre poids. Je résolus avec le contre-maître d'en faire l'épreuve. Nous partîmes aussitôt, et, au bout de quelques milles, nous parvînmes à l'embouchure d'une rivière bordée d'une plage sablonneuse, où nous aurions pu conserver notre chaloupe et vivre avec beaucoup moins de désagréments, si notre bonne fortune nous y eût d'abord conduits. Cette découverte, en faisant naître nos regrets, n'étendait pas bien loin nos espérances. Il était à la vérité facile de pénétrer de là dans les bois ; mais fallait-il s'enfoncer au hasard en des lieux sauvages pour aller à la recherche d'un canton habité? Par quels moyens diriger notre course à travers la noire épaisseur de la forêt? et surtout comment traîner ses pas sur la neige, dont la terre était chargée à la hauteur de six pieds, et que le moindre dégel pouvait ramollir? Après avoir tenu conseil à notre retour, il fut décidé que notre seule ressource était de charger sur notre dos ce qui nous restait d'effets utiles et de provisions, et d'aller le long de la côte, où il était plus naturel d'espérer qu'il se trouverait enfin quelques familles de pêcheurs ou de sauvages. Le temps paraissait devoir encore tenir à la gelée, et le vent ayant balayé dans la mer la plus grande partie de la neige qui couvrait les glaces de ses bords, nous pouvions nous flatter de faire environ dix milles par jour, même dans l'état de langueur où nos forces étaient tombées.

Cette résolution ayant été arrêtée d'une voix unanime, nous eûmes bientôt fait nos préparatifs. Notre projet était de partir le 24 au matin ; mais, dans la nuit qui le précéda, le vent tourna tout à coup au sud-est, accompagné d'une grosse pluie ; en sorte que peu d'heures après cette croûte de neige, qui la veille paraissait si solide, fut entièrement fondue, et toute la lisière de glaçons détachée du rivage. Plus de chemins ouverts pour sortir de cette plage désastreuse où nous étions renfermés. Dans ces cruelles réflexions, nos regards se tournaient quelquefois vers la chaloupe, que nous avions été souvent tentés de mettre en pièces pour entretenir notre feu, n'osant plus en attendre aucun autre service. Il nous restait encore assez d'étoupe pour remplir les nouvelles crevasses; mais le baume de Canada avait été tout à fait épuisé par nos réparations journalières, et rien ne s'offrait à notre imagination pour le remplacer.

Cependant le froid revint le surlendemain. Sa rigueur dans la nuit me fit concevoir une idée que je me hâtai d'essayer aussitôt que le jour parut : c'était de répandre de l'eau sur l'étoupe qui bouchait les fentes, et de l'y laisser geler en forme d'enduit d'une certaine épaisseur. Mes compagnons se moquaient de mon entreprise et ne se prêtaient qu'avec répugnance à me seconder. Un moyen aussi simple me réussit cependant au delà de mon espoir. Toutes les ouvertures se trouvèrent par là si bien fermées, qu'on en vint à croire que l'eau ne pourrait y pénétrer aussi longtemps que la gelée serait aussi forte que dans ce moment.

Nous en fîmes une heureuse expérience le lendemain 27. Quoique la chaloupe fût devenue fort lourde et très-difficile à manier, par la quantité de glace dont elle était revêtue, elle avait fait dans la journée environ douze milles du lieu de notre départ. Ce nouveau service nous la rendit plus précieuse, et nous eûmes le soin de la transporter sur nos rames dans l'endroit le plus favorable à sa sûreté. Une épaisse forêt, qui s'élevait dans le voisinage, nous offrait deux biens dont nous avions été privés durant tant de nuits, un léger abri contre le souffle glacial du vent, et du bois en abondance pour entretenir un grand feu qui nous réchauffât dans notre sommeil. Cette double jouissance fut pour nous le comble des voluptés. Notre provision d'amadou étant presque consommée, je fus obligé de la renouveler en brûlant une partie de ma chemise, la même que j'avais toujours portée depuis la perte de mes équipages.

Le lendemain, une ondée de pluie fondit malheureusement toute la glace de notre chaloupe, et nous eûmes le chagrin de perdre l'avantage d'une journée favorable, qui aurait pu nous avancer de plusieurs milles dans notre course. Il fallut se résoudre à attendre le retour de la gelée ; et ce qui augmentait notre impatience et nos regrets, c'est que nos provisions se trouvaient maintenant réduites à deux livres et demie de bœuf pour chacun.

La gelée n'ayant repris que dans l'après-midi du 29, la longueur inévitable de nos préparatifs ne nous permit pas de faire plus de sept milles avant la nuit. Un vent très-fort qui nous surprit le jour suivant, dans le commencement de notre route, nous obligea de relâcher sans avoir fait plus de deux lieues. Le dégel nous retint à terre jusqu'au surlendemain, 1er février, où un froid excessif nous fournit l'occasion de réparer notre chaloupe; mais les glaçons flottants étaient si considérables qu'ils occupaient sans cesse l'un de nous à les briser avec une perche; et ce ne fut que par le travail le plus fatigant que nous vînmes à bout de faire cinq milles avant la chute du jour.

Notre navigation fut plus heureuse le 3. Le vent soufflait dans une direction aussi favorable que nous aurions pu le désirer. Quoique la chaloupe fît une voie d'eau qui employait une partie de nos bras à la tarir, nous courûmes d'abord quatre milles par heure avec le secours de nos rames, et bientôt cinq avec notre seule voile. Vers deux heures de l'après-midi, nous eûmes pleinement en vue un cap très-élevé, qui, selon notre estime, ne devait être éloigné que de trois lieues. Sa prodigieuse hauteur nous trompait sur sa distance. Il était presque nuit lorsque nous parvînmes à l'atteindre. En le doublant, notre course prenait une direction différente de celle qu'elle avait été dans la journée, en sorte qu'elle nous obligea de baisser les voiles et de prendre nos rames. Le vent se trouvait alors souffler du côté de la terre. Nos efforts étaient bien faibles pour le combattre, et, sans un courant venant du nord-est, qui nous soutint un peu contre son impulsion, nous courions le risque d'être emportés pour jamais dans la haute mer.

La côte, hérissée de rochers, étant en cet endroit trop dangereuse pour y descendre, il nous fallut ramer avec mille périls, dans les ténèbres et le long des écueils, jusqu'à cinq heures du matin. Incapables alors de soutenir une plus longue manœuvre par l'épuisement de nos forces, nos yeux se fermèrent sur les dangers du débarquement, et le ciel le fit réussir, sans autre accident que d'avoir notre chaloupe jetée à demi pleine d'eau sur le rivage. L'entrée des bois n'était pas éloignée; cependant nous eûmes beaucoup de peine à nous y traîner et à dresser du feu pour nous dégourdir et pour sécher nos habits. Tel était l'accablement où nous avaient plongés la fatigue et l'insomnie, qu'il nous fut impossible de résister au sommeil lorsque notre feu commençait à s'allumer. Nous étions obligés de nous éveiller tour à tour pour l'entretenir, de peur qu'il ne s'éteignît pendant que nous serions tous endormis à la fois, et que la gelée ne nous frappât de mort dans cet assoupissement. A mon réveil, j'eus occasion de me convaincre, par les observations que je fis sur le rivage, de ce que j'avais soupçonné pendant la route, savoir que cette pointe de terre élevée que nous venions de doubler était le cap Nord de l'île Royale, qui, avec le cap Roy sur l'île de Terre-Neuve, marque l'entrée du golfe Saint-Laurent.

La douce certitude de nous trouver sur une île habitée nous aurait flattés de l'espérance de rencontrer enfin du secours en continuant notre voyage, si nous avions eu de quoi pourvoir à notre subsistance pendant tout le temps qu'il pouvait durer. Mais nos provisions étaient près de finir, et cette perspective nous jetait dans le désespoir. Il ne se présentait à notre esprit que des idées d'une mort prochaine, ou des moyens affreux pour la reculer. En tournant les yeux les uns sur les autres, il semblait que chacun fût prêt à marquer la victime qu'il fallait dévouer à la faim de ses bourreaux. Déjà même quelques-uns d'entre nous étaient convenus d'en remettre le choix à la décision aveugle du sort. Heureusement l'exécution de cet affreux projet fut remise à la dernière extrémité.

Pendant que mes compagnons s'occupaient à vider la chaloupe du sable dont la marée l'avait remplie et à boucher ses fentes en versant sur l'étoupe de l'eau qu'ils y laissaient geler, j'allai le long du rivage avec le contre-maître pour chercher des huîtres, dont on apercevait une quantité d'écailles dispersées. Il ne s'en trouva par malheur aucune de pleine. Nous aurions regardé comme une grande fortune de rencontrer quelques cadavres de bêtes sauvages à demi dévorés par des oiseaux de proie ; mais tous ces débris étaient ensevelis sous la neige. Rien qui pût nous offrir les plus vils aliments. C'était peu que la destinée nous eût jetés sur une côte déserte : il fallait, pour combler notre misère, qu'elle eût choisi la plus affreuse saison, lorsque non-seulement la terre refusait ses productions naturelles à notre subsistance, mais encore lorsque les animaux qui peuplent les deux éléments nourriciers de l'homme s'étaient réfugiés dans leurs grottes ou dans leurs repaires, pour se préserver du froid rigoureux qui désole ces inhabitables climats.

Je craindrais de porter un sentiment trop pénible dans les âmes à qui notre situation a pu inspirer jusqu'à ce moment une tendre pitié, si je peignais dans toute leur horreur les maux que nous eûmes à souffrir les jours suivants. Réduits, pour seule nourriture, à des fruits secs d'églantier déterrés sous la neige et à quelques chandelles de suif que nous avions réservées pour notre dernière ressource ; oppressés de fatigue au moindre effort ; contrariés dans notre navigation par les glaces, les pluies ou les vents ; animés quelquefois d'une légère espérance pour retomber bientôt après dans un plus cruel désespoir ; navrés de sensations douloureuses de toutes ces détresses réunies pour nous accabler de leur poids insupportable à chaque instant du jour et de la nuit : voilà quel fut notre état jusqu'au 17, où, succombant de faiblesse, nous descendîmes à terre pour la dernière fois, résolus de périr en cet endroit, si le ciel ne nous envoyait quelque secours imprévu. Mettre notre chaloupe en sûreté sur la plage aurait été une entreprise trop au-dessus de notre pouvoir. Elle resta livrée à la fureur des vagues, après que nous en eûmes retiré tristement nos outils et la voile qui nous servait de couverture. Nos dernières forces furent employées à balayer la neige de la place que nous avions choisie, à la relever tout autour en talus, pour y planter des branches de pin destinées à nous former un abri, enfin à couper et à mettre en pile autant de bois qu'il nous fut possible, pour entretenir notre feu, dans la crainte d'être bientôt hors d'état de faire usage de nos instruments.

Quelques poignées de fruits d'églantier bouillis dans la neige fondue furent, pendant les premiers jours, l'unique soutien de notre vie. Ils vinrent à nous manquer, et nous regardions comme un bonheur de pouvoir y suppléer par des plantes marines qui croissaient sur le rivage. Après les avoir fait bouillir plusieurs heures de suite, sans qu'elles eussent perdu beaucoup de leur dureté, je mis fondre dans le jus une des deux seules chandelles qui nous restaient. Ce bouillon dégoûtant et ces herbes coriaces assouvirent d'abord notre faim; mais peu d'instants après nous fûmes saisis d'un vomissement terrible, sans avoir la force de pouvoir débarrasser notre estomac. Cette crise dura environ quatre heures, au bout desquelles nous fûmes un peu soulagés, mais pour tomber dans un épuisement absolu.

Il fallut cependant recourir le lendemain à la même nourriture, qui opéra comme la veille, seulement avec un peu moins de violence. Nous avions employé notre dernière chandelle. Nous fûmes réduits, pendant trois jours, à nous contenter de ces herbes dures et grossières, qui nous causaient des nausées chaque fois que nous les portions à la bouche. Dans le même temps, nos jambes commencèrent à s'enfler. Cette bouffissure s'étendit à tel point sur tout le corps, que, malgré le peu de chair que nous avions conservé, nos doigts, par la moindre pression, s'enfonçaient à la profondeur de plus d'un pouce sur notre peau, et l'empreinte en subsistait encore une heure après. Nos yeux semblaient comme ensevelis dans des cavités profondes. Engourdis par la dissolution intérieure de notre sang et par les âpres frimas qui nous enveloppaient, à peine avions-nous la force de ramper tour à tour pour aller attiser notre feu presque éteint ou ramasser quelques branches dispersées sur la neige. C'est alors que le souvenir de mon père, qui m'avait toujours suivi au milieu des plus pressants dangers, vint s'offrir avec un nouvel attendrissement à mon cœur, en se mêlant à l'idée de mon trépas. Je me le représentais, ce tendre père, inquiet d'abord sur mon compte, dans la première attente de mes nouvelles ; accablé ensuite de chagrin, lorsque le temps s'écoulerait sans lui en apporter ; enfin, condamné à pleurer, pendant tous les jours de sa vieillesse, sur la perte de son fils. Je pleurais moi-même de mourir si loin de ses bras, sans recevoir sa dernière bénédiction. A ces touchantes pensées, interrompues par les gémissements poussés autour de moi, succédaient des projets barbares, que l'instinct naturel de la vie m'inspirait pour la soutenir. Ces malheureux compagnons de mon infortune, dont les travaux m'avaient jusqu'alors secouru, ne me paraissaient plus qu'une proie pour assouvir ma faim. Je lisais les mêmes sentiments dans leurs regards avides. Je ne sais où nous auraient conduits ces féroces dispositions, lorsque tout à coup les accents d'une voix humaine se firent entendre dans la forêt. Au même instant nous découvrîmes deux Indiens armés de fusils, qui ne semblaient pas nous avoir encore aperçus. Cette apparition subite, ranimant notre courage, nous donna la force de nous lever et de nous avancer vers eux avec toute la promptitude dont nous étions capables.

Aussitôt que nous fûmes en leur présence, ils s'arrêtèrent, comme si leurs pieds eussent été cloués à la terre. Ils nous regardaient fixement, immobiles de surprise et d'horreur. Outre l'étonnement où devait naturellement les jeter la rencontre imprévue de six étrangers dans ce coin de l'île déserte, notre seul aspect était bien capable de glacer le plus intrépide. Nos habits traînants en lambeaux, nos yeux éteints sous la bouffissure de nos joues livides, l'enflure monstrueuse de tous nos membres, notre barbe hérissée et crépue, nos cheveux flottants en désordre sur nos épaules, tout devait nous donner une apparence effrayante. Cependant, à mesure que nous avancions, mille sentiments heureux se peignaient sur nos traits. Les uns versaient de douces larmes, les autres souriaient de joie. Quoique ces signes paisibles fussent propres à rassurer un peu les Indiens, ils ne témoignaient pas encore la moindre inclination à nous approcher ; et certes le dégoût répandu sur toutes nos personnes justifiait assez leur froideur. Je pris donc le parti de m'avancer vers celui qui se trouvait le plus près de moi, en lui tendant une main suppliante. Il la prit et la secoua très-cordialement, façon de saluer employée parmi ces sauvages.

Ils commencèrent alors à nous donner quelques marques de compassion. Je leur fis signe de venir vers notre feu. Ils nous accompagnèrent en silence et s'assirent auprès de nous. L'un d'eux, qui parlait un français corrompu, nous pria dans cette langue de l'informer d'où nous venions et quel hasard nous avait amenés en cet endroit. Je me hâtai de lui rendre un compte aussi succinct qu'il me fut possible des infortunes et des souffrances que nous avions éprouvées. Comme il me parut assez vivement touché de mon récit, je lui demandai s'il pourrait nous fournir quelques provisions. Il me répondit que oui; mais, voyant notre feu près de s'éteindre, il se leva brusquement et saisit notre hache, qu'il fut un moment à considérer, en souriant, j'imagine, du mauvais état où elle se trouvait. Il la rejeta d'un air de mépris pour prendre celle qui était à son côté. En un clin d'œil il eut abattu une grande quantité de branches, qu'il jeta sur notre feu; puis il ramassa son fusil et, sans dire un seul mot, il s'en alla avec son compagnon.

Une retraite si soudaine aurait pu donner de l'inquiétude à ceux qui ne connaissent pas l'humeur des Indiens; mais je savais que ces peuples parlent rarement, lorsqu'ils n'y voient pas une nécessité absolue. Ainsi je ne doutai point qu'ils ne fussent allés nous chercher des provisions, et j'assurai ma troupe alarmée que nous ne tarderions guère à les revoir. Malgré le besoin que nous devions avoir de nourriture, la faim n'était pas, du moins pour moi, le plus pressant. Le bon feu que nous avaient fait les sauvages remplissait en ce moment tous mes désirs, ayant passé tant de jours à souffrir d'un froid rigoureux, auprès de la flamme languissante de notre misérable foyer.

Trois heures s'étaient écoulées depuis le départ des Indiens, et mes compagnons désolés commençaient à perdre l'espérance de les revoir, lorsque enfin nous les aperçûmes au détour d'une pointe de terre avancée, qui ramaient vers nous dans un canot d'écorce. Bientôt ils descendirent sur le rivage, chargés d'une grosse pièce de venaison fumée et d'une vessie pleine d'huile de poisson. Ils firent bouillir la viande dans notre pot de fer avec de la neige fondue; et lorsqu'elle fut cuite, ils eurent l'attention de ne nous en donner qu'en très-petite quantité, avec un peu d'huile, pour prévenir les suites dangereuses qu'aurait pu avoir notre voracité, dans l'état de faiblesse où notre estomac se trouvait réduit.

Ce léger repas étant fini, ils me firent embarquer avec deux de mes compagnons dans leur pirogue, trop petite pour nous emmener tous à la fois. Leur habitation n'était éloignée que de cinq milles. Nous fûmes reçus, en débarquant, par trois Indiens et une douzaine de femmes ou enfants qui nous attendaient sur le bord de la mer. Tandis que ceux de la pirogue retournaient chercher le reste de notre troupe, les autres nous conduisirent vers leurs cabanes ou wigwams, qui s'élevaient au nombre de trois, pour le même nombre de familles, à l'entrée de la forêt. Nous fûmes traités par ces bonnes gens avec la plus douce hospitalité. Ils nous firent avaler d'une espèce de bouillon, mais sans vouloir nous permettre, malgré nos prières, de manger de la viande ou de prendre aucun aliment trop substantiel.

Je ressentis une joie bien vive lorsque la pirogue revint et nous ramena nos trois compagnons. Nous goûtions à nous trouver réunis parmi ces sauvages, même après une séparation si courte, les sentiments qu'éprouvent des amis d'enfance, qui, après avoir longtemps gémi éloignés l'un de l'autre, se retrouvent au sein de leur patrie. Cette hutte nous paraissait un lieu de délices. Les transports que nous faisions éclater intéressèrent en notre faveur une femme très-âgée, qui témoigna beaucoup de curiosité d'apprendre nos aventures. Je fis un détail plus circonstancié que le premier à l'Indien qui pouvait entendre le français. Il le rendit aux autres dans son langage. Pendant le cours de son récit, j'eus occasion d'observer que les femmes en étaient vivement affectées, et je fondais sur cette impression l'espoir d'un traitement favorable pendant notre séjour.

Après avoir satisfait aux premiers besoins, nos pensées se tournèrent vers les malheureux que nous avions laissés à l'endroit de notre naufrage. La détresse sous laquelle nous avions été près de succomber me faisait craindre pour eux un sort plus funeste. Cependant, quand un seul d'entre eux aurait survécu, j'étais résolu de n'omettre aucune tentative pour son salut. Je tâchai de bien désigner aux sauvages le quartier de l'île où nous avions été jetés, et je leur demandai s'il ne serait pas possible d'y porter des secours.

Sur la description que je leur fis du cours de la rivière la plus voisine et d'une petite île que l'on découvrait à peu de distance de son embouchure, ils répondirent qu'ils connaissaient à merveille cette place; qu'elle était éloignée d'environ cent milles, par des routes très-difficiles dans les bois; qu'il y avait des rivières et des montagnes à franchir pour y pénétrer, et que, s'ils entreprenaient le voyage, ils devaient s'attendre à quelque récompense pour leurs fatigues. Il n'était pas raisonnable d'exiger qu'ils suspendissent leur chasse, le seul moyen qu'ils ont de faire subsister leurs femmes et leurs enfants, pour entreprendre une course pénible par un pur motif de bienveillance envers des inconnus. Quant à ce qu'ils disaient de la distance, elle ne me paraissait pas exagérée, puisque j'estimais, par mes propres calculs, que nos courses le long des rivages n'avaient guère été au-dessous de cent cinquante milles. Je leur dis alors, ce dont il ne m'était pas encore venu dans l'esprit de leur parler, que j'avais de l'argent, et que, s'il était de quelque prix à leurs yeux, j'en emploierais une partie à les payer de leur peine. Ils semblèrent fort contents de cette proposition, et me demandèrent à voir ma bourse. Je la pris des mains de mon domestique pour leur montrer les cent quatre-vingts guinées qu'elle contenait. J'observai sur leurs traits, à la vue de cet or, des sentiments que j'étais bien loin d'attendre d'un peuple sauvage, les femmes surtout le regardaient avec une extrême avidité; et, lorsque je leur eus fait présent d'une guinée à chacune, je les vis pousser un grand éclat de rire; ce qui est le signe par lequel les Indiens expriment les mouvements extraordinaires de leur joie.

Quelque exorbitantes que pussent être leurs prétentions, je n'avais rien à ménager pour sauver mes compatriotes, s'il en restait quelqu'un en vie. Nous conclûmes un accord par lequel ils s'engageaient à se mettre en route dès le jour suivant, et moi à leur donner vingt-cinq guinées à leur départ, et la même somme à leur retour. Ils s'occupèrent aussitôt à faire des souliers propres à marcher sur la neige, soit pour nos matelots qu'ils devaient ramener, soit pour eux-mêmes; et le lendemain de bonne heure ils partirent, après avoir reçu l'argent dont nous étions convenus.

Dès le moment où les sauvages eurent vu de l'or dans mes mains, ma situation perdit tous les charmes qu'elle devait à leur hospitalité. Ils devinrent aussi avides qu'ils avaient été jusqu'alors généreux, exigeant dix fois la valeur des moindres choses qu'ils nous fournissaient à mes compagnons ou à moi. Je tremblais d'ailleurs que cette passion excessive pour l'argent, qu'ils avaient prise dans leur commerce avec les Européens, ne les portât à nous dépouiller et à nous laisser dans la déplorable situation dont nous étions sortis par leur secours. Le seul motif sur lequel je fondais l'espérance d'un traitement plus humain était la religion qu'ils avaient embrassée, ayant été convertis au christianisme par les jésuites français, avant que cette île nous fût cédée avec le Canada. Ils témoignaient l'attachement le plus vif pour leur foi nouvelle, et souvent ils nous étourdissaient dans la soirée par leur triste psalmodie. C'était sur mon domestique qu'ils avaient réuni toutes leurs affections, parce qu'il était catholique irlandais et qu'il se joignait à leurs prières, quoiqu'il n'en entendît pas un seul mot. Je doute fort qu'ils fussent en état de s'entendre eux-mêmes; car leurs chants, ou leurs hurlements, pour mieux dire, étaient dans un jargon confus, mêlé de mauvais français et de leur idiome sauvage, avec quelques bouts de phrases latines qu'ils avaient retenues de la bouche de leurs missionnaires.

Ces insulaires ont dans la figure et dans les mœurs des traits généraux de ressemblance avec les sauvages du continent de l'Amérique ; cependant leur langage est très-différent de celui de toutes les nations ou tribus que j'ai connues. Ils en diffèrent aussi dans l'usage de laisser croître leur chevelure ; ce qui est particulier aux femmes seules parmi les Indiens du continent. Ils ont d'ailleurs pour les liqueurs spiritueuses ce goût violent, si universel parmi les sauvages.

Nous passâmes bien des jours encore avant de recouvrer nos forces et de pouvoir digérer quelque nourriture substantielle. La seule que les Indiens fussent en état de nous procurer était de la chair d'orignal et de l'huile de veau marin, dont ils vivent uniquement pendant la saison de la chasse. Quoique le souvenir de tant de misères passées dût nous faire bénir le changement de notre situation et prêter des agréments à notre séjour parmi les sauvages, je me sentais fort empressé de les quitter, à cause des dépêches que l'on m'avait confiées, et qui pouvaient être de la plus grande importance pour le service de l'État ; d'autant plus que je ne pouvais ignorer que le duplicata s'était perdu dans le naufrage de la goëlette.

Cependant j'étais encore dans une telle langueur, qu'il me fut impossible, pendant quelque temps, de faire le moindre exercice; et j'éprouvai, ainsi que les compagnons de mes disgrâces, combien une atteinte si rude à la constitution était difficile à réparer.

Après une absence d'environ quinze jours, les Indiens revinrent avec trois de nos gens, les seuls que la mort eût épargnés parmi les huit personnes que j'avais laissées dans la cabane. Ils nous apprirent qu'après avoir consommé toutes les provisions, ils avaient subsisté pendant quelques jours, de la peau d'orignal que nous avions dédaigné de partager avec eux; que cette dernière ressource étant épuisée, trois étaient morts de faim, et que les autres avaient été dans l'horrible nécessité de se nourrir de leurs cadavres, jusqu'à l'arrivée des Indiens; que l'un des cinq qui restaient s'était livré avec tant d'imprudence à sa voracité, qu'il était mort au bout de quelques heures en des tourments inexprimables; enfin qu'un autre s'était tué par accident, en maniant les armes d'un sauvage. Ainsi notre troupe, composée d'abord de dix-neuf personnes, se trouvait alors réduite à neuf; et j'admire, toutes les fois que j'y pense, qu'une seule en eût pu réchapper, après avoir eu à combattre, durant l'espace de trois mois, toutes les misères combinées du froid, de la fatigue et de la faim.

Le délabrement de nos forces nous retint en ce

triste lieu quinze jours encore, pendant lesquels je fus contraint, comme auparavant, de payer le prix le plus excessif pour notre nourriture et pour nos moindres besoins. Au bout de ce temps, ma santé se trouvant un peu rétablie et ma bourse presque épuisée, je me crus obligé de sacrifier mes convenances personnelles au devoir de mon service, et je résolus de porter mes dépêches au général Clinton avec toute la diligence dont j'étais capable, quoique ce fût la saison de l'année la moins propre à voyager. En conséquence, j'engageai deux Indiens à me conduire dans Halifax, moyennant quarante guinées que je leur payerais en y arrivant. Je me chargeais de plus de leur fournir sur la route toutes les provisions et tous les rafraîchissements convenables dans chaque partie habitée où nous pourrions passer. D'autres Indiens devaient conduire le reste de notre troupe à un établissement sur la *rivière Espagnole*, où ils resteraient jusqu'au printemps, pour attendre une occasion de gagner par mer Halifax. Je fournis au capitaine tout l'argent nécessaire à sa subsistance et à celle de ses matelots, pour une lettre de change qu'il me donna sur son armateur à New-York. Celui-ci ne rougit point dans la suite de m'en refuser le payement, sous prétexte que le navire étant perdu, ni le capitaine ni l'équipage n'avaient plus rien à prétendre.

Je partis le 2 avril, accompagné de deux Indiens, de mon domestique et de M. Winslow, jeune passager de notre vaisseau, l'un des trois qui avaient survécu dans la cabane. Nous emportions chacun quatre paires de souliers indiens, une paire de souliers à neige et des provisions pour quinze jours. Nous arrivâmes le soir dans un endroit que les Anglais nomment *Broad-Oar*, où une chute orageuse de neige nous retint tout le jour suivant. Nous repartîmes le 4, et, après une marche d'environ quinze milles, nous parvînmes sur les bords d'un très-beau lac salé, nommé le lac Saint-Pierre, dont l'extrémité va communiquer en pointe avec la mer. En cet endroit nous fîmes la rencontre de deux familles indiennes qui allaient à la chasse. Je leur achetai pour quatre guinées un canot d'écorce, mes guides m'ayant prévenu qu'il nous serait souvent nécessaire pour traverser quelques parties du lac qui ne gèlent jamais. Comme nous devions en d'autres parties voyager sur la glace, je fus obligé d'acheter aussi deux traîneaux pour y placer le canot et le tirer après nous.

Après avoir goûté deux jours de repos et nous être munis de nouvelles provisions, nous reprîmes notre marche le 7, en la dirigeant pendant quelques milles le long des bords du lac; mais la glace étant mauvaise, il nous fallut quitter cette route pour en prendre une dans les bois. La neige s'y trouvait élevée de six pieds. Un dégel mêlé de pluie, qui survint le lendemain, la rendit si molle, qu'il nous fut impossible de marcher plus longtemps sur sa surface. Nous fûmes donc obligés de nous arrêter. Un grand feu, un wigwam commode et des provisions abondantes nous aidèrent à supporter ce contre-temps fâcheux, sans dissiper toutefois nos inquiétudes. L'hiver était trop avancé pour espérer de voyager longtemps sur la neige sans le retour fortuit de la gelée, et, si elle ne devait plus revenir, le seul parti qui nous restait était d'attendre que le lac fût entièrement débarrassé de ses glaçons ; ce qui pouvait nous retenir encore quinze jours ou trois semaines. Notre situation, dans ce cas, devenait aussi malheureuse que celle où nous avions été réduits par notre naufrage, excepté que la saison était moins rude, que nous étions un peu mieux fournis de munitions, et que nous avions au moins des armes pour les renouveler.

Heureusement la gelée revint le 12, et nous crûmes devoir profiter de cette faveur dès le lendemain. Notre marche, fut ce jour-là, de six lieues, tantôt sur les glaces flottantes, tantôt dans notre pirogue. Le 14, nos provisions étant presque toutes consommées, je proposai d'aller à la poursuite du gibier, qui me paraissait abonder dans ce canton. Les sauvages, en général, ne songent guère qu'aux besoins du jour, sans se mettre en peine de ceux du lendemain. Cette prévoyance pouvait cependant être bien essentielle, puisqu'une fonte soudaine de la neige nous eût empêchés de sortir. J'allai dans les bois avec un de mes guides, et nous fûmes bientôt sur la trace d'un orignal, que mon Indien atteignit au bout d'une heure de chasse. Il l'ouvrit avec beaucoup d'adresse, recueillit le sang dans la vessie et dépeça le corps en grands quartiers, dont une partie fut portée sur nos épaules jusqu'à la pirogue. Nous envoyâmes chercher le reste par l'autre Indien, mon domestique et M. Winslow. Cette expédition nous valut un renfort de provisions assez considérable pour n'avoir plus la crainte d'en manquer dans le cas où un dégel subit nous eût empêchés de continuer notre route sur le lac ou dans les bois. Le 15 au matin nous partîmes de très-bonne heure et nous fîmes six lieues dans la journée, ce qui abattit tellement nos forces, déjà épuisées par de longues souffrances, qu'il nous fut impossible de nous remettre en marche le lendemain. La fatigue nous retint encore jusqu'au 18, où nous reprîmes notre voyage de la même manière, c'est-à-dire partie sur les glaces flottantes, et partie sur la pirogue, dans les endroits où le lac n'était pas gelé. J'eus alors l'occasion d'observer les beautés de ce lac, l'un des plus beaux que j'aie vus en Amérique, quoique cette saison de l'année ne fût pas propre à le faire paraître avec tous ses avantages. Il est couvert d'un nombre infini de petites îles répandues çà et là sur sa surface, qui lui donnent un air de ressemblance avec le célèbre lac de Killarney et d'autres lacs d'eau douce en Irlande. On n'a jamais formé d'établissements sur ces îles. Cependant le sol en paraît très-fertile, et leur séjour devrait être délicieux en été, si l'on pouvait se procurer de l'eau douce, dont elles manquent absolument, ce qui est sans doute la raison pour laquelle elles ne sont pas habitées. Si les glaces du lac eussent été continues et plus solides, nous aurions pu nous épargner bien du temps et des peines en marchant directement d'une pointe à une pointe et d'une île à l'autre, au lieu que, presque à chaque baie, nous étions obligés de nous enfoncer en de longs détours.

Le 20, nous arrivâmes à un endroit appelé Saint-Pierre, où se trouve un établissement de quelques familles anglaises et françaises. Je dois à la reconnaissance de faire mention de M. Cavanaugh, négociant anglais, dont nous fûmes reçus avec toutes sortes de politesses, et qui, sur le récit de mes malheurs, eut la confiance de m'avancer deux cents livres sterling pour une lettre de change que je lui donnai sur mon père, quoique notre nom lui fût entièrement étranger.

SUR L'ÎLE ROYALE. 333

J'aurais pris à Saint-Pierre un bâtiment de pêcheur pour me rendre à Halifax, sans la crainte de tomber entre les mains des corsaires américains dont ces parages étaient alors infestés. Le lac, en cet endroit, n'étant séparé de la mer que par une forêt d'environ un mille de largeur, il ne fut question que de traîner notre pirogue à travers cet espace pour gagner le rivage et nous embarquer. Après nous être arrêtés les jours suivants en divers endroits peu remarquables, nous arrivâmes le 25 à Narrashoc, où nous fûmes accueillis avec la même hospitalité qu'à Saint-Pierre. Nous en partîmes le 26, dans notre pirogue, pour nous rendre à l'île Madame, située presque au milieu du passage du Canseau, par lequel l'île du Cap-Breton est séparée de l'Acadie ou Nouvelle-Écosse.

Mais, à la pointe de cette île, nous découvrîmes une si grande quantité de glaces flottantes, qu'il eût été de la dernière imprudence d'y hasarder notre fragile nacelle. Nous retournâmes donc à Narrashoc, où je frétai un bâtiment plus capable de leur résister. Je fis mettre à bord la pirogue, et le 27, à l'aide du vent le plus favorable, nous franchîmes en trois heures le passage, et nous débarquâmes au Canseau, qui lui donne son nom. Ensuite, après une navigation de dix jours le long des côtes, notre pirogue nous porta jusque dans le port d'Halifax.

Les Indiens, ayant reçu le prix dont nous étions convenus et les présents par lesquels je crus devoir satisfaire ma reconnaissance envers ceux à qui j'étais redevable du salut de ma vie, nous quittèrent au bout de quelques jours pour s'en retourner dans leur île. Comme il me fallut attendre longtemps encore l'occasion d'un vaisseau, j'eus la satisfaction, pendant cet intervalle, de voir arriver mes compagnons d'infortune, que les autres Indiens s'étaient chargés de conduire par la *rivière Espagnole*. Enfin, après deux mois d'attente, je m'embarquai sur le vaisseau nommé *le Chêne Royal*, et j'arrivai à New-York, où je remis au général Clinton mes dépêches tardives, dans l'état le plus délabré.

FIN.

TABLE.

Avertissement .... Page	1
La neige	1
Un bon cœur fait pardonner bien des étourderies....	10
Jacquot	47
La petite glaneuse	69
Si les hommes ne te voient pas, Dieu te voit	104
La vanité punie	113
Le vieux Laurent	137
L'incendie	141
Le déserteur	168
Le congé	242
Relation d'un naufrage sur l'île Royale	277

FIN DE LA TABLE.

Paris. — Imprimerie de Ch. Lahure et Cⁱᵉ, rue de Fleurus, 9.

Librairie de **L. Hachette et Cie**, rue Pierre-Sarrazin, 14, à Paris.

BIBLIOTHÈQUE VARIÉE

NOUVELLE COLLECTION IN-18 JÉSUS.

On peut se procurer chaque volume de cette collection relié ; le prix de la demi-reliure, dos en chagrin, est de 1 franc 50 centimes; tranches dorées, 1 fr. 75 c.; avec plats dorés, 2 fr. 10 c.

I. LITTÉRATURE CONTEMPORAINE.
(A 3 FR. 50 C. LE VOLUME.)

About (Ed.) : *La Grèce contemporaine.* 4ᵉ édition. 1 vol.
— *Nos artistes au salon de 1857.* 1 vol.
Anonyme : *L'Enfant*, par M***. 1 vol.
Balzac (H. de) : *Théâtre*, contenant *Vautrin, les Ressources de Quinola, Paméla Giraud, la Marâtre.* 1 vol.
Barrau (Th. H.) : *Histoire de la Révolution française (1789-1799).* 2ᵉ édition. 1 vol.
Bautain (l'abbé) : *La belle saison à la campagne.* 3ᵉ édition. 1 vol.
— *La chrétienne de nos jours.* 2 vol.
Bayard (J. F.) : *Théâtre*, avec une Notice de M. Eugène Scribe, de l'Académie française. 12 vol.
Chaque volume se vend séparément.
Belloy (marquis de) : *Le chevalier d'Aï, ses aventures et ses poésies.* 1 vol.
— *Légendes fleuries.* 1 vol.
Busquet (A.) : *Le poëme des heures.* 1 v.
Caro (E.) : *Études morales sur le temps présent.*
Ouvrage couronné par l'Académie française.
Castellane (comte P. de) : *Souvenirs de la vie militaire en Afrique.* 3ᵉ édition. 1 vol.
Champfleury : *Contes d'été.* 1 vol.
Charpentier : *Les écrivains latins de l'empire.* 1 vol.

Dargaud (J. M.) : *Histoire de Marie Stuart.* 2ᵉ édition. 1 vol.
— *Voyages aux Alpes.* 1 vol.
Daumas (général E.) : *Mœurs et coutumes de l'Algérie* (Tell, Kabylie, Sahara). 3ᵉ édition. 1 vol.
Deville : *Excursions dans l'Inde.* 1 vol.
Didier (Ch.) : *Les amours d'Italie.* 1 vol.
— *Les nuits du Caire.* 1 vol.
Énault (L.) : *Constantinople et la Turquie*, tableau historique, pittoresque, statistique et moral de l'empire ottoman. 1 vol.
— *La Norvége.* 1 vol.
— *La terre sainte*, voyage des quarante pèlerins de 1853, avec la carte de la Palestine et le panorama de Jérusalem. 1 vol.
Eyma (X.) : *Les deux Amériques*, histoire, mœurs et voyages. 1 vol.
— *Les Peaux-Rouges*, scènes de la vie indienne. 1 vol.
Fétis : *La musique mise à la portée de tout le monde*; exposé succinct de tout ce qui est nécessaire pour juger de cet art, et pour en parler sans en avoir fait une étude approfondie. Deuxième édition, suivie d'un dictionnaire des termes de musique, et d'une bibliographie de la musique. 1 vol.

Oct.

Figuier (L.) : *Histoire du merveilleux dans les temps modernes.* 4 vol.
— *L'alchimie et les alchimistes*, ou essai historique et critique sur la philosophie hermétique. 3e édit. 1 vol.
— *Les applications nouvelles de la science à l'industrie et aux arts*, introduction à *l'Année scientifique et industrielle.* 1 vol.
— *L'Année scientifique et industrielle*, 1re année (1856); 2e année (1857); 3e année (1858); 4e année (1859); 5e année (1860). 5 vol. dont chacun se vend séparément.

Gautier (Th.) : *Un trio de romans.* 1 vol.

Gerardy Saintine : *Trois ans en Judée.* 1 vol.

Giguet (P.) : *Le livre de Job*, précédé des livres de *Ruth*, *Tobie*, *Judith* et *Esther*, traduit du grec des Septante, par P. Giguet. 1 vol.

Gotthelf (J.) : *Nouvelles bernoises*, traduites par M. Max Buchon. 2e édit. 1 v.

Heuzé : *L'année agricole*, 1re année (1859); 2e année (1860). 2 vol. dont chacun se vend séparément.

Hommaire de Hell (Mme) : *Voyage dans les steppes de la mer Caspienne et dans la Russie méridionale.* 1 vol.

Houssaye (A.) : *Histoire du quarante et unième fauteuil de l'Académie française.* 4e édition. 1 vol.
— *Le violon de Franjolé.* 6e édit. 1 vol.
— *Philosophes et comédiennes.* 3e édition. 1 vol.
— *Poésies complètes.* 4e édition. 1 vol.
— *Voyages humoristiques.* 1 vol.

Hugo (Victor) : *Théâtre.* 3 volumes :
  Tome I : Lucrèce Borgia, Marion Delorme, Marie Tudor, la Esméralda, Ruy-Blas.
  Tome II : Hernani, le Roi s'amuse, les Burgraves.
  Tome III : Angelo, procès d'Angelo et d'Hernani, Cromwell.
— *Les Contemplations.* 2 vol.
— *Les Enfants*, livre des mères, extrait des œuvres poétiques de l'auteur. 1 v.

Jouffroy (Th.) : *Cours de droit naturel.* 3e édition. 2 vol.
— *Mélanges philosophiques.* 3e édition. 1 vol.
— *Nouveaux mélanges philosophiques.* 2e édition. 1 vol.

Jourdan (L.) : *Contes industriels.* 1 vol.

Lamartine (Alph. de) : *Œuvres.* 9 vol.
  Méditations poétiques. 2 vol.
  Harmonies poétiques. 1 vol.
  Recueillements poétiques. 1 vol.
  Jocelyn. 1 vol.
  La chute d'un ange. 1 vol.
  Voyage en Orient. 2 vol.
  Lectures pour tous. 1 vol.
— *Histoire des Girondins.* 6 vol.
— *Histoire de la Restauration.* 8 vol.

Lanoye (Ferd. de) : *L'Inde contemporaine.* 2e édition. 1 volume contenant une carte.
— *Le Niger et les explorations de l'Afrique centrale*, depuis Mungo-Park jusqu'au docteur Barth. 1 vol.

Laugel : *Études scientifiques.* 1 vol.

La Vallée : *Zurga le chasseur.* 1 vol.

Lenient : *La satire en France au moyen âge.* 1 vol.
  Ouvrage couronné par l'Acad. franç.

Libert : *Histoire de la chevalerie.* 1 vol.

Lutfullah : *Mémoires* traduits de l'anglais et annotés par l'auteur de *l'Inde contemporaine.* 1 vol.

Macaulay (lord) : *Œuvres diverses* traduites par MM. Am. Pichot, Adolphe Joanne et E. D. Forgues. 2 vol.

Marmier (X.) : *En Amérique et en Europe.* 1 vol.
— *Gazida.* 1 vol.
— *Les fiancés du Spitzberg.* 1 vol.
  Ouvrage couronné par l'Acad. franç.
— *Lettres sur le Nord.* 5e édition. 1 vol.
— *Un été au bord de la Baltique et de la mer du Nord* (Dantzig; Oliva; Marienbourg; la côte de Poméranie; l'île de Rugen; Hambourg; l'embouchure de l'Elbe; Helgoland). 1 vol.

Michelet : *La Femme.* 2e éd. 1 vol.
— *L'Amour.* 4e édition. 1 vol.
— *L'Insecte.* 4e édition. 1 vol.
— *L'Oiseau.* 6e édition. 1 vol.

Milne (W. C.) : *La vie réelle en Chine*, traduite de l'anglais par M. Tasset, et annotée par G. Pauthier. 2ᵉ édition. 1 volume.

Moges (le marquis de) : *Souvenirs d'une ambassade en Chine et au Japon.* 1 vol.

Molé-Gentilhomme et **Saint-Germain Leduc** : *Catherine II, ou la Russie au XVIIIᵉ siècle; scènes historiques.* 1 vol.

Monnier (Marc) : *L'Italie est-elle la terre des morts?* 1 vol.

Montaigne (M.) : *Essais*, précédés d'une lettre à M. Villemain sur l'éloge de Montaigne, par P. Christian. 1 vol.

Mornand (F.) : *La vie des eaux*, contenant les bains de mer et les eaux thermales, avec des notes sur la vertu curative des eaux, par le Dr *Roubaud.* 2ᵉ édition. 1 vol.

Mortemart-Boisse (baron de) : *La vie élégante à Paris.* 2ᵉ édition. 1 vol.

Nodier (Ch.) : *Les sept châteaux du roi de Bohême ; Les quatre talismans.* Édition illustrée. 1 vol.

Nourrisson (J. F.) : *Les Pères de l'Église latine*, leur vie, leurs écrits, leur temps. 2 vol.

Orsay (comtesse d') : *L'ombre du bonheur.* 1 vol.

Patin (Th.) : *Études sur les tragiques grecs.* 2ᵉ édition. 4 vol.

Perrens (F. T.) : *Jérôme Savonarole*, d'après les documents originaux et avec des pièces justificatives en grande partie inédites. 3ᵉ édition. 1 vol.

Ouvrage couronné par l'Académie française.

— *Deux ans de révolution en Italie* (1848-1850). 1 vol.

Pfeiffer (Mme Ida) : *Voyage d'une femme autour du monde*, traduit de l'allemand, avec l'autorisation de l'auteur, par *W. de Suckau.* 1 vol.

— *Mon second voyage autour du monde*, traduit de l'allemand, avec l'autorisation de l'auteur, par *W. de Suckau.* 1 vol.

Rougebief (Eug.) : *Un fleuron de la France.* 1 vol.

Saintine (X.-B.) : *Picciola.* 1 vol.
— *Seul!* 1 vol.

Sand (George) : *L'homme de neige.* 2 vol.
— *Elle et lui.* 1 vol.
— *Jean de La Roche.* 1 vol.

Scudo (P.) : *Critique et littérature musicales.* 2 vol.
— *L'Année musicale*, 1ʳᵉ année (1859). 1 vol.
— *Le chevalier Sarti.* 1 vol.

Simon (Jules) : *La liberté.* 2ᵉ édit. 2 vol.
— *La liberté de conscience.* 4ᵉ édit. 1 v.
— *La religion naturelle.* 5ᵉ édit. 1 vol.
— *Le devoir.* 6ᵉ édition. 1 vol.

Ouvrage couronné par l'Acad. franç.

Taine (H.) : *Essai sur Tite Live.* 2ᵉ édition. 1 vol.

Ouvrage couronné par l'Académie française.

— *Essais de critique et d'histoire.* 1 vol.
— *La Fontaine et ses Fables*, 3ᵉ édition. 1 vol.
— *Les philosophes contemporains.* 2ᵉ édition. 1 vol.
— *Voyage aux Pyrénées.* 2ᵉ édit. 1 vol.

Texier (Edmond) : *La chronique de la guerre d'Italie.* 1 vol.

Théry : *Conseils aux mères.* 2 vol.

Ouvrage couronné par l'Académie française.

Töpffer (R.) : *Nouvelles genevoises.* 1 vol.
— *Rosa et Gertrude.* 1 vol.
— *Le presbytère.* 1 vol.
— *Réflexions et menus propos d'un peintre genevois*, ou Essai sur le beau dans les arts. 1 vol.

Troplong : *De l'influence du christianisme sur le droit civil des Romains.* 1 vol.

Ulliac-Trémadeure (Mlle) : *La maîtresse de maison.* 2ᵉ édition. 1 vol.

Vapereau : *L'année littéraire*, 1ʳᵉ année (1858); 2ᵉ année (1859); 3ᵉ année (1860). 3 vol. dont chacun se vend séparément.

— 4 —

Viardot (L.) : *Les musées d'Allemagne.* 3ᵉ édition. 1 vol.
— *Les musées d'Angleterre, de Belgique, de Hollande, de Russie.* 3ᵉ édit. 1 vol.
— *Les musées d'Espagne.* 3ᵉ édit. 1 vol.
— *Les musées de France* (Paris). 2ᵉ édition. 1 vol.
— *Les musées d'Italie.* 3ᵉ éd. 1 vol.

Viennet : *Épîtres et satires.* 1 vol.

Warren (comte Édouard de) : *L'Inde anglaise avant et après l'insurrection de 1857.* 3ᵉ édition, revue et considérablement augmentée. 2 vol.

Zeller (J.) : *Épisodes dramatiques de l'histoire d'Italie.* 1 vol.
— *L'année historique*, 1ʳᵉ année (1859); 2ᵉ année (1860). 2 vol. dont chacun se vend séparément.

II. ŒUVRES DES PRINCIPAUX ÉCRIVAINS FRANÇAIS.

(A 2 FRANCS LE VOLUME.)

Barthélemy : *Voyage du jeune Anacharsis en Grèce dans le milieu du IVᵉ siècle avant l'ère chrétienne.* 3 vol.

Boileau : *OEuvres complètes.* 1 vol.
 Notice sur Boileau, — Satires, — Épîtres, — Art poétique, — Le Lutrin, — Poésies diverses, — OEuvres diverses en prose, — Réflexions sur Longin, — Traité du sublime, — Lettres.

Corneille : *OEuvres complètes.* 5 vol.
 TOME I : Notice sur P. Corneille, — Mélite, — Clitandre, — la Veuve, — les Galeries du palais, — la Suivante, — la Place Royale, — Médée, — l'Illusion, — le Cid.
 TOME II : Horace, — Cinna, — Polyeucte, — Pompée, — le Menteur, — la suite du Menteur, — Théodore, — Rodogune, — Héraclius, — Andromède.
 TOME III : Don Sanche d'Aragon, — Nicomède, — Pertharite, — OEdipe, — la Conquête de la Toison d'or, — Sertorius, — Sophonisbe, — Othon, — Agésilas, — Attila, — Tite et Bérénice.
 TOME IV : Psyché, — Pulchérie, — Suréna, — l'Imitation de Jésus-Christ, — l'Office de la sainte Vierge.
 TOME V : Psaumes, — Hymnes, — Prières, — Poésies diverses, — Poèmes sur les victoires du roi, — Poésies latines, — Discours,

 — Lettres, — OEuvres choisie de Thomas Corneille.

La Fontaine : *OEuvres complètes.* 2 vol.
 TOME I : Notice sur La Fontaine, — Fables, — Contes.
 TOME II : Théâtre, — Poésies diverses, — Opuscules en prose, — Lettres.

Molière : *OEuvres complètes.* 3 vol.
 TOME I : Notice sur Molière, — la Jalousie de Barbouillé, — le Médecin volant, — l'Étourdi, — le Dépit amoureux, — les Précieuses ridicules, — Sganarelle, — Don Garcie de Navarre, — l'École des maris, — les Fâcheux, — l'École des femmes, — la Critique de l'École des femmes, — l'Impromptu de Versailles, — le Mariage forcé.
 TOME II : La Princesse d'Élide, — les Plaisirs de l'île enchantée, — Don Juan, — l'Amour médecin, — le Misanthrope, — le Médecin malgré lui, — Mélicerte, — le Sicilien, — le Tartufe, — Amphitryon, — l'Avare, — George Dandin.
 TOME III : Relation de la fête de Versailles, — M. de Pourceaugnac, — les Amants magnifiques, — le Bourgeois gentilhomme, — Psyché, — les Fourberies de Scapin, — la Comtesse d'Escarbagnas, — les Femmes savantes, — le Malade imaginaire, — Poésies diverses.

Montesquieu : *OEuvres complètes*. 2 vol.
- TOME I : Notice sur Montesquieu, — Esprit des lois.
- TOME II : Grandeur et décadence des Romains, — Lettres persanes, — le Temple de Gnide, — Dialogue de Sylla et d'Eucrate, — Essai sur le goût, — OEuvres diverses, — Lettres, — Table analytique.

Pascal (B.) : *OEuvres complètes*. 2 vol.
- TOME I : Notice sur Pascal, — Vie de Pascal par Mme Périer, — Lettres à un Provincial, — Pensées, — Opuscules.
- TOME II : OEuvres attribuées, — Traités divers de physique et de mathématiques, — Table analytique.

Racine (J.) : *OEuvres complètes*. 2 vol.
- TOME I : Notice sur Racine, — Théâtre.
- TOME II : Histoire de Port-Royal, — Fragments historiques, — OEuvres diverses, — Remarques sur l'Odyssée et sur Pindare, — Lettres.

Rousseau (J. J.) : *OEuvres complètes*. 8 vol.
- TOME I : Notice sur J. J. Rousseau, — Discours, — les quatre premiers livres d'Émile.
- TOME II : Fin d'Émile, — Économie politique, — Contrat social.
- TOME III : Considérations sur le gouvernement de Pologne, — Lettres à Butta-Foco, — Projet de paix perpétuelle, — Polysynodie, — Julie ou la nouvelle Héloïse.
- TOME IV : Mélanges, — Théâtre, — Poésies, — Botanique, — Musique.
- TOME V : Dictionnaire de musique, — les Confessions.
- TOME VI : Dialogues, — Rêveries, — Correspondance.
- TOMES VII et VIII, fin de la Correspondance, — Table analytique.

Saint-Simon (le duc de) : *Mémoires complets et authentiques* sur le siècle de Louis XIV et la Régence, collationnés sur le manuscrit original par M. Chéruel, et précédés d'une notice de M. Sainte-Beuve, de l'Académie française. 13 vol.

Sédaine : *OEuvres choisies*. 1 vol.

Voltaire : *OEuvres complètes*. 25 volumes sont en vente et la publication sera promptement achevée.

III. CHEFS-D'ŒUVRE DES LITTÉRATURES MODERNES ÉTRANGÈRES.

(A 3 FR. 50 C. LE VOLUME.)

Byron (lord) : *OEuvres complètes*, traduites de l'anglais par *Benjamin Laroche*, quatre séries :
- 1re série : *Childe-Harold*. 1 vol.
- 2e série : *Poëmes*. 1 vol.
- 3e série : *Drames*. 1 vol.
- 4e série : *Don Juan*. 1 vol.

Dante : *La divine comédie*, traduite de l'italien par *P. A. Fiorentino*. 1 vol.

Ossian : Poëmes gaéliques recueillis par *Mac-Pherson*, traduits de l'anglais par *P. Christian*, et précédés de recherches sur Ossian et les Calédoniens. 1 vol.

IV. BIBLIOTHÈQUE DES MEILLEURS ROMANS ÉTRANGERS.

(A 2 FR. 50 C. LE VOLUME.)

Ainsworth (W. Harrison) : *Abigaïl, ou la cour de la reine Anne*, roman historique traduit de l'anglais par M. Révoil. 1 vol.
— *Crichton*, roman traduit par M. A. Rolet. 1 vol.
— *La Tour de Londres*, roman traduit par Éd. Scheffter. 1 vol.

Anonymes : *Whitefriars*, traduit de l'anglais par M. Éd. Scheffter. 1 vol.
— *Whitehall*, traduit de l'anglais, par M. Éd. Scheffter. 1 vol.
— *Paul Ferroll*, traduit de l'anglais par Mme H. Loreau. 1 vol.
— *Les pilleurs d'épaves*, traduits de l'anglais par Louis Stenio. 1 vol.
— *Violette;* — *Éléanor Raymond.* Imité de l'anglais par Old-Nick. 1 vol.

Beecher Stowe (Mrs): *La case de l'oncle Tom*, traduit de l'anglais par Louis Énault. 1 vol.
— *La fiancée du ministre*, traduit de l'anglais par H. de L'Espine. 1 vol.

Bersezio (V.) : *Nouvelles piémontaises*, traduites avec l'autorisation de l'auteur, par Amédée Roux. 1 vol.

Bulwer Lytton (sir Edward) : *OEuvres*, traduites de l'anglais, avec l'autorisation de l'auteur, sous la direction de P. Lorain.

En vente :

— *Devereux*, traduit par William L. Hughes. 1 vol.
— *Ernest Maltravers*, traduit par Mlle Collinet. 1 vol.
— *Le dernier des barons*, traduit par Mme Bressant. 2 vol.
— *Le désavoué*, trad. par M. Corréard. 1 vol.
— *Les derniers jours de Pompéi*, traduits par M. Hippolyte Lucas. 1 vol.
— *Mémoires de Pisistrate Caxton*, traduits par Éd. Scheffter. 1 vol.
— *Paul Clifford*, traduit par M. Virgile Boileau. 1 vol.
— *Qu'en fera-t-il?* traduit par M. Amédée Pichot. 2 vol.
— *Rienzi*, traduit sous la direction de M. Lorain. 1 vol.
— *Zanoni*, traduit par M. Sheldon. 1 vol.

Caballero (Fernan) : *Nouvelles andalouses*, traduites de l'espagnol par A. Germond de Lavigne. 1 vol.

Cervantès : *Don Quichotte*, traduit de l'espagnol par L. Viardot. 2 vol.
— *Nouvelles*, traduites par le même. 1 v.

Cummins (miss) : *L'allumeur de réverbères*, traduit de l'anglais par MM. Belin de Launay et Éd. Scheffter. 1 vol.
— *Mabel Vaughan*, traduite de l'anglais, avec l'autorisation de l'auteur, par Mme H. Loreau. 1 vol.

Currer Bell (Miss Brontë) : *Jane Eyre, ou les Mémoires d'une institutrice*, roman traduit de l'anglais, avec l'autorisation de l'auteur, par Mme Lesbazeilles-Souvestre. 1 vol.
— *Le professeur*, trad. avec l'autorisation de l'auteur, par Mme H. Loreau. 1 vol.
— *Shirley*, traduit par M. A. Rolet. 1 v.

Dickens (Charles) : *OEuvres*, traduites de l'anglais, avec l'autorisation de l'auteur, sous la direction de P. Lorain.

En vente :

— *Aventures de M. Pickwick.* 2 vol.
— *Barnabé Rudge.* 2 vol.
— *Bleak-House.* 1 vol.
— *Contes de Noël.* 1 vol.
— *David Copperfield.* 2 vol.
— *Dombey et fils.* 2 vol.
— *La petite Dorrit.* 2 vol.
— *Le magasin d'antiquités.* 2 vol.
— *Les temps difficiles.* 1 vol.
— *Nicolas Nickleby.* 2 vol.
— *Olivier Twist.* 1 vol.
— *Vie et aventures de Martin Chuzzlewit.* 2 vol.

Disraeli : *Sybil*, traduit de l'anglais, avec l'autorisation de l'auteur, par ***. 1 vol.

Freytag (G.) : *Doit et avoir*, traduit de l'allemand, avec l'autorisation de l'auteur, par W. de Suckau. 1 vol.

Fullerton (lady) : *L'Oiseau du bon Dieu*, traduit de l'anglais par Mlle de Saint-Romain, et publié avec l'autorisation de l'auteur. 1 vol.

Fullon (S. W.) : *La comtesse de Mirandole*, roman anglais traduit par Ch. Roquette. 1 vol.

Gaskell (Mrs) : *OEuvres*, traduites de l'anglais, avec l'autorisation exclusive de l'auteur.

En vente :
— *Autour du sofa*, traduit par Mme H. Loreau. 1 vol.
— *Marie Barton*, traduite par Mlle Morel. 1 vol.
— *Marguerite Hall*, traduit par Mmes H. Loreau et H. de L'Espine. 1 vol.
— *Ruth*, traduit par M. ***. 1 vol.

Gerstäcker : *Les pirates du Mississipi*, traduits de l'allemand par B. H. Révoil. 1 vol.
— *Les deux Convicts*, traduits par B. H. Révoil. 1 vol.

Gogol (Nicolas) : *Les âmes mortes*, trad. du russe par Ernest Charrière. 1 vol.

Grant (James) : *Les mousquetaires écossais*, roman anglais traduit par M. Émile Ouchard. 1 vol.

Hackländer : *Boutique et comptoir*, traduit de l'allemand, avec l'autorisation de l'auteur, par M. Materne. 1 vol.
— *Le moment du bonheur*, roman traduit par M. Materne. 1 vol.

Hauff (Wilhem) : *Nouvelles*, traduites de l'allemand par A. Materne. 1 vol.
— *Lichtenstein*, épisode de l'histoire du Wurtemberg, traduit par MM. E. et H. de Suckau. 1 vol.

Heiberg (L.) : *Nouvelles danoises*, traduites par X. Marmier. 1 vol.

Hildreth : *L'esclave blanc*, nouvelle peinture de l'esclavage en Amérique, trad. de l'anglais par M. Mornand. 1 vol.

Immermann : *Les paysans de Vestphalie*, traduit par M. Desfeuilles. 1 vol.

James : *Léonora d'Orco*, traduite de l'anglais, avec l'autorisation de l'auteur, par Mme de Morvan. 1 vol.

Kavanagh (Julia) : *Tuteur et pupille*, traduit de l'anglais, avec l'autorisation de l'auteur, par Mme H. Loreau. 1 vol.

Kingsley : *Il y a deux ans*, roman anglais, traduit avec l'autorisation de l'auteur, par H. de L'Espine. 1 vol.

Lennep (J. Van) : *Les aventures de Ferdinand Huyck*, traduites du hollandais, avec l'autorisation de l'auteur, par MM. Wocquier et D. Van Lennep. 1 vol.
— *Brinio*, traduit du hollandais, avec l'autorisation de l'auteur, par F. Douchez. 1 vol.

— *La rose de Dekama*, traduit du hollandais, avec l'autorisation de l'auteur, par MM. Wocquier et D. Van Lennep. 1 vol.

Lever (Ch.) : *Harry Lorrequer*, traduit de l'anglais, avec l'autorisation de l'auteur, par M. Baudéan. 2 vol.

Ludwig (Otto) : *Entre ciel et terre*, traduit de l'allemand, avec l'autorisation de l'auteur, par M. Materne. 1 vol.

Marvel (Isaac) : *Le rêve de la vie*, roman anglais, traduit, avec l'autorisation de l'auteur, par Mme Mezzara. 1 vol.

Mayne-Reid : *La Quarteronne*, roman anglais, traduit, avec l'autorisation de l'auteur, par L. Stenio. 1 vol.

Mügge (Th.) : *Afraja*, traduit de l'allemand, avec l'autorisation de l'auteur, par W. et E. de Suckau. 1 vol.

Smith (J. F.) : *L'Héritage*, traduit de l'anglais, avec l'autorisation de l'auteur, par Ed. Scheffter. 2 vol.
— *La femme et son maître*, traduit, avec l'autorisation de l'auteur, par H. de L'Espine. 2 vol.

Stephens (miss A. S.) : *Opulence et misère*, traduit de l'anglais par Mme Loreau. 1 vol.

Thackeray : *Œuvres*, traduites de l'anglais, avec l'autorisation de l'auteur.

En vente :

— *Henry Esmond*, traduit par Léon de Wailly. 1 vol.
— *Histoire de Pendennis*, traduite par Ed. Scheffter. 2 vol.
— *La foire aux vanités*, traduite par G. Guiffrey. 2 vol.
— *Le livre des Snobs*, traduit par le même. 1 vol.
— *Mémoires de Barry Lyndon*, traduits par Léon de Wailly. 1 vol.

Tourguéneff : *Scènes de la vie russe*, traduites du russe avec l'autorisation de l'auteur, par X. Marmier et L. Viardot. 1 vol.
— *Mémoires d'un seigneur russe*, traduits par E. Charrière. 2ᵉ édition. 1 vol.

Trollope (Francis) : *La pupille*, roman anglais traduit par Mme Sara de La Fizelière. 1 vol.

Wilkie Collins : *Le secret*, roman anglais, traduit, avec l'autorisation de l'auteur, par Old-Nick. 1 vol.

Zschokke : *Addrich des Mousses*, roman allemand traduit par W. de Suckau. 1 vol.

— *Le château d'Aarau*, traduit de l'allemand par W. de Suckau. 1 vol.

V. CHEFS-D'ŒUVRE DES LITTÉRATURES ANCIENNES.

(A 3 FR. 50 C. LE VOLUME.)

Aristophane : *OEuvres complètes*, traduction nouvelle, avec une introduction et des notes, par C. Poyard. 1 vol.

Hérodote : *OEuvres complètes*, traduction nouvelle avec une introduction et des notes, par M. P. Giguet. 1 vol.

Homère : *OEuvres complètes*, traduction nouvelle, suivie d'un Essai d'encyclopédie homérique, par M. P. Giguet 4ᵉ édition. 1 vol.

Lucien : *OEuvres complètes*, traduction nouvelle, suivie d'une table analytique, par M. Talbot. 2 vol.

Tacite : *OEuvres complètes*, traduites en français avec une introduction et des notes, par J. L. Burnouf. 1 vol.

Xénophon : *OEuvres complètes*, traduction nouvelle par M. Talbot. 2 vol.

Des traductions de Sénèque, d'Eschyle, d'Euripide, de Sophocle, de Plutarque et de Strabon sont en préparation.

VI. CHEFS-D'ŒUVRE DE LA PHILOSOPHIE ANCIENNE ET MODERNE.

(A 3 FR. 50 C. LE VOLUME.)

Bossuet : *OEuvres philosophiques*, comprenant les Traités de la connaissance de Dieu et de soi-même, et du Libre arbitre, la Logique, et le Traité des causes, publiées par M. de Lens. 1 v.

Descartes, Bacon, Leibnitz, recueil contenant : 1° Discours de la Méthode; 2° Traduction nouvelle en français du *Novum organum*; 3° Fragments de la Théodicée, avec des notes, par M. Lorquet, professeur de philosophie au lycée Saint-Louis. 1 vol.

Fénelon : *Traité de l'Existence de Dieu*, et *Lettres sur divers sujets de métaphysique*, publiées par M. Danton, inspecteur général de l'instruction publique, 1 vol.

Nicole : *OEuvres philosophiques et morales*, comprenant un choix de ses essais et publiées avec des notes et une introduction, par M. Charles Jourdain, professeur agrégé de philosophie près les Facultés des lettres. 1 volume.

Imprimerie de Ch. Lahure et Cⁱᵉ, rues de Fleurus, 9, et de l'Ouest, 21.

PARIS. — IMPRIMERIE DE CH. LAHURE ET Cie
Rues de Fleurus, 9, et de l'Ouest, 21

www.ingramcontent.com/pod-product-compliance
Lightning Source LLC
Chambersburg PA
CBHW050747170426
43202CB00013B/2323